Furio Durando

GRIECHEN-LAND

Wiege der westlichen Kultur

KARL MÜLLER VERLAG

GRIECHENLAND

Wiege der westlichen Kultur

Text
Furio Durando

Koordination
Fabio Bourbon
Valeria Manferto
De Fabianis

Grafisches Design
Patrizia Balocco Lovisetti
Anna Galliani
Clara Zanotti

Illustrationen
Monica Falcone
Roberta Vigone

INHALT

VORWORT 14

GRIECHISCHE GESCHICHTE VON MINOS BIS AUGUSTUS 18

LEBEN UND KULTUR IM ALTEN GRIECHENLAND 66

GESCHICHTE DER GRIECHISCHEN KUNST 100

ARCHÄOLOGISCHE FORSCHUNG IM KLASSISCHEN GRIECHENLAND 158

ARCHÄOLOGISCHE FORSCHUNG IN MEGALE HELLAS 248

GLOSSAR 288

BILDNACHWEIS 289

REGISTER 290

1 *Die „Gallionsfigur" des Louvre: Die Nike von Samothrake (um 190 v. Chr.), Meisterwerk eines Bildhauers von Rhodos.*

4-5 *Der ganze Charme der dem Gott Apoll geweihten Insel Delos zeigt sich in diesem Panorama des Theaterviertels.*

6-7 *Egesta, die mächtige Stadt der Elymer auf Sizilien, besaß ein elegantes griechisches Theater und einen großen dorischen Tempel.*

2-3 *Der Parthenon in Athen (4 Jh. v. Chr.) ist ein Symbol für die Perfektion der griechischen Architekten.*

8 *Diese silbernen Trinkbecher aus einer griechischen Manufaktur wurden in der Nekropole in Borovo (Bulgarien, 4. Jh. v. Chr.) gefunden.*

8-9 *Marmorner Kopf eines Pferdes vom Wagen der Mondgöttin Selene am Parthenon in Athen.*

10-11 *Diese Darstellung eines Hafens im 16. Jh. v. Chr. stammt aus einem minoischen Haus in Akrotiri (Thera).*

12-13 *Die Atmosphäre auf einem Symposion griechischer Aristokraten ist auf den Wandmalereien des „Grab des Tauchers" von Poseidonia (480 v. Chr.) abgebildet. Die Festlichkeit wurde von Musik und Trinksprüchen der Gäste untermalt.*

Karl Müller Verlag, Danziger Straße 6, D-91052 Erlangen

Titel der Originalausgabe: Ancient Greece
Übertragung aus dem Englischen: Dieter Krumbach
Lektorat: Susanne Kattenbeck

1 2 3 4 5 01 00 99 98 97

Vorwort

14 *Ödipus und die Sphinx im zentralen Tondo einer attischen Kylix mit roten Figuren, spätes 6. bis frühes 5. Jh. v. Chr. Eine berühmte Allegorie mythologischen Ursprungs, die den Kampf zwischen dem Wissensdurst des Menschen und dem Unbekannten symbolisiert.*

14-15 *Diese herrliche Amphora mit schwarzen Figuren, signiert von dem Töpfer Exekias (der sie vermutlich auch bemalt hat), datiert zwischen 540 und 530 v. Chr. Die abgebildete Szene zeigt Penthesileas Ermordung durch Achill.*

15 *Das epische Repertoire ist in der attischen keramischen Malerei weit verbreitet; hier als Beispiel eine hervorragend gestaltete Amphora mit schwarzen Figuren, die um 540 v. Chr. von Exekias signiert wurde. Sie zeigt die achaischen Helden Achill und Aias bei einem Brettspiel.*

Die Kultur des alten Griechenland ist Wurzel und unauslöschbarer Kern des westlichen Denkens; sie ist Ursprung der Mittelmeerkulturen oder hat sie zumindest maßgeblich beeinflusst. Die Faszination, die sie jahrhundertelang ausübte, hat bis heute nicht nachgelassen. Touristen strömen in Massen zu den archäologischen Stätten des alten Griechenland. Ausstellungen zu diesem Thema glänzen mit enormen Besucherzahlen. Die griechische Kultur zeigt ihren schöpferischen Einfluss auf unsere Welt in vielfältiger Weise; Historiker und Archäologen forschen vor Ort, in ihren Laboratorien und Universitäten und entdecken dabei völlig neue Interessensgebiete und ästhetische Dimensionen.
Doch was ist der Zweck des vorliegenden Werks angesichts einer fast grenzenlosen Büchervielfalt zu diesem Thema? Wir sind davon überzeugt, dass kein Buch für den interessierten Laien und kein Werk für den Studierenden es bisher geschafft hat, dieses faszinierende, aber auch komplexe Thema so darzustellen, dass bei der zu behandelnden Vielfalt die Präzision nicht leidet. In diesem Buch werden hervorragende Fotos von einem vorzüglichen Text begleitet, sodass die wissenschaftlichen Informationen in klarer, verständlicher Sprache leicht nachvollziehbar sind.
Es ist daher unser Ziel, den Leser auf eine spannende Reise mitzunehmen, auf die Suche nach dem authentischen alten Griechenland und seiner Zivilisation, und ihm mit hervorragenden, teilweise bislang unveröffentlichten Bildern einen Einblick in die antike Welt zu vermitteln. Die Illustrationen wurden so ausgewählt, dass sie den Text veranschaulichen und die Einzelthemen in einen geschichtlichen und kulturellen Kontext setzen. Der prägnante und informative Text wird durch ausführliche Bildunterschriften ergänzt.
Obwohl sich dieses Buch in erster Linie an den Laien wendet, kann es auch als Anregung dazu dienen, sich mit dem alten Griechenland tiefergehend zu befassen. So ist es sicher auch im Sinn unserer Leser, die historischen und kulturellen Informationen über die griechische und hellenistische Welt um einen Überblick zur Entwicklung der Kunst von ihren ägäischen Anfängen bis zur römischen Eroberung zu ergänzen. Auch diese Beschreibungen sind von detaillierten, anschaulichen Abbildungen und grafischen Rekonstruktionen der bedeutendsten Monumente begleitet. Schließlich wird dieser Band ergänzt durch eine faszinierende Reise durch die schönsten Städte und Kolonien des alten Griechenland sowie am Schluss des Buches durch ein ausführliches Glossar.

16-17 *Die Darstellung lebensgroßer Gestalten begann in der griechischen Kunst mit Statuen junger Frauen* (korai) *und Männer* (koroi) *im 7.–6. Jh. v. Chr. Von links drei attische* koroi: *der so genannte „Apollo von München" sowie die von Volomandra (von der Rückseite) und Anavyssos (540–530 v. Chr.); rechts eine Frau, noch an den ionischen Stil angelehnt, von der Athener Akropolis (530 v. Chr.).*

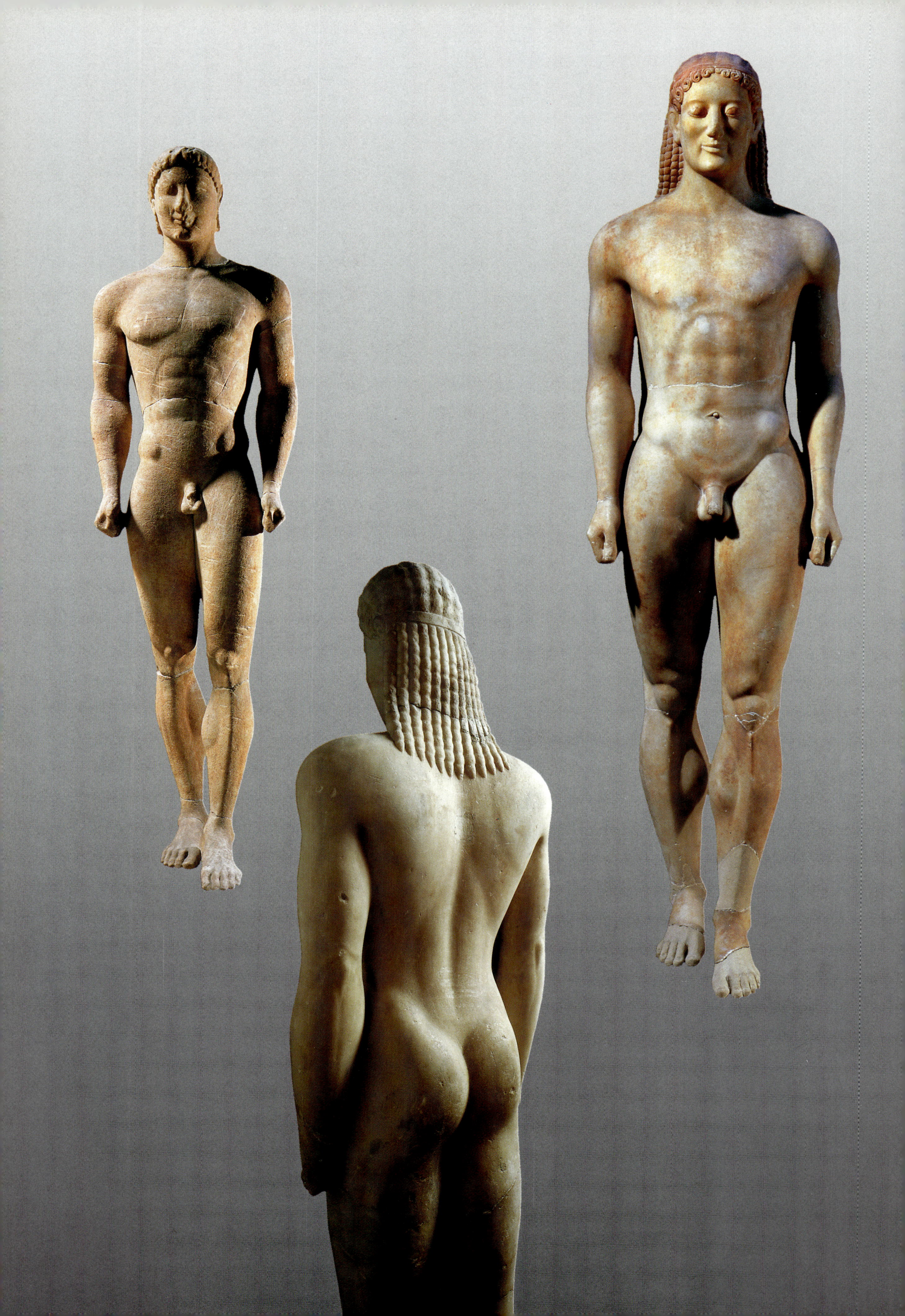

Griechische Geschichte: Von Minos bis Augustus

Das prähistorische Griechenland 20

Das 2. Jahrtausend v. Chr.: Die Völker der Ägäis, von Kreta und Mykene 21

Die Geschichte Griechenlands im Überblick 26

Die griechische Völkerwanderung 40

Die archaische Periode 41

Die Vorherrschaft von Attika im Griechenland des 5. Jahrhunderts v. Chr. 46

Das 4. Jahrhundert v. Chr. und der Aufstieg Makedoniens 56

Das 3. Jahrhundert v. Chr. und der „universelle Hellenismus“ 62

Graecia Capta: Die römische Eroberung 64

__18-19__ Szene eines spät-archaischen ionischen Frieses (um 525 v. Chr.) am Schatzhaus der Siphnier in Delphi; sie stellt einen dramatischen Moment in der Schlacht zwischen den Göttern und den Giganten dar und zeigt bereits eine große Fertigkeit in der Wiedergabe von Dynamik und Perspektive.

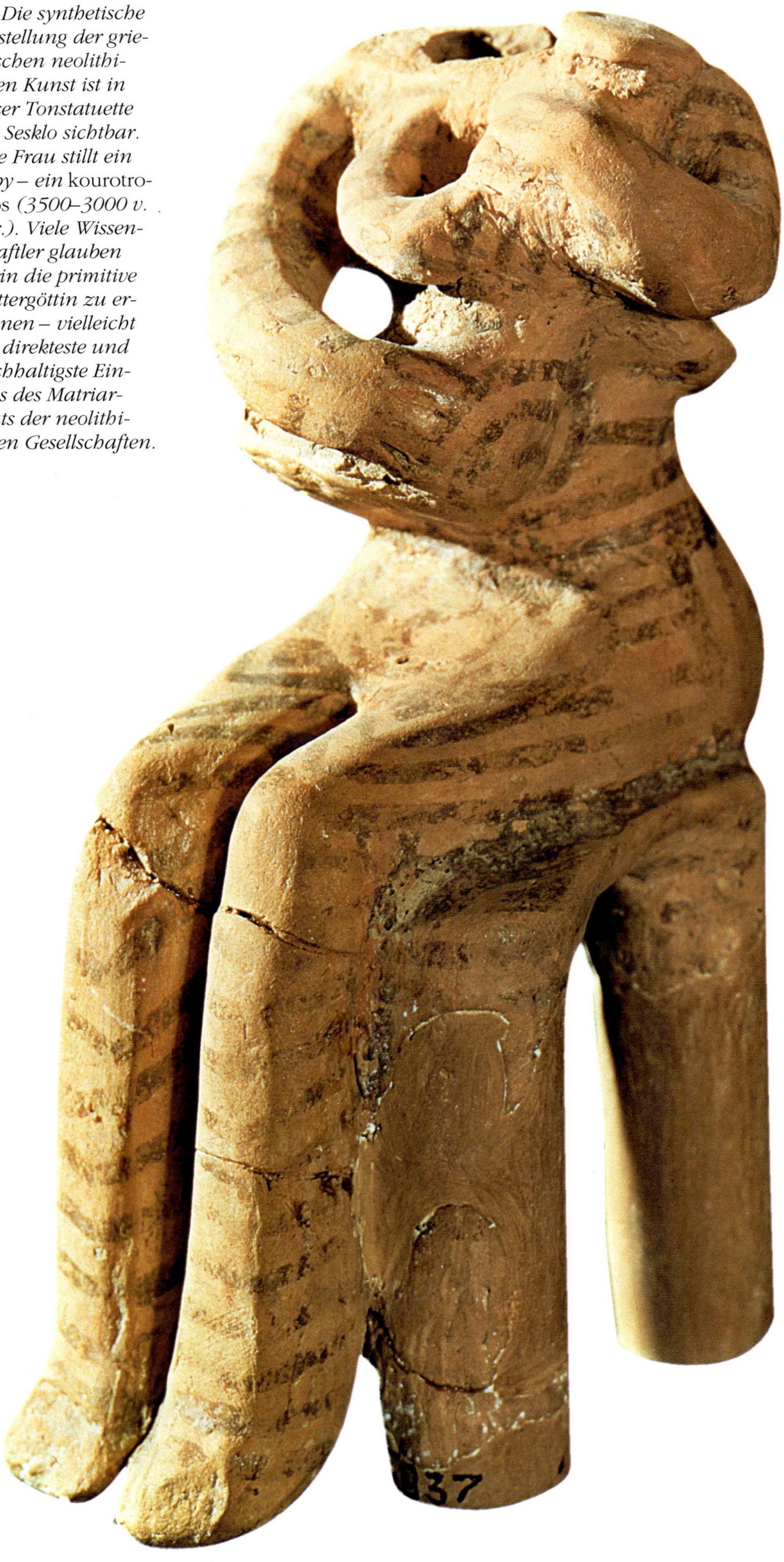

20 *Die synthetische Vorstellung der griechischen neolithischen Kunst ist in dieser Tonstatuette aus Sesklo sichtbar. Eine Frau stillt ein Baby – ein* kourotrophos *(3500–3000 v. Chr.). Viele Wissenschaftler glauben darin die primitive Muttergöttin zu erkennen – vielleicht der direkteste und nachhaltigste Einfluss des Matriarchats der neolithischen Gesellschaften.*

Die ersten Belege menschlicher Besiedlung Griechenlands datieren aus dem Jungpaläolithikum (45 000–13 000 v. Chr.) – Funde aus dieser Zeit stammen aus Epiros, Thessalien und der Argolis. Die ausgegrabenen Gegenstände sind zwar sehr bedeutend, unterscheiden sich aber nicht von ähnlichen von der Balkanhalbinsel und dem Donauraum, wo offensichtlich verschiedene Kulturen jener Periode ansässig waren.
Die zentrale Bedeutung Griechenlands wird um das Jahr 6800 v. Chr. deutlich – schon bevor man von griechischer Kultur sprechen kann. Die außergewöhnliche Entwicklung und der kulturelle Fortschritt der ersten bäuerlichen Siedlungen auf Kreta, den Kykladen, der Peloponnes und in Thessalien belegen, dass dort, an Europas Tor zum Osten, die neolithische Zivilisation ihren Ausgangspunkt hatte.
Die ersten Seefahrten über das Mittelmeer – meist um die zahllosen Inseln der Ägäis zu erreichen – unternahmen Nahrungsmittelhändler. Gleichzeitig wurde auch Feuerstein transportiert, der zur Werkzeugherstellung diente, und Obsidian von der Insel Melos – Beweise, dass zwischen weit entfernten Siedlungen Geschenke ausgetauscht wurden und die ersten „diplomatischen Beziehungen“ entstanden waren.
Im mittleren und späten Neolithikum hatten die größten Siedlungen bereits eine bemerkenswerte Kulturstufe erreicht: Im 5. Jahrtausend v. Chr. waren Sesklo und Dimini in Thessalien von einem oder mehreren Verteidigungswällen umgeben. Bald darauf sollten Metall verarbeitende Kulturen mit Kenntnissen in Metallurgie entstehen – eine Entwicklung, die noch nicht vollständig erforscht ist. Schon um 4500 v. Chr. tauchten Gegenstände aus Metall in Sesklo auf, das auch eine für jene Zeit moderne Landwirtschaft besaß. Anfänglich eine Quelle für Reichtum und Fortschritt, wurde Metall mit der Zeit auch zum Anlass für Konflikte bezüglich des Zugangs und der Kontrolle der Lagerstätten dieses wertvollen Rohstoffs.

Das 2. Jahrtausend v. Chr.: Die Völker der Ägäis, von Kreta und Mykene

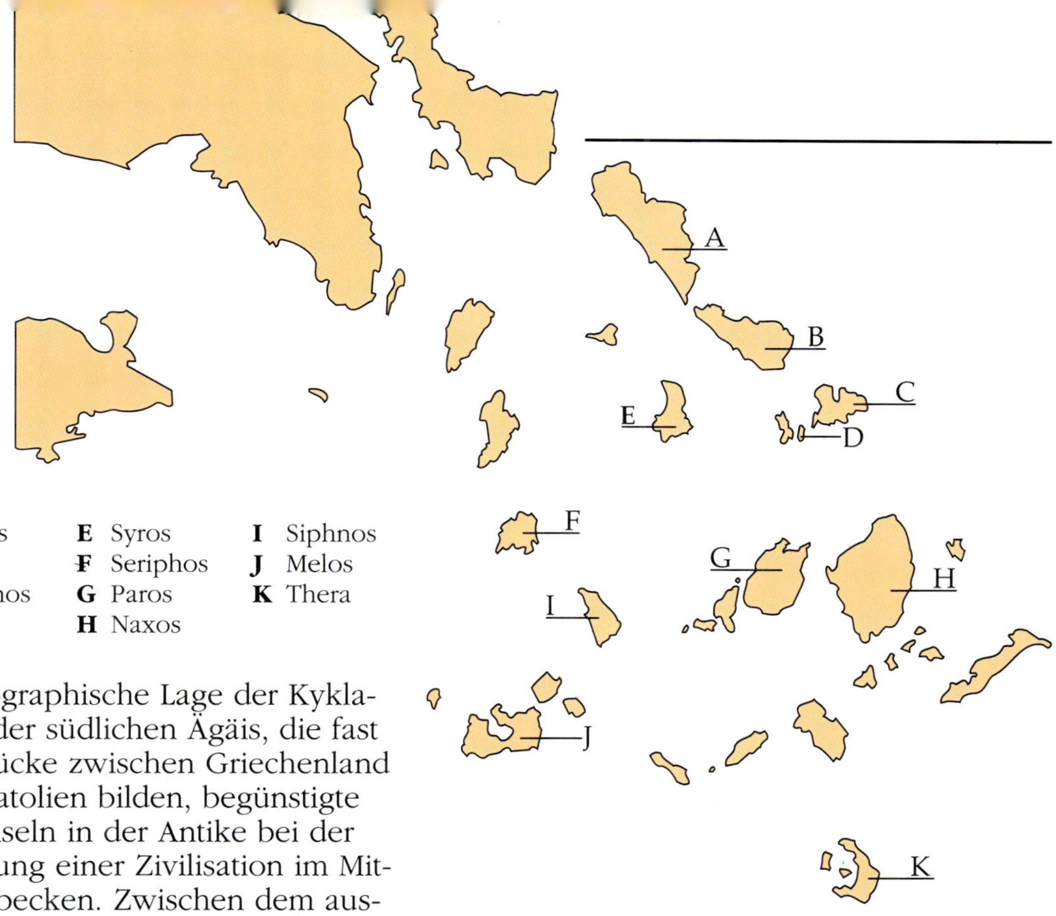

A Andros
B Tenos
C Mykonos
D Delos
E Syros
F Seriphos
G Paros
H Naxos
I Siphnos
J Melos
K Thera

21 links *Das reine Profil dieses kleinen Kopfes eines kykladischen Idols von Antiparos gleicht einem von Modiglianis Werken. Es zeigt die Feinheit der Werke ägäischer Künstler in der 2. Hälfte des 3. Jahrtausends v. Chr.*

21 oben rechts *So genanntes Violinidol, das auf Paros gefunden wurde. Es besteht aus Marmor und datiert um 3000–2500 v. Chr.*

Die geographische Lage der Kykladen in der südlichen Ägäis, die fast eine Brücke zwischen Griechenland und Anatolien bilden, begünstigte diese Inseln in der Antike bei der Entstehung einer Zivilisation im Mittelmeerbecken. Zwischen dem ausgehenden 3. und dem frühen 2. Jahrtausend v. Chr. löste die Entwicklung von städtischen Siedlungen im Osten eine verstärkte Nachfrage nach wertvollen Rohstoffen aus. Die Fundstätten für Obsidian auf Melos, Marmor auf Paros, Tenos und Syros sowie Kupfer auf Siphnos zogen Händler von Ägypten und aus dem Nahen Osten an, die den dortigen Siedlungen im Gegenzug Nahrungsmittel brachten.

Die Blütezeit der Kykladen – sowohl im Süden, besonders auf Melos und Thera, als auch im Norden auf Tenos, Paros, Naxos, Syros, Keros, Amorgos, Siphnos, Kythnos und Kea – ist zwischen 2200 und 1700 v. Chr. anzusetzen. Ab dieser Zeit wurden die Inseln immer mehr an Kreta assimiliert und gerieten schließlich unter seine Herrschaft.

Im „goldenen Zeitalter“ der Kykladenzivilisation erstreckte sich der Handel der Inselbewohner über die gesamte Ägäis und das östliche Mittelmeer. Bedeutende Siedlungen entstanden und ihre Einwohner erfreuten sich eines zunehmenden Wohlstands, was aus den in Grabkammern gefundenen Gegenständen verschiedenster Herkunft abzulesen ist.

21 unten rechts *Dieses weibliche Idol von Syros mit einer Andeutung der Geschlechtsmerkmale ist dem reifen Stadium der ägäischen Kunst zuzuordnen (2200–2000 v. Chr.).*

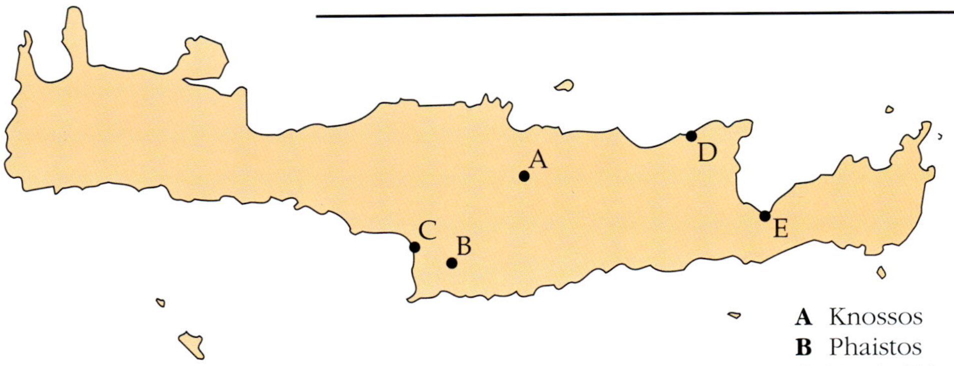

A Knossos
B Phaistos
C Hagia Triada
D Mallia
E Gurnia

__22 links__ Berühmtes Beispiel kretischer Kunst: Freskofragment, genannt „La Petite Parisienne“ aus der Stadthalle des jüngeren Palasts von Knossos (1500–1450 v. Chr.). Hier werden die typischen Merkmale weiblichen Charmes und kretischer Sitten sichtbar.

__22 rechts__ Dieses Rhyton (Trinkbecher) aus Serpentin im Palaststil stammt von Zakros. Neben naturalistischen Figuren und geometrischen Mustern sind hier die Machtsymbole der kretischen Herrscher zu sehen.

Während sich die kykladische Zivilisation immer weiter entwickelte, begann gegen Ende des 3. Jahrtausends v. Chr. auf Kreta, der größten Insel Griechenlands, eine eigene, faszinierende Entwicklung.
Palastartige Siedlungen, die um 1930 v. Chr. in Knossos und Phaistos entstanden, bildeten den Kern von eindrucksvollen Monarchien, aus denen etwa zwei Jahrhunderte später der mächtige König Minos hervorging. Ähnlich wie die Pharaonen von Ägypten besaß dieser Herrscher sowohl politische als auch religiöse Macht. Von seinem Namen leitet sich der Begriff der minoischen Kultur als Synonym für die kretische Kultur ab. Vor allem aber spielte Minos eine entscheidende Rolle bei der Umwandlung des kretischen Lebensstils von einer landwirtschaftlichen Gesellschaft zu einer mediterranen Hochkultur. Die Entwicklung mündete darin, dass die Kreter militärische und ökonomische Herrschaft über die Ägäis erlangten, was ihnen eine Kontrolle des Handels mit Ägypten und den Königreichen des Nahen und Mittleren Ostens ermöglichte. Das Gebiet der Ägäis wurde zunehmend von der kretischen Kultur beeinflusst, die immer pompösere Formen annahm. Der Palast von Knossos ist der bedeutendste der minoischen Paläste auf Kreta. Er war nicht befestigt, was den Schluss zulässt, dass die Bewohner des Palasts und der sich darum ausdehnenden Stadt niemanden fürchtete.
Der Handel blühte, Nahrungsmittel sowie die Erzeugnisse von geschickten Töpfern, Holzschnitzern, Goldschmieden und Bildhauern wurden verschifft. Eine Schrift, die so genannte „Linear A“, die bis heute nicht entziffert werden konnte, diente wahrscheinlich für die Buchführung des Staates. Sie ist ein wichtiges Zeugnis der komplexen Organisation und der bemerkenswerten Effizienz der kretischen Palastsiedlungen.
Um 1700 v. Chr. wurde der Palast von Knossos zerstört. Die Ursache hierfür ist ungeklärt, vermutlich war es ein starkes Erdbeben. Bald darauf wurde auf dem alten Grundriss der jüngere Palast errichtet.
Die früheren Paläste auf Kreta waren Ansammlungen von Wohnvierteln und Bereichen für Verwaltung, Produktion und Handel gewesen. Es gab riesige Hallen, Thronsäle, Künstlerwerkstätten, Magazine und Kultstätten. Die späteren Paläste waren von

brachten die Ausgrabungen beim Dorf Akrotiri an der Südwestküste spektakuläre Ruinen einer blühenden Stadt ans Tageslicht. Es gab mehrstöckige Häuser, deren Räume zum Teil mit Fresken geschmückt waren. Eine schreckliche Katastrophe vernichtete die Stadt: Um das Jahr 1628 v. Chr. brach ein Vulkan aus, durch den die Insel vor vielen tausend Jahren entstanden war, und machte aus Thera das erste Pompeji der Geschichte. Die Siedlungen verschwanden unter einer über zehn Meter dicken Schicht aus Lava und Asche. Glücklicherweise hatten die Bewohner Zeit genug, von der Insel zu fliehen – man hat bei den Ausgrabungen keine Skelette gefunden.
Nach Auffassung von Archäologen waren Naturkatastrophen mit verantwortlich für den Niedergang der kretischen Kultur. Die gesamte südliche

23 links *Eine geheimnisvolle Göttin, die die Kräfte der Natur, eventuell der Zauberei (Schlangen) und der Fruchtbarkeit in sich vereint: Das Bild der „Schlangengöttin", ein Vorläufer der griechischen* Potnia theron, *ist in dieser Fayencestatuette aus dem Palastheiligtum von Knossos wiedergegeben (um 1500 Jh. v. Chr.).*

riesigen Plätzen flankiert, von denen Treppen hinaufführten; diese Plätze hält man für eine primitive Form von Freilichtbühnen, auf denen Kollektivriten oder andere Zeremonien zelebriert wurden.
In der jüngeren Palastzeit (um 1550–1375 v. Chr.) entstanden nicht nur die Paläste von Knossos, Zakros, Mallia und Tylissos, sondern auch Häuser im Stil von Landsitzen. Ein schönes Beispiel hierfür ist eine Villa, die bei Phaistos in der Nähe des heutigen Dorfes Hagia Triada entdeckt wurde.
Auch kannte man in jener Epoche bereits gepflasterte Straßen. Die herrliche Königsstraße in Knossos z. B. zeigt, welche Aufmerksamkeit die Architekten der Gesamtanlage und der umgebenden Landschaft widmeten. Architektonische Aspekte waren beim Bau der Straße sicher wichtiger als rein funktionale wie z. B. ihr Ziel (vermutlich ein Tempel oder eine dörfliche Siedlung).
Der Einfluss der minoischen Kultur auf den südlichen Kykladen war auf Thera (seit dem Mittelalter Santorin) besonders stark ausgeprägt. Hier

23 rechts *Herrliches Beispiel eines Rhytons aus Steatit in Form eines Stierkopfes (um 1500 v. Chr.) Die goldenen Hörner, die Augen aus Bergkristall, das Profil aus Perlmutt zeigen an diesem rituellen Gefäß die große herstellerische Sorgfalt. Es wurde wahrscheinlich zum Sammeln und Ausgießen von Flüssigkeiten bei einem heiligen Trankopfer benutzt, möglicherweise für Stierblut.*

24 links *Die minoische Malerei war in der antiken Kunst zunächst rein naturalistisch, wobei sie sich von den Stereotypen der ägyptischen Kunst durchaus löste. Die weichen Linien, die reichen und leuchtenden Farben, der Sinn für die Natur sind offensichtlich in dem berühmten Fragment eines Freskos aus dem jüngeren Palast von Knossos. Es zeigt einen farbigen Garten mit Vögeln (Rebhühner und ein Wiedehopf) und ist ein Prototyp für vergleichbare Abbildungen in der hellenistischen und römischen Zeit.*

24 rechts *Der hohe Stand der Luxuskunst auf Kreta findet Ausdruck in einer beeindruckenden Anzahl von Kleinodien und Objekten, die von talentierten Kunsthandwerkern der Palastsiedlungen hergestellt wurden. Ihre Werkstätten befanden sich innerhalb der Palastgruppen, wie man bei Ausgrabungen in Knossos entdeckte. Ein gutes Beispiel ist dieser Trinkbecher aus Bergkristall (Zakros 1500–1450 v. Chr.)*

Ägäis erlitt eine Serie von Erdbeben und Flutwellen, Vulkanasche bedeckte das Land und verdunkelte den Himmel, was Klimaänderungen nach sich zog. Zurück blieb ein geschwächtes Kreta, das den Expansionsgelüsten von Mykene hilflos ausgesetzt war.

Die minoische Kultur zeichnet sich durch eine hochinteressante Architektur, Kunst und Religion aus. Eine wichtige Rolle in der Religion spielte die mächtige Göttin der Fruchtbarkeit. Sie wurde mit dem Stier in Verbindung gebracht, der Kreta und seinen Herrscher Minos symbolisiert. Die Jugendlichen der Insel führten ihr zu Ehren Initiationsriten durch. Diese umfassten in der Regel eine Art unblutigen Stierkampf, bei dem junge Männer mit akrobatischen Sprüngen den Angriffen und Ausbrüchen eines gereizten Stiers ausweichen mussten.

Kunsthistoriker weisen zu Recht darauf hin, dass die Kunstgegenstände der Kreter die Vorstellungskraft und schöpferische Energie eines friedlichen Volkes widerspiegeln. Die Menschen arbeiteten hart und waren sehr produktiv. Sie zogen die Annehmlichkeiten des Lebens der Zurschaustellung von Macht und Verherrlichung von Waffen vor. Einen Beweis für das Streben der Kreter nach Luxus und Prunk stellen die herrlichen Gewänder dar, die die Figuren auf den Wandmalereien der Paläste tragen. Auch die hervorragenden Fähigkeiten der Bildhauer, Goldschmiede und Holzschnitzer, deren Objekte im Archäologischen Museum von Heraklion zu bewundern sind, belegen dies. Weitere Anzeichen sind Baderäume, Toiletten und andere Einrichtungen, die den Völkern der Antike normalerweise nicht bekannt waren.

__25__ Die intensive Beziehung der Kreter zum Meer zeigt sich in zahllosen Kunstwerken – besonders in Fresken wie diesem herrlichen Beispiel für einen lebhaften Naturalismus der minoischen Malerei. Es datiert aus dem 16. Jh. v. Chr. und wurde bei den Ausgrabungen beim Dorf Akrotiri auf der Insel Thera entdeckt; die Insel wurde von einem Vulkanausbruch verwüstet. Das Fresko zeigt einen jungen Fischer, der seinen Fang nach Hause bringt. Diese „Momentaufnahme" ist so detailliert, dass sogar die Fischarten erkennbar sind: große Makrelen oder eventuell kleine Thunfische.

Die Geschichte Griechenlands im Überblick

Vorgeschichte um 45 000–2800 v. Chr.

Es gibt Hinweise auf eine sporadische Anwesenheit des Menschen in der Region (Nomaden, Jäger, Sammler; kulturelle Ähnlichkeit mit dem Balkan) im Jungpaläolithikum und Mesolithikum. Um 7000 v. Chr.: Europas erste Gruppen von Bauern/Viehzüchtern tauchen in Makedonien, Thessalien, auf der Peloponnes, auf den Kykladen und Kreta auf, vermutlich Migrationen aus dem Osten. Ein gutes Handelsnetz wird eingerichtet, dessen Land- und Seewege über den ganzen Kontinent verlaufen. Besonders wichtig sind die Routen für Obsidian, Bernstein und Salz. Um 6000–4000 v. Chr.: Große Siedlungen entstehen, mehrere davon (Sesklo, Dimini) mit einer „proto-urbanen“ Struktur und Befestigungen. Um 4500 v. Chr.: Heimisches Kupfer wird verarbeitet; der Gebrauch des Metalls trägt zur Entwicklung der Landwirtschaft und zu Bevölkerungswachstum mit höher organisierten Sozialstrukturen bei.

Jungpaläolithikum und Mesolithikum (um 45 000–5000)

Neolithikum und frühester Gebrauch von Kupfer (um 6800–2000)

Kupferzeit (um 3500–2000)

Frühgeschichte um 2800–1220 v. Chr.

Mit der Bronzezeit kommen die ersten indoeuropäischen Migrationswellen: Kulturelle Gemeinsamkeiten entwickeln sich zwischen dem griechischen Festland, den ägäischen Inseln und der anatolischen Küste. Auf den Kykladen entstehen blühende Handelszentren. Um etwa 1900 v. Chr. entwickelt sich auf Kreta die erste westliche Staatsform. Palastsiedlungen werden zu Zentren der politischen Macht und der Produktion. Nach der Zerstörung und dem Wiederaufbau der Palastsiedlungen (1700 v. Chr.) beherrscht die minoische Thessalokratie die Ägäis. Die prächtige mykenische Kultur beherrscht nun den Raum der Ägäis. Im 14. und 13. Jh. v. Chr. schafft der handelsorientierte Expansionismus „vorkoloniale“ Handelsposten auch im westlichen Mittelmeer, während der Trojanische Krieg die Kontrolle der Achaier über die Dardanellen sicherstellt.

„Goldenes Zeitalter“ der kykladischen Kulturentwicklung der minoischen Kultur (um 2800–2000)

Erste minoische Palastsiedlungen (um 1900–1700)

Zerstörung und Wiederaufbau der minoischen Palastsiedlungen; Invasion Griechenlands durch die Achaier. „Goldenes Zeitalter“ der mykenischen Kultur (um 1700–1450)

Zusammenbruch der minoischen Kultur (um 1450)

Hegemonie der mykenischen Händler im Mittelmeerraum (um 1450–1250)

Trojanischer Krieg (um 1250–1220)

Die griechische Völkerwanderung um 1220–900 v. Chr.

Die Seevölker bringen Verwüstung in die Ägäis und ins östliche Mittelmeer, der Handel kommt zum Erliegen. Gleichzeitig besetzt ein anderes indoeuropäisches Volk, die Dorer, vom Balkan kommend Griechenland und schafft die mykenischen Königreiche im 12. Jh. v. Chr. ab. Es folgt die dunkle Periode der Völkerwanderung, die charakterisiert ist durch die Zerstörung von Siedlungen mit starker Entvölkerung, Rezession und Verschwinden der mykenischen politischen und sozioökonomischen Strukturen sowie dem Untergang städtischer Siedlungen. Dorer, Ionier und Äolier bringen griechische „Dialekte“ in den nach über hundertjähriger Migration besetzten Gebieten hervor. Es bilden sich, teilweise mit Waffengewalt, reiche aristokratische Clans. Sie übernehmen die „heroische“ Praxis der Totenverbrennung. Der Gebrauch von Eisen verbreitet sich. Im 10. Jh. v. Chr. führt eine allgemeine wirtschaftliche Erholung zur Gründung neuer städtischer Siedlungen, zu Handelsaktivitäten und „kolonialer“ Expansion an die anatolische Küste.

Verwüstungen durch die Seevölker (um 1220–1180)

Indoeuropäische Invasionen und Ende der mykenischen Kultur (um 1220–1120)

Gründung der ersten städtischen Siedlungen und erste Herausbildung einer Kolonisierung (um 1100–900)

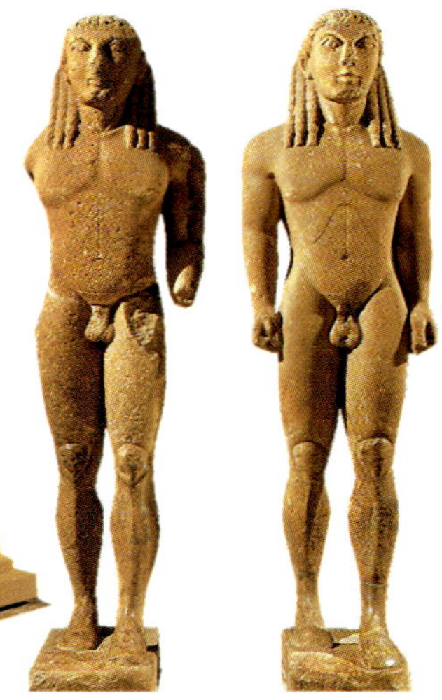

Die frühe archaische Periode um 900–725 v. Chr.

Das demographische und wirtschaftliche Wachstum stärkt allmählich die neu gegründeten Poleis: Athen, Argos, Theben, Sparta, Korinth, Chalkis, Eretria, Milet, Smyrna, Phokaia und andere Städte werden zu mediterranen Handelszentren. Sie gründen blühende Kolonien und Handelsposten im Osten und Westen im friedlichen Wettbewerb mit den Phöniziern und Etruskern. Die ersten Verfassungselemente entstehen unter der starken Kontrolle der Aristokratien: Die Monarchien werden zugunsten von Oligarchien abgeschafft – Spartas Diarchie bildet die einzige Ausnahme. Die Entwicklung der Schrift nach dem phönizischen Alphabet ist die Voraussetzung für die Überlieferung von Homers Epen, der Ilias und der Odyssee. Die Herstellung feiner Töpferwaren und von Gegenständen aus Metall sowie der Export von Öl und Wein stärken die Position von Athen, Korinth, Argos und der euböischen Städte.

Erste Olympiade (776)

Gründung der ersten Kolonie im Westen bei Pithekussa (um 770)

Erste „Verfassungen“ in Athen und Sparta (um 754–753)

Erster Messenischer Krieg (um 743–724)

Gründung von Kolonien in Süditalien (um 740–708)

Die mittlere archaische Periode um 725–610 v. Chr.

Der Handel zwischen Ägypten, dem Orient und den griechischen Poleis (vor allem Korinth) mit ihren Kolonien blüht ebenso wie die Wirtschaft und der Wettbewerb mit den Phöniziern und Etruskern im Mittelmeerraum (sie kontrollieren wichtige Erzvorkommen im Westen). In der Folge erfährt Griechenland ein beträchtliches Wachstum, nicht nur auf ökonomischem Gebiet: Die kulturelle Entwicklung fördert die Literatur, Philosophie und Kunst. Die Künstler und Kunsthandwerker werden stark vom Orient beeinflusst, dessen Kunstgegenstände in großer Zahl importiert werden, um das Luxusbedürfnis der herrschenden Aristokratien zu befriedigen. In Korinth, Argos und Sikyon bringen soziale Spannungen zwischen den Adligen und dem Volk die Tyrannen an die Macht, während die Kolonisierung nach Osten und Westen anhält. Die religiöse und politische Bedeutung der panhellenistischen Heiligtümer von Delphi und Olympia verstärkt sich.

Gründung weiterer Kolonien in Süditalien (um 688–648)

Zweiter Messenischer Krieg (um 684–668)

Tyrannis von Korinth unter Kypselos (um 657–627)

Tyrannis von Argos unter Pheidon (um 650–630)

Gründung von Kyrene (631)

Gesetzeskodex durch Drakon in Athen eingeführt (um 624–620)

Die späte archaische Periode um 610–500 v. Chr.

Während Sparta seine Hegemonie über die gesamte Peloponnes ausdehnt (nur Argos behält seine Autonomie), führen sozioökonomische Konflikte zwischen den Oligarchien und den produktiven Schichten des Volks, die nach mehr politischer Mitsprache verlangen, zu Reformversuchen, wie z. B. von Solon in Athen. Das Fehlschlagen dieser Initiativen begünstigt den Aufstieg der Tyrannen, die die herrschenden Aristokratien in Städten wie Athen, Megara, Samos, Naxos und Milet verdrängen. Anderswo in der griechischen Welt werden die etablierten Kolonien immer autonomer, gründen ihrerseits Kolonien und kämpfen für eine regionale Vorherrschaft. Athen wird das führende wirtschaftliche Zentrum unter der Tyrannis des Peisistratos. Mitte des 6. Jh. v. Chr. beginnen die Perser, ihr östliches Reich auszuweiten, und bedrohen damit die Poleis von Ionien.

Gesetzeskodex des Solon in Athen (um 594–591)

Drei Phasen der Tyrannis unter Peisistratos in Athen (um 561–527)

Brand im Apollonheiligtum in Delphi (548)

Tyrannis des Polykrates auf Samos (um 546–522)

Persische Eroberung des Nahen und Mittleren Ostens (um 559–513)

Vertreibung des Hippias aus Athen (um 514–510)

Neuordnung des Staates durch Kleisthenes (508–507)

Die Perserkriege 500/490–449 v. Chr.

Der persische König Dareios I. sendet 490 v. Chr. ein Heer unter der Führung von Datis und Artaphernes über See gegen Eretria und Athen. Eretria wird zerstört, die Athener siegen unter Miltiades – mit Unterstützung eines kleinen Aufgebots aus Plataiai – bei Marathon. Dieser Sieg veranlasst die Perser zur Rückkehr nach Asien. Xerxes I. erklärt den zweiten Krieg (480 v. Chr.). Nach mehreren Erfolgen und der Plünderung Athens werden die Perser in der Seeschlacht von Salamis besiegt. Mit ionischer Unterstützung dauern die Feindseligkeiten unter der Führung von Athen an, das den Attischen Seebund gründet. Die westlichen Griechen besiegen die Karthager und Etrusker. Unter Themistokles und Kimon setzt Athen auf einen militärischen und ökonomischen Imperialismus, während es gleichzeitig mit den anderen Poleis in ständigem Konflikt liegt.

Ionischer Aufstand gegen die Perser (599–494)

Erster Perserkrieg (490)

Zweiter Perserkrieg; Schlacht von Himera zwischen Griechen und Karthagern (480)

Zweiter Ionischer Aufstand gegen die Perser (479)

Erster Attischer Seebund (477)

Seeschlacht von Kyme zwischen Griechen und Etruskern (474)

Dritter Messenischer Krieg; Krieg Athens gegen Ägina und Korinth (464–455)

Friedensvertrag zwischen Griechen und Persern (um 449)

Klassische Zeit 500–336 v. Chr.

Unter Perikles erreicht Athen den Höhepunkt seines wirtschaftlichen Erfolgs sowie eine kulturelle und künstlerische Blütezeit. Seine expansionistische Außenpolitik erzeugt in der ganzen griechischen Welt Revolten und Feindseligkeiten gegen das Athener Imperium. Die Rivalität mit Sparta, Korinth, Theben und Syrakus eskaliert zum Peloponnesischen Krieg. Nach wechselndem Kriegsglück kapituliert Athen schließlich und erlebt das letzte Jahrzehnt des 5. Jh. v. Chr. unter kurzlebigen oligarchischen Regierungen. Das neue Jahrhundert bricht an mit der Wiedereinführung der Demokratie in Athen, mit Angriffen Spartas gegen die persische und karthagische Expansion nach Sizilien. Sparta dominiert für einige Jahrzehnte, bevor es seine Vorherrschaft verliert. 356 v. Chr. beginnt Philipp II. von Makedonien seine systematische Eroberung Griechenlands, die 338 v. Chr. bei Chaironeia vollendet ist. 337 v. Chr. erhält die makedonische Hegemonie im Korinthischen Bund ihre endgültige Form.

Hegemonie des Perikles in Athen (um 449–429)

Peloponnesischer Krieg (um 431–404)

Kriege zwischen Griechen und Karthagern auf Sizilien (um 409–392)

Kapitulation von Athen und Wiedereinführung der Demokratie (um 403)

Vorherrschaft von Sparta (um 404–379)

Vorherrschaft von Theben (um 379–362)

Philipp II. beherrscht Griechenland (um 356–336)

Korinthischer Bund (337)

Die makedonische Herrschaft um 336–323 v. Chr.

Die makedonische Vorherrschaft über die griechischen Poleis nimmt die Form eines Bündnisses an, das die Ermordung von Philipp II. überdauert. Sein Thronerbe, Alexander III., genannt „der Große", fasst nach seinen erstaunlichen Eroberungen den Plan einer Invasion des Persischen Reichs, wobei die Griechen bei der Befreiung der von den persischen Satrapen beherrschten Städte helfen sollen. Seine Expeditionen werden zu einem glorreichen Siegeszug durch das Persische Reich und seine gewaltigen Provinzen. Alexander erreicht den Indus und das heutige Afghanistan und begründet Städte, die seinen Namen tragen. Er gründet das erste echte Weltreich der Geschichte und fördert die kulturelle Hellenisierung der besiegten Länder. Sein Tod in Babylon löst erbitterte Machtkämpfe um seine Nachfolge aus, was einige Poleis auszunutzen versuchen.

Ermordung Philipps II. in Aigai (336)

Herrschaft Alexanders des Großen (336–323)

Alexander der Große erobert das Persische Reich (334–330)

Feldzüge Alexanders des Großen in Baktrien und Indien (330–325)

Alexander der Große stirbt in Babylon (323)

Die Zeit des Hellenismus 336–146 v. Chr.

Der Versuch einer Befreiung Griechenlands scheitert nach dem Tod Alexanders des Großen im Lamischen Krieg. Athen steht unter makedonischer Besatzung und erhält eine oligarchische Verfassung. Neben Athen mit seinen Philosophenschulen werden vor allem Rhodos, Pergamon und Alexandria zu kulturellen Zentren. Politisch gewinnen die Bünde wie z. B. der Aitolische Bund, und der Achaische Bund an Bedeutung. Nachdem der Erste Makedonische Krieg unentschieden endet, eröffnen die Römer 200 v. Chr. den Zweiten Makedonischen Krieg in dessen Verlauf die Makedonen aus Griechenland vertrieben werden. Der Versuch des letzten makedonischen Königs, Perseus, Griechenland wieder an Makedonien zu binden, scheitert im Dritten Makedonischen Krieg.

Lamischer Krieg (323–322)

Aufteilung des Reichs und Gründung von hellenistischen Königreichen (322–281)

Absolute Herrschaft der makedonischen Monarchie über Griechenland (276–239)

Gründung des Königreichs Pergamon (240)

Ende der Unabhängigkeit Spartas (227–222)

Erster Makedonischer Krieg (215–205)

Zweiter Makedonischer Krieg (200–197)

Dritter Makedonischer Krieg (171–168)

Rom macht Makedonien und Griechenland zu Provinzen; Belagerung und Zerstörung von Korinth (147–146)

A Mykene
B Nauplia
C Tiryns
D Vaphio
E Pylos

Während der Blütezeit der kretischen Kultur, zwischen 2000 und 1600 v. Chr., wurden das griechische Festland und die Peloponnes von dem indoeuropäischen Volk der Achaier erobert und besiedelt. Unter dem Namen „Ahiyawa" wird in den Aufzeichnungen des Hethiterreichs auf dieses Volk Bezug genommen. Die ursprünglich in dieser Region siedelnden Volksgruppen scheinen von diesem Volk von Kriegern und Hirten, das ständig neues Weideland für seine Herden suchte, vollständig und mit Gewalt aufgerieben worden zu sein.
Die Achaier besiedelten Thessalien, Böotien, Attika, die Argolis und Messenien und änderten schnell ihren halbnomadischen Lebensstil, den sie auf ihren Wanderungen über die Balkanhalbinsel angenommen hatten. Das Gebiet, in das sie nun gekommen waren, ragte in das Mittelmeer hinein. Es besaß außergewöhnlich guten Boden und eine reiche Fauna, was diese Änderung begünstigte. Schon bald verstanden es die Herrscher von Dendra, Asine, Argos, Mykene, Tiryns und Pylos, Männer aus der obersten Schicht der rigiden Sozialordnung der Achaier, aus den Handelsrouten dieser Region Nutzen zu ziehen. Nicht nur Nahrungsmittel in großen Mengen wurden gehandelt. Wichtiger waren für die Händler, die die gesamte Ägäis und das östliche Mittelmeer bereisten, die kostbaren Gegenstände aus Gold, Silber, Bronze, Stoff und Ton.
Seit dem späten 19. Jahrhundert, als Mykene durch die Ausgrabungen von Heinrich Schliemann freigelegt wurde (dessen Vorgehen heute als dilettantisch angesehen wird, obwohl seine Arbeit sehr fruchtbar war), werden die Völker dieser Region allgemein

36 oben *Heinrich Schliemann fand den so genannten „Nestor-Becher", im Grab IV des Gräberrunds A in Mykene (16. Jh. v. Chr.). Ein Kantharos, der aus Goldblech getrieben, graviert und durchbrochen wurde, fast 300 Gramm schwer, doch mit Zeichen von ungenauer technischer und künstlerischer Ausführung.*

36 unten *Die berühmten Tafeln aus ungebranntem Ton, die durch das Feuer gehärtet wurden, das den mykenischen Palast von Pylos in Messenien im 12. Jh. v. Chr. zerstörte. Die Zeichen werden als „Linear-B"-Schrift bezeichnet – eine mykenische Schrift.*

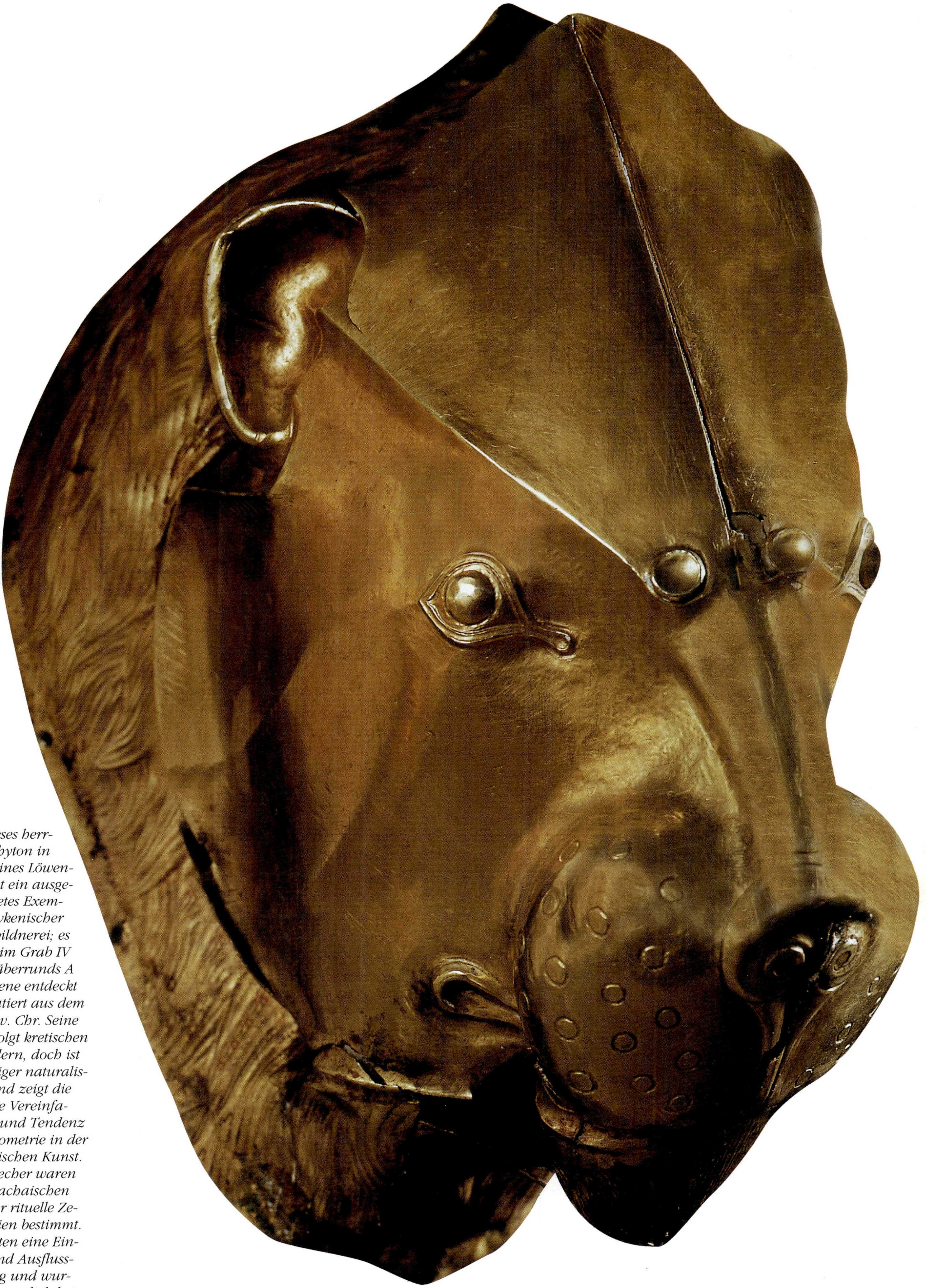

37 *Dieses herrliche Rhyton in Form eines Löwenkopfs ist ein ausgezeichnetes Exemplar mykenischer Metallbildnerei; es wurde im Grab IV des Gräberrunds A in Mykene entdeckt und datiert aus dem 16. Jh. v. Chr. Seine Form folgt kretischen Vorbildern, doch ist es weniger naturalistisch und zeigt die typische Vereinfachung und Tendenz zur Geometrie in der mykenischen Kunst. Trinkbecher waren in der achaischen Welt für rituelle Zeremonien bestimmt. Sie hatten eine Einlass- und Ausflussöffnung und wurden vermutlich bei Trankopfern verwendet.*

als Mykener bezeichnet. Die sozialpolitische Struktur, auf der ihre Gesellschaft basierte, gründete sich auf eine zentralisierte Macht und zwei ökonomische Standbeine: zum einen auf große Ländereien, zum anderen auf die unternehmerischen Aktivitäten geschickter Handwerker und den Handel durch erfahrene Seeleute.

Das herausragende Merkmal jedes mykenischen Stadtstaates war ein befestigter Palast mit einer „Stadt", die von starken Verteidigungswällen umgeben waren. An der Spitze der Gesellschaft stand der *Wanax*: Dieser oberste Herrscher repräsentierte die Krieger- und Grundbesitzer-Aristokratien, die *Lawos* und *Damos*, die durch ihre riesigen Ländereien äußerst reich waren. Zur Rechten des Wanax befand sich ein Militärkommandeur, der *Lawaghetas*. Eine Reihe von Beratern und Beamten unterstützten den Herrscher in politischen und administrativen Funktionen der Regierung. Die Dorfvorsteher waren die *Basilewes*, die das Land kontrollierten, das nicht direkt dem Wanax unterstand. Über die Struktur der niedrigeren Klassen weiß man nur wenig. Sie umfassten wahrscheinlich die Künstler und Bauern. Mit Sicherheit gab es auch eine Sklavenkaste.

Umfangreiche Kenntnisse über die mykenische Kultur lieferten Tontafeln, die bei Ausgrabungsarbeiten am zerstörten Palast von Pylos in Messenien und im Palast von Knossos entdeckt wurden, das von den Mykenern ab dem 15. Jahrhundert v. Chr. kontrolliert wurde, sowie in geringerem Umfang aus Mykene, Tiryns und Theben. Die Tafeln sind in einer Sprache beschrieben, die indoeuropäischen Ursprungs ist, mit einem syllabischen „Alphabet", das aus Ideogrammen entwickelt wurde. Die von Michael Ventris und John Chadwick entzifferte und übertragene Schrift wird als „Linear B" bezeichnet. Die Texte umfassen eine Aufzählung samt Funktion der Palastbediensteten, Magazinverzeichnisse, Abgabenlisten, Verwaltungsvorgänge und persönliche Besitzverzeichnisse.

Die mykenische Wirtschaft basierte auf Landwirtschaft und Viehzucht. Die Produktion von Öl, Flachs und Wolle war die Grundlage blühender Manufakturen im Bereich der Kosmetik (Salben) und Textilien. Der Handel über das Meer expandierte: Allein der Palast von Knossos exportierte jährlich über 30 Tonnen Wolle! Bereits im 16. Jahrhundert v. Chr. waren mykenische Handwerker für ihre Gold- und Bronzearbeiten berühmt. Ihre Tätigkeit wurde direkt durch den Palast kontrolliert, der die Werkstätten mit Kupfer

38 Dieser goldene Siegelring stammt aus Mykene und wurde von einem mykenischen Künstler hergestellt. Er zeigt eine Szene aus einem religiösen Ritus, für den ein minoisches Stück als Vorbild diente.

aus den Bergwerken von Zypern sowie mit Zinn aus Mittel- und Westeuropa versorgte. Edelmetalle, Bernstein und glasähnliche Materialien wurden in großen Mengen verarbeitet, was ein Hinweis auf die weitreichenden Handelsverbindungen der Mykener bis ins 13. Jahrhundert v. Chr. über Ägypten nach Syrien, nach Ionien sowie von Rhodos nach Zypern ist.

Als das mykenische Reich im 14. und 13. Jahrhundert v. Chr. auf seinem Höhepunkt war, reisten seine Händler noch weiter über das Mittelmeer, vor allem in die westlichen Gebiete. Einige Wissenschaftler sprechen sogar von der mykenischen „Vor-Kolonisation" entlang derselben Routen, die später, im 8. bis 6. Jahrhundert v. Chr., die Griechen benutzten. Entlang der italienischen und südspanischen Küste entstanden Siedlungen, z. B. Vivara am Golf von Neapel. Weitere befanden sich im südlichen Puglien, an der sizilianischen Ostküste und auf den Liparischen Inseln (Äolische Inseln). Der Handel reichte sogar bis ins Tyrrhenische Meer und sein Hinterland, die nördliche Adria und die Poebene, was durch Ausgrabungsfunde bei Frattesina/Rovigo bewiesen wurde.

Das Ausmaß der Macht und des wirtschaftlichen Aufschwungs in jener Zeit wird durch die Vergrößerung und Verstärkung der Wälle um Zentren wie Mykene und Tiryns bezeugt. Doch das deutlichste Anzeichen ihrer Stärke war die Entscheidung der Mykener, rivalisierende Staaten mit Waffengewalt zu zerschlagen und die Kontrolle über strategische Punkte im Mittelmeerraum zu erlangen. Das Ereignis, das diese Politik symbolisierte, war ein Krieg der Achaier aus ganz Griechenland gegen die Phryger von Troja, wodurch ein mächtiges Königreich geschaffen wurde.

Insbesondere kontrollierte man jetzt die Dardanellen, eine strategisch wichtige Seestraße zwischen der Ägäis und dem Schwarzen Meer, an der Gebiete mit großen Erzvorkommen und fruchtbares Land lagen. Außerdem mündete in das Schwarze Meer ein äußerst wichtiger Fluss: die Donau.

Um 1250 v. Chr. brach mit einer ungewöhnlichen Koalition der mächtigsten achaischen Städte in Thessalien, Böotien, der Argolis, Messenien und Lako-

38-39 *Dieser außergewöhnliche Dolch mit Bronze-Einlegearbeiten und Niellos in Gold und Silber wurde von einem kretischen Künstler entworfen, jedoch im Grab IV des Gräberrunds A in Mykene gefunden. Er ist mit Szenen einer Löwenjagd verziert.*

39 oben links *Ein Siegelring aus einem der ältesten Gräber in Mykene (16. Jh. v. Chr.) zeigt eine Jagdszene.*

39 oben rechts *Das Thema Krieg ist auf diesem Ring dargestellt. Er gleicht dem vorigen und stammt aus einem Frauengrab.*

nien der Trojanische Krieg aus. Wie Homer in seiner berühmten Ilias berichtet, wurde der Gegner besiegt. Doch brachte dieser Krieg auch den letzten Ruhm für eine Zivilisation, die in wenigen Jahrzehnten zusammenbrechen und untergehen sollte. Bald schon wurden die Länder des Mittelmeerraums von den so genannten Seevölkern erobert. Der Handel, die Hauptstütze der mykenischen Wirtschaft, kam dadurch zum Erliegen. Alle wichtigen Zentren wurden angegriffen und zerstört. Die Folgen dieser Invasion waren katastrophal: Entvölkerung, Vernichtung der Kultur und des materiellen Wohlstands, Zerstörung der Siedlungen – Ereignisse, die die heraufkommende dunkle Periode der griechischen Völkerwanderung einleiteten.

39 unten *Die mykenische Goldschmiedekunst wechselte zwischen Stücken, die einen klaren minoischen Einfluss zeigen, und anderen, die sich in ihrer Dekoration mehr am schematisierenden Naturalismus der Achaier orientierten. Manchmal zog man einfache und elegante Formen für Trinkgefäße vor, wobei man auf jegliche Verzierung verzichtete, wie bei diesem Beispiel eines Kantharos.*

Die griechische Völkerwanderung

40 links *Diese Bronze (8. Jh. v. Chr.), die auf Kreta gefunden wurde, stellt das Bild eines Aedo dar, eines Barden epischer Dichtungen. Er war eine typische Figur der achaischen und griechischen archaischen Kultur, die durch den berühmtesten Aedo, Homer, symbolisiert wird. Das gekrümmte Profil des Barden erscheint in der stilisierten Form der geometrischen Kunst, die Hände auf der Leier suchen die richtigen Töne für die „geflügelten Worte".*

40 rechts *Die auffälligsten Anzeichen einer Bevölkerungszunahme und einer wirtschaftlichen Erholung im Griechenland der geometrischen Periode sind die Nekropolenfunde, die das Prestige wohlhabender Familien in Form von künstlerisch wertvollen Grabbeigaben dokumentieren. Diese Amphora aus einem Grab der Nekropole Dipylon in Athen (um 750–740 v. Chr.) ist ein schönes Beispiel hierfür.*

Die Herkunft der Seevölker, die die Kultur der Ägäis und des östlichen Mittelmeeres zerstörten, ist noch nicht vollständig geklärt; sicher ist jedoch, dass im 12. und 11. Jahrhundert v. Chr. die Phönizier und die Philister dazugehörten. Doch waren sie nicht die einzige Ursache dieser Umwälzungen. Es gab eine weitere Reihe von Invasionen durch indoeuropäische Völker, die die tatsächlichen Gründer der griechischen Zivilisation wurden. Die bekanntesten von ihnen waren die Dorer, die aus den unzugänglichen Bergen der Balkanhalbinsel stammten und sich hauptsächlich in Epirus, Akarnanien-Aitolien, auf der Peloponnes und in der südlichen Ägäis bis zur Südwestküste Anatoliens niederließen. Andere „Griechen", die Ionier und Äolier, bildeten ebenfalls einen Teil des griechischen Kulturraums, der durch seine gemeinsame Sprache, die in drei Hauptdialekten vertreten war, zusammengehalten wurde.

Das Verschwinden städtischer Zentren und das Fehlen eines Staates mit seinen Strukturen begünstigten die Herausbildung eines sozialen Modells, das auf dem *Genos*, einer Art aristokratischem Familienclan, basierte. Diese Clans wurden mächtig durch gewaltsame Landaneignung, Raub und ihren Reichtum an materiellen Gütern und Waffen. Die Bestattung wurde in dieser Epoche von der Einäscherung mit ihren „heroischen" Attributen abgelöst. In der politischen Struktur wurde der mykenische Wanax durch den *Basileus*, den „König", abgelöst. Als Führer der Gemeinschaft und Mitglied der aristokratischen Elite wurde er durch andere Familienoberhäupter unterstützt.

Der erste Stadtstaat – die Polis – bildete sich im 11. und 10. Jahrhundert v. Chr. heraus, als ionische und äolische Einwanderer sich an der anatolischen Küste niederließen. Zu dieser Zeit hatte auf dem griechischen Festland die materielle und kulturelle Entwicklung ihren Tiefpunkt erreicht. Der Handel war völlig zum Erliegen gekommen. Im 10. Jahrhundert waren die ersten Anzeichen eines Aufschwungs in den Siedlungen Karphi und Dreros auf Kreta in Sicht. Zur gleichen Zeit wurden Städte auf den Ruinen der alten mykenischen Zentren wiedererbaut oder Dorfgemeinschaften in bislang unbesiedelten Regionen gegründet. Sie bildeten die Grundlage der Poleis – Athen, Argos, Korinth und Sparta sind die bekanntesten Beispiele.

Die Vergangenheit der Mykener wurde zum kulturellen Erbe der Aristokraten. Mündlich überlieferte Gedichte bildeten das Fundament für eine Literatur; das phönizische Alphabet wurde zur Schreibung der griechischen Dialekte herangezogen. Die alten mykenischen Siedlungen wurden zu kultischen Zentren, die die Vorläufer der heiligen Stätten wie z. B. Olympia, Delphi, Dodona und Nemea wurden.

Die Archaische Periode

Die orange unterlegten Regionen zeigen die Ausdehnung Griechenlands im 11. und 10. Jh. v. Chr.

Die griechische Polis (Plural: Poleis), der Stadtstaat, entstand zwischen dem 11. und 10. Jahrhundert als eine Gemeinschaft von Menschen aus verschiedenen sozioökonomischen Schichten. Sie beschlossen, ihre Tätigkeiten an einem Ort zu konzentrieren, der hinsichtlich Bewohnbarkeit, Verteidigung, Ressourcen und Handelsmöglichkeiten dazu geeignet schien. Dörfliche Siedlungen, die in früheren Perioden vorgeherrscht hatten und deren Wirtschaft mehr auf Autarkie und weniger auf Handel basiert hatten, verloren ihre Bedeutung und wurden den neuen Zentren untergeordnet.
In den Poleis lebten Künstler, Händler und Unternehmer in Wohlstand; ihr Reichtum wurde sogar zu einer Herausforderung an die absolute Macht der Aristokraten. Die Bedeutung von kultivierbarem Land, Pferden und Herden nahm ab, und der Wert von handwerklichen Produkten nahm zu. Erfolgreiche Unternehmungen und Dienstleistungen wurden nicht mehr nur dem Herrscher angeboten, sondern der expandierenden und wohlhabenden Gemeinschaft.
Mit dem Wachstum der Bevölkerung und der Zunahme des Wohlstands wurde es notwendig, politische Institutionen für die neuen sozialen Strukturen zu schaffen. Die Mitglieder der alten Aristokratie sträubten sich gegen eine Teilung ihrer Macht. Da sie die soziale Ordnung nicht aufrechterhalten konnten, gründeten sie Kolonien im westlichen Mittelmeerraum. Diese Entwicklung, die im 8. Jahrhundert v. Chr. begann und im 7. Jahrhundert v. Chr. große Ausmaße annahm, lenkte von internen Streitigkeiten ab und eliminierte die Anlässe für Gewalt und Eroberungskriege zum Schaden der Nachbarstädte.

41 links *Die berühmte „Dame von Auxerre", das erste bedeutende Beispiel griechischer Bildhauerei, stellt eine Göttin oder vielleicht die Widmende in einer andächtigen Pose dar. Sie wurde vermutlich auf Kreta Mitte des 7. Jh. v. Chr. gefertigt und ist fast das Paradigma der so genannten „archaischen" Figuren in der griechischen Bildhauerei.*

41 rechts *Nichts kann das außergewöhnliche wirtschaftliche Wachstum der Stadt am Isthmus zwischen dem 7. und 6. Jh. v. Chr. besser verdeutlichen als eine typisch korinthische Vase – in diesem Fall eine Amphora aus dem 7. Jh. v. Chr. Diese Gegenstände von hoher künstlerischer Vollendung wurden über den gesamten Mittelmeerraum verbreitet.*

42 links *Diese wunderbare Statue von Demeter, der Göttin der Fruchtbarkeit, stammt aus Terravecchia di Grammichele auf Sizilien. Die neue formale Typologie und der spätarchaische Stil zeigen die weite Verbreitung der griechischen Bildhauerei.*

42 rechts *Dieses herrliche bemalte Tonrelief, das vermutlich zum obersten Balken eines nicht identifizierten Tempels in Syrakus (575 v. Chr.) gehörte, zeigt die schreckliche Medusa, die aus ihrem Blut das geflügelte Pferd Pegasus gebärt.*

Waren die griechischen Kolonien im westlichen Mittelmeerraum hauptsächlich Stützpunkte zur Stärkung der wirtschaftlichen Rolle der alten Emporien, so lösten sie diese jedoch mit der Zeit ab. Die ältesten dieser Handelssiedlungen wie z. B. Pithekussa auf der Insel Ischia, die als Erste gegründet worden war (770 v. Chr.), fungierten von nun an als „Freihäfen", wo sich Händler unterschiedlichster Herkunft sammelten. Es gab jedoch auch zahlreiche neue Kolonien, die zu landwirtschaftlichen Zwecken gegründet wurden. In Süditalien und auf Sizilien ließen sich griechische Siedler nieder. Man fasste diese Gebiete unter der Bezeichnung „Megale Hellas", „Großgriechenland", zusammen. Es handelte sich hierbei um einen mächtigen Ableger Griechenlands, der mit seinem Mutterland durch gemeinsame Kultur, Selbstbewusstsein und Bedürfnisse verbunden war.

Innerhalb weniger Jahrzehnte gründeten die Griechen nach Pithekussa Kolonien in Kyme (740 v. Chr.), Naxos (733 v. Chr.), Syrakus (732 v. Chr.) und an neun weiteren Stellen an den Küsten von Sizilien, Kalabrien, Puglien und Lukanien. Im 7. Jahrhundert v. Chr. hatte Griechenland seine politische, wirtschaftliche und kulturelle Stellung im Mittelmeerraum gefestigt. Es hatte seine Kolonien in der Levante, wohin auch die Assyrer ihre Züge unternahmen, und im Westen, wo es mit den Phöniziern konkurrierte. Schließlich bestanden intensive Handelsbeziehungen mit dem Osten. Doch nicht nur Handelsgüter wurden auf den langen Wegen transportiert. „Kultur" in der umfassendsten Bedeutung dieses Wortes wurde dabei unter der Protektion der Aristokraten verbreitet. Sie schwelgten weiter in Luxus und wurden von den Formen und Inhalten der orientalischen Kulturen immer stärker fasziniert. Mittlerweile gab es vom Bosporus bis zum

Schwarzen Meer, von den Küstenregionen Anatoliens bis nach Makedonien und Thrakien Kolonien, die als Vorposten für Handel und Geisteswelt der Griechen dienten. Sie stellten ein politisches und wissenschaftliches Experimentierfeld dar. Philosophen, Künstler, Wissenschaftler und Schriftsteller wirkten hier, und der Handel begünstigte die Kolonien materiell. Zwischen dem 8. und der Mitte des 6. Jahrhunderts v. Chr. nahmen Handel und Kulturaustausch zwischen dem Westen und dem Osten zu. Man kann davon ausgehen, dass zwischen den Völkern Toleranz und sogar eine friedliche Kooperation den Alltag bestimmten; archäologische Studien erhärten diese Annahme. Es wurde z. B. eine große Anzahl von Amphoren, vermutlich aus der etruskischen Stadt Caere (heute Cerveteri), in der ältesten archäologischen Schicht von Karthago gefunden; große Mengen westphönizischer Produkte entdeckte man in den griechischen Kolonien an der italienischen Küste und dem dahinter liegenden Kampanien, Etrurien und Latium.
Es bestand eindeutig eine Handelsachse zwischen Pithekussa und den phönizischen Kolonien auf Sardinien, vermutlich als Teilabschnitt eines ausgedehnten Handelsnetzes, das von der Straße von Gibraltar bis ins östliche Mittelmeer reichte.
Es gibt auch Beweise für die Existenz levantinischer „Handelsministerien" in den griechischen städtischen Siedlungen und einer Reihe ähnlicher griechischer Handelsposten entlang der heutigen tunesischen Küste. Es gab vermutlich eine Art gemeinsamen Markt, worauf die Rechentafeln hindeuten, die die Umrechnung der verschiedenen Maße und Gewichte erleichtern sollten – zwei Jahrhunderte, bevor Pythagoras seine Mathematik schuf!
In der Politik brachten Konflikte in den aristokratischen Oligarchien die Tyrannen an die Macht (das anatolische Wort „Tyrannos" bedeutet „Herr"). Obwohl sie oft selbst aus Aristokratien stammten, erlangten die Tyrannen Macht, weil sie die neuen „produktiven" Gesellschaftsschichten begünstigten. Ihre Autorität machte den politischen und sozialen Spannungen ein Ende. Einige Tyrannen regierten mit eiserner Hand, andere versuchten, auf „sanftem" Weg einen gesellschaftlichen Konsens zu erreichen. Dies konnte durch wirtschaftliche Anreize oder öffentliche Arbeiten in großem Maßstab geschehen. Beispiele hierfür sind religiöse Bauwerke, wie sie von Polykrates (um 540–520 v. Chr.) auf Samos errichtet wurden oder auch in Korinth, der griechischen Handelsmetropole des 7. Jahrhunderts. Hier war eine hoch entwickelte Töpferei im orientalisierenden Stil beheimatet, an die Athen, die Kykladen oder die Ionischen Inseln nicht herankamen.
Kypselos errichtete um 657 v. Chr. die Tyrannis über Korinth. Er unterstützte den Handel durch den Ausbau der Häfen von Kenchreai und Lechaion, gründete landwirtschaftliche Kolonien und Handelskolonien und erbaute sogar den bahnbrechenden Diolkos, eine steinerne Durchfahrt, durch die Schiffe von der Ägäis in den Golf von Korinth und in das Ionische Meer gelangen konnten.
Anderswo versuchte man durch die Gesetzgebung soziale Konflikte zu regeln. In Athen z. B. bemühten sich zunächst Drakon und später Solon um eine fiskalische Reform und eine Reform der Verfassung; beiden war jedoch kein Erfolg beschieden, und das tyrannische System blieb bestehen.
Sparta basierte auf einer Verfassung, die Kommunismus und Nationalismus auf der Grundlage ethnischer Abstammung und eines Kastensystems vereinigte. Es war eine der wenigen „einheitlichen" Städte. Zu einer Zeit, in der andere Poleis ernsthafte Krisen durchmachten, glänzte es mit der Eroberung von Messenien und der Peloponnes. Es scheiterte nur an dem unüberwindlichen Widerstand von Argos.
Im 7. und 6. Jahrhundert v. Chr. bildeten sich auch die panhellenistischen Heiligtümer in Delphi und Olympia als kultische Zentren heraus. Sportveranstaltungen sowie literarische und dramaturgische Wettbewerbe zogen Teilnehmer aus der gesamten griechischen Welt an. Diese Heiligtümer bedeuteten für die Poleis auch einen Ort, an dem Spannungen und Konflikte diplomatisch gelöst werden konnten. Dabei wetteiferten die Stadtstaaten um den politischen Einfluss über die oft aristokratischen Priester – durch besondere Anbetung der entsprechenden Gottheiten und enorme Opfergaben. In der Praxis bedeutete das die Bereitstellung großer Summen, die dann für prächtige Gebäude und den Göttern geweihte Kunstwer-

43 *Die Zahl der Opfer der Kriege zwischen rivalisierenden Poleis oder zwischen Tyrannen und Aristokraten war hoch, wie es aus vielen Grabmälern ersichtlich ist, die vor allem in Attika gefunden wurden. Hier die berühmte Stele von Aristion, ein Werk von Aristokles, das etwa 510 v. Chr. datiert. Der Tote ist mit seiner Hopliten-Bewaffnung dargestellt (Harnisch, Helm, Lanze) und mit der typischen Feinheit des archaischen Stils porträtiert.*

44 Diese kleine Bronzestatue stellt einen Hopliten dar, der einen imaginären Feind angreift. Die Figur kann interpretiert werden sowohl als Erinnerung an die „heroische" Vergangenheit des Griechentums in „achaischen" Wurzeln, wie sie in Homers Epen beschrieben ist, aber auch als Dokument des Widerstands der kleinen hellenistischen Stadtstaaten gegen die Macht der Perser, als ein Symbol des ewigen Kampfes der westlichen gegen die östliche Welt, der Griechen gegen die Barbaren, des Guten gegen das Böse. Wie die Mykener, die die Trojaner besiegten, versuchten die Griechen ihre Unabhängigkeit gegen den Imperialismus des Königs der Könige zu wahren. So wurde die Erinnerung an die Vergangenheit zur Propaganda für die Gegenwart. Die Zeit der Helden war wieder da.

ke verwendet wurden. Ein Zehntel der Kriegsbeute wurde abgegeben, um das dauernde Wohlergehen Griechenlands zu sichern.
Um 560 v. Chr. erlebte auch Athen die erste Phase der Tyrannis. Peisistratos erlangte die Gewalt über die Stadt. Er förderte die kleinen Landbesitzer und Geschäftsleute, baute eine Flotte, begründete eine expansionistische Außenpolitik (wie auch die anderen Tyrannen) und befriedete die Gesellschaft – mit Ausnahme seiner eigenen Feindschaft zu dem mächtigen Haus der Alkmaioniden, die zunächst von Peisistratos und später nochmals von dessen Söhnen verbannt wurden. Dieser Abschnitt endete um 510 v. Chr. nach einem Jahrzehnt heftiger Kämpfe gegen Peisistratos' Söhne Hippias und Hipparch. 514 v. Chr. wurde Hipparch bei einer Verschwörung getötet, die von den Adligen Harmodius und Aristogeiton angezettelt worden war. Die Alkmaioniden kehrten triumphierend zurück, führten mit Hilfe von Delphi den Sturz des Hippias herbei und vermittelten unter der Führerschaft des Kleisthenes Athen einen ersten Eindruck von Demokratie.
Doch näherte sich von den ionischen Kolonien her eine neue Bedrohung. Mit der Gründung des Perserreichs begannen zuerst Kyros und dann Kambyses die Grenzen schnell nach Westen zu verschieben, wobei sie allmählich die alten Königreiche des Nahen Ostens verschluckten und – teilweise mit Gewalt – die Kontrolle über das westliche Anatolien erlangten. Den damaligen blühenden ionischen Stadtstaaten – Milet, Ephesos, Phokaia, Smyrna, Samos – drohte die Eroberung, hauptsächlich wegen der undurchsichtigen pro-persischen Einstellung einiger Tyrannen, die Vertraute und Tributeinnehmer des großen Königs Dareios geworden waren. Das Ergebnis war eine tragische Serie von griechisch-persischen Kriegen.

45 Diese goldene Begräbnismaske stammt aus der reichen makedonischen Nekropole von Sindos (das Stück datiert 520 v. Chr.), in einer Tradition thrakischen Ursprungs. Das Goldblatt ist so gearbeitet, dass es die Gesichtszüge des Toten, der einen illyrischen Helm trägt, relativ realistisch wiedergibt.

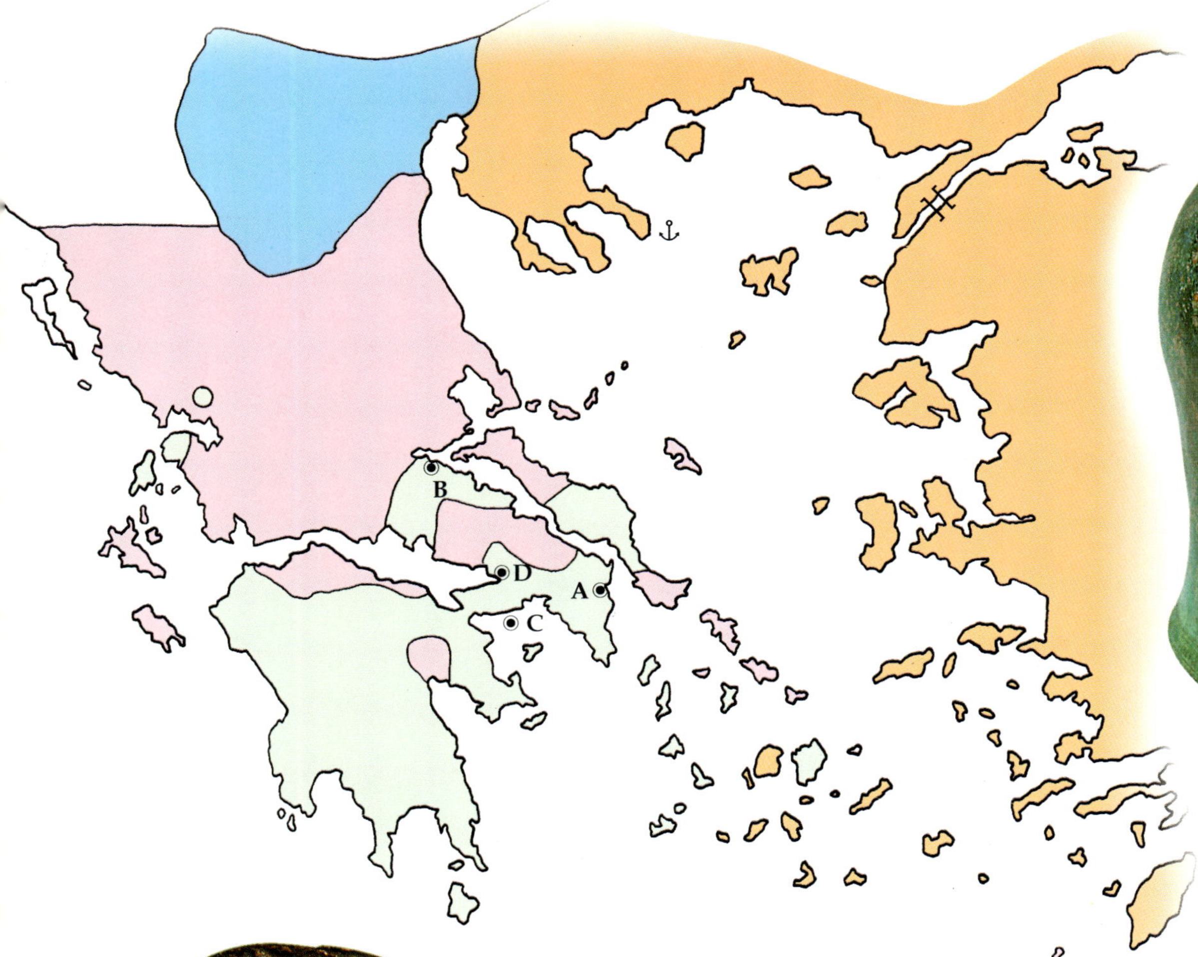

- Persisches Reich 493 v. Chr.
- Neutrale Staaten
- Vasallenstaaten Persiens 492 v. Chr.
- Verbündete Athens
- Brücken über die Dardanellen
- Persische Flotte zerstört 492 v. Chr. durch einen Sturm
- A Marathon (490 v. Chr.)
- B Thermopylai (480 v. Chr.)
- C Salamis (480 BC)
- D Platea (479 BC)

Die Vorherrschaft von Attika im Griechenland des 5. Jahrhunderts v. Chr.

In der ersten Hälfte des 5. Jahrhunderts v. Chr. erlebte die griechische Welt entscheidende Augenblicke in der Verteidigung ihres Territoriums, ihrer Identität und Autonomie. Zu früheren Zeiten hatten diverse Faktoren ein labiles Gleichgewicht aufrechterhalten. Doch nun begünstigten eben diese Faktoren die persische Expansion nach Westen, die besonders von Dareios I. vorangetrieben wurde; die Ägäis war durch ihre Migrations-, Handels- und Kapitaltransferwege schließlich wichtiger als das östliche Mittelmeer. Einer dieser Faktoren war der begrenzte Einfluss Athens außerhalb von Attika, der die Hegemonie von Sparta, Korinth und Argos auf der Peloponnes kaum gefährdete. In der Ägäis ermöglichte es zum anderen die politische Zersplitterung vielen Inseln, sich auf den Handel zu spezialisieren. Viele Gebiete auf dem Festland konzentrierten sich dagegen noch immer auf Landwirtschaft und Viehzucht und spielten daher nur eine untergeordnete Rolle. Zusätzlich brachten Tyranneien, die sich auf eine gewisse Volkszustimmung stützten, die ionischen Städte in Kleinasien in den Machtbereich des persischen Imperialismus; sie hatten ihre Kolonien jenseits des Meeres außerdem zu einer größeren Unabhängigkeit von ihren Mutterstädten ermutigt.

Zu Beginn des 5. Jahrhunderts v. Chr. erlebte das griechische Festland Veränderungen unvorstellbaren Ausmaßes: Ein neues politisches Modell wurde eingeführt, das das griechische Leben völlig veränderte und die weitere Weltgeschichte maßgebend beeinflusste. Eine Demokratie wurde in Athen eingeführt. Der Staat wurde mit dem Bürger gleichgesetzt. Die

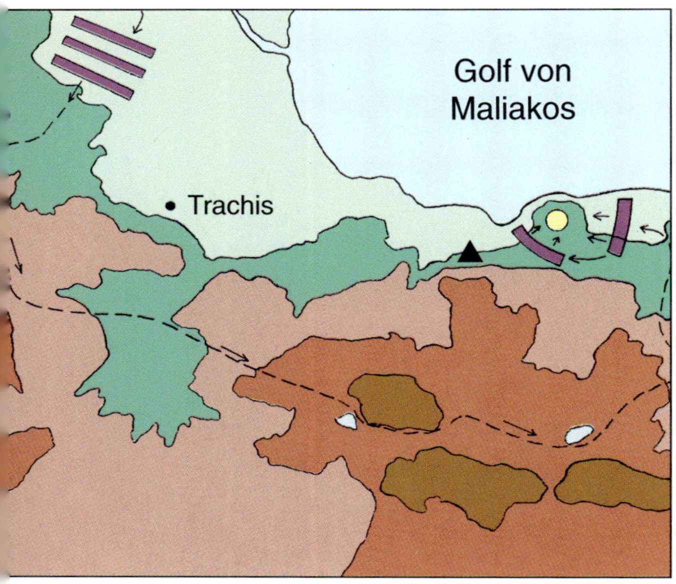

SCHLACHT VON THERMOPYLAI

- Persisches Heer
- Griechisches Heer
- Großer Marsch
- Letzter Widerstand Leonidas'
- Heiße Quellen
- Division von Mardonios
- Division von Pausanias
- Weg

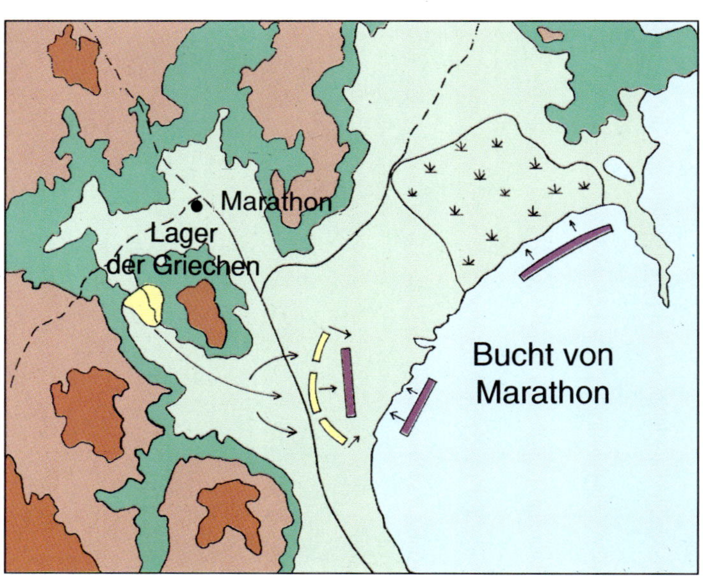

SCHLACHT VON MARATHON

Regierung der Polis wurde der Versammlung des *Demos* („Volk") und seiner gewählten Vertreter übertragen. Nun waren die verschiedenen sozialen und werktätigen Schichten direkt an politischen Entscheidungen beteiligt und innerhalb eines halben Jahrhunderts wurden Athen und Attika das führende wirtschaftliche und kulturelle Zentrum im Mittelmeerraum. Das neue politische Modell wurde zusammen mit den Handelsgütern von Piräus, dem geschäftigen Hafen der Stadt, aus verbreitet. Die aristokratischen Oligarchen und die Tyrannen, die im übrigen Griechenland die Macht hatten, sahen darin natürlich eine Bedrohung. Uneinigkeit und Konflikte nahmen zu; Machtkämpfe zwischen den pro-persischen Gruppierungen und „aufgeklärten" Aristokraten wurden in einem nicht ganz geklärten Ausmaß von der demokratischen Doktrin gleicher Rechte und freien Handels abgelöst.
Eine unmittelbare Auswirkung war der Ionische Aufstand gegen die Perser (500–494 v. Chr.), der von Dareios I. unterdrückt wurde und einen Angriff auf Griechenland selbst auslöste, da man die polymorphen Stadtstaaten für zu unzuverlässig hielt, als dass sie hätten unabhängig bleiben können. Zahlreiche blühende Poleis im asiatischen Ionien wurden unterworfen. 490 v. Chr. griff das Heer von Dareios I. unter dem Kommando von Artaphernes und Datis Eretria und Athen an. Der außergewöhnliche Sieg von Marathon, wo 10 000 Soldaten unter der Führung des Athener Strategen Miltiades die Perser in die Flucht schlugen, setzte der Expansion der Perser ein vorläufiges Ende – doch nicht für lange. Zehn Jahre später inszenierte Xerxes I., der Sohn von Dareios, mit einem gewaltigen Heer und seiner Flotte einen neuen Angriff. Wieder stießen die Perser auf hartnäckigen Widerstand sowie eine starke Gegenattacke durch Athen und seine Verbündeten. Anfangs erlitten die verbündeten Stadtstaaten erhebliche Rückschläge: Die Spartaner unter Leonidas wurden bei Thermopylai besiegt – einem Gebirgspass, der den Weg zu den Ebenen von Böotien und nach Attika ebnete; die griechische Flotte erlitt am Kap Artemision eine Niederlage, die Stadt Athen wurde geplündert und das Heiligtum der Athene auf der Akropolis geschändet. Doch bei der Seeschlacht in der Straße von Salamis wendete sich das Blatt. Unter der Führung von Themistokles riskierten es die griechischen Schiffe sogar, die Perser auf ihrer ungeordneten Flucht zu verfolgen. 479 v. Chr. bedrohte Griechenland die persische Hegemonie über die Ionier und verhalf einigen Städten zur Unabhängigkeit.
In dieser Zeit verspürte eine andere östliche Macht Gelüste auf die blühenden Kolonien von Großgriechenland. Ab etwa 550 v. Chr. wurden die Handelsambitionen der Karthager zu einem Imperialismus über das Mittelmeer mit klar anti-griechischer Orientierung, wovon einerseits die Aufteilung des tyrrhenischen Italien zwischen Karthago und den etruskischen Thalassokraten von Caere (Cerveteri), Tarquinia, Vulci und Populonia und andererseits die starke Bedrohung der jungen Republik Rom durch die alte Kolonie Tyros zeugen. Der Versuch, Sizilien zu einer karthagischen Insel zu machen, wurde 480 v. Chr. von einer Koalition unter Gelon, dem Tyrannen von Syrakus, zurückgewiesen. 474 v. Chr. beendete eine neue Koalition der westlichen Griechen unter der Führung von Syrakus durch einen Seesieg vor Kyme die etruskische Hegemonie über das tyrrhenische Italien. Diese alte chalkidische Kolonie sollte in den nächsten Jahrzehnten das beliebteste Handels-

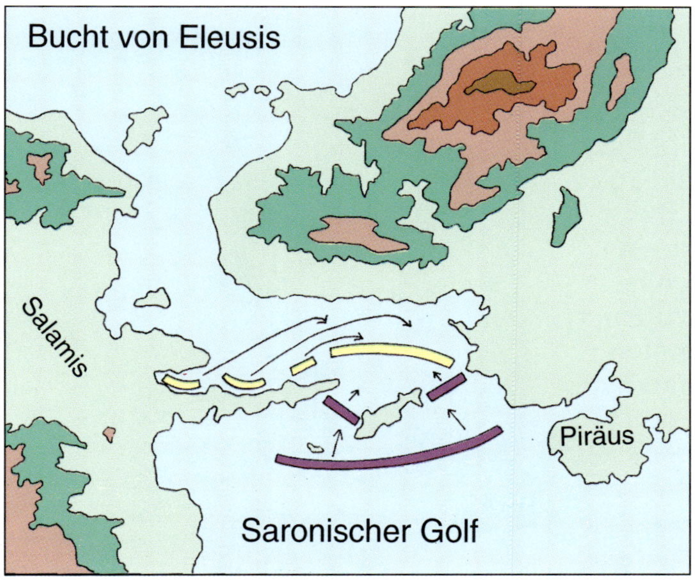

47 *Im berühmten Nationalen Archäologischen Museum in Neapel befindet sich dieses erhabene römische Porträt des Athener Strategen Themistokles, der die Perser bei Salamis bezwang. Es ist eine idealisierte Version nach den Regeln der griechischen Tradition.*

SCHLACHT VON SALAMIS

46 links *Diese Silbermünze zu 4 Athener Drachmen, die in der Zeit der Perserkriege geschlagen wurde, zeigt deutlich die kleine Eule, die der Athene gewidmet ist, und die Initialen des Namens der Stadt, die sich zweimal gegen die Perser erhob.*

46 rechts *Dieser Helm im korinthischen Stil mit der typischen Form, die Nase und Kinn freilässt, wurde vor allem während der Perserkriege getragen. Zahlreiche Exemplare aus ganz Griechenland zeugen von einer weiten Verbreitung.*

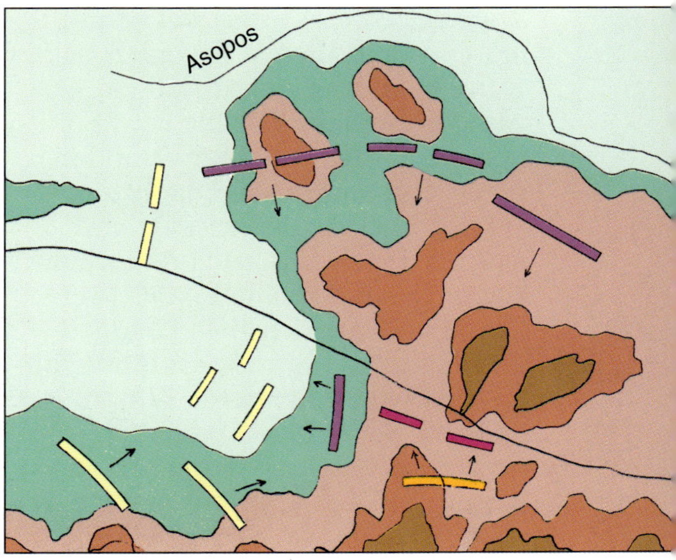

SCHLACHT VON PLATEA

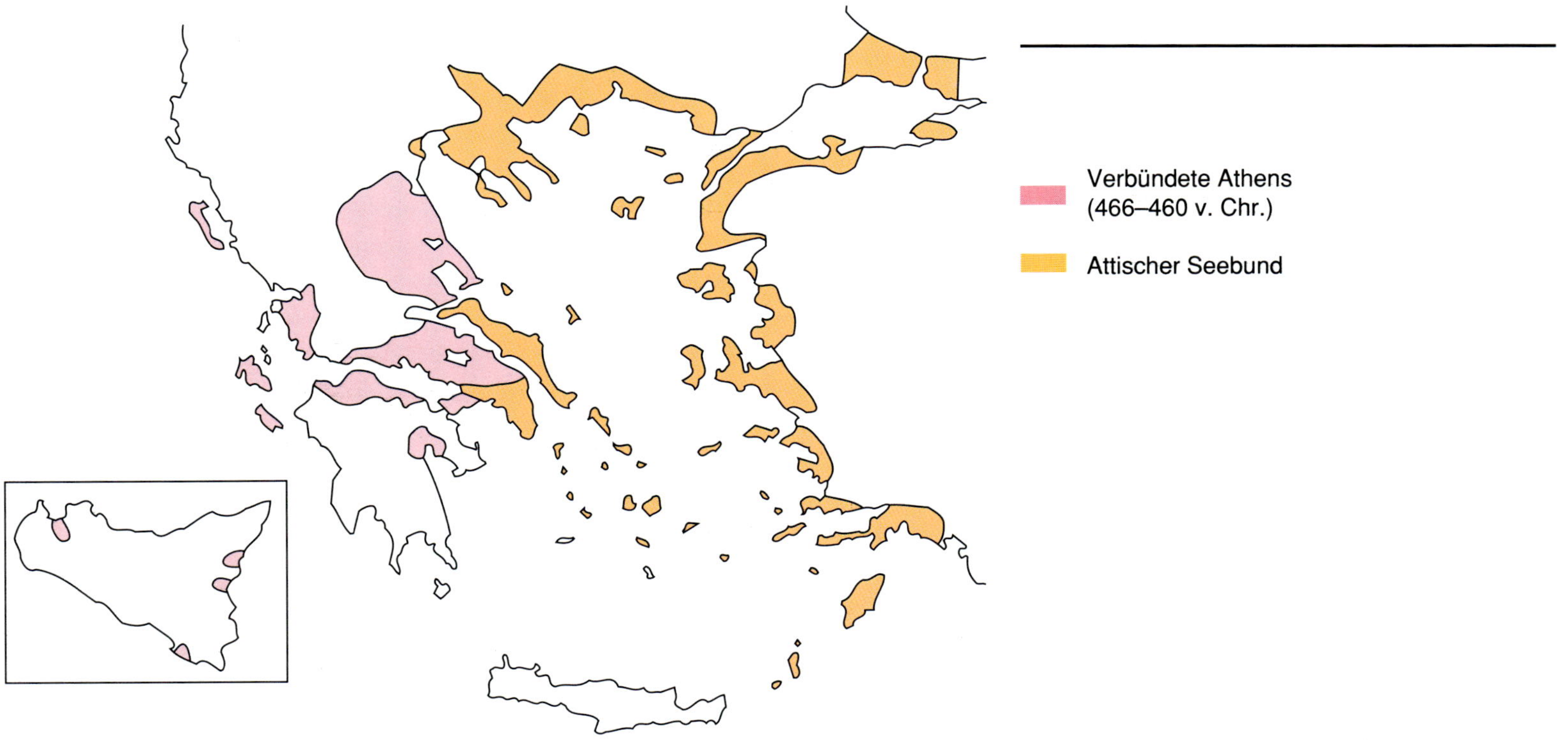

zentrum der westlichen Griechen werden.
In Athen bestand nun ein demokratisches System, das auf zwei Hauptfaktoren beruhte, was für die griechische Geschichte in der zweiten Hälfte des 5. Jahrhunderts v. Chr. von großer Bedeutung war: Einerseits spielten starke Persönlichkeiten eine immer wichtigere Rolle in der Regierung, während in Handels- und Militärangelegenheiten die Außenpolitik der Stadt eine immer aggressivere Tendenz mit einem imperialistischen Beigeschmack annahm; andererseits wurde Athen allmählich das Zentrum der hellenistischen Kultur – von der Philosophie und Literatur bis zu den Wissenschaften und Künsten.
Diese Entwicklung wurde besonders deutlich, als Perikles, der Nachfolger des „konservativen“ Kimon, die Führerschaft der demokratischen Bewegung übernahm und ein umfangreiches politisches Programm durchsetzte, das Athen schließlich zu einer bislang in der Antike unbekannten Blütezeit führte, was Lebensstandard, Handelsvormacht und Kultur betraf.
Auf dem Gebiet der Außenpolitik war Athen Begründerin des Attischen Seebundes (477 v. Chr.), dem zahlreiche Städte und ägäische Inseln angehörten. Ziel dieses Bundes war es, den Krieg gegen die Perser weiterzuführen, bis die östlichen Kolonien befreit würden, und im Angriffsfall ein Verteidigungsbündnis zu bieten. Zentrum und Schatzkammer befanden sich anfangs im Apollonheiligtum auf der Kykladeninsel Delos und wurden 454 v. Chr. nach Athen verlagert. Diese Maßnahme, die ihren Grund in Sicherheitsbestrebungen und Athens Hauptrolle im Bund hatte, stieß bei den anderen Bündnispartnern auf heftigen Protest.
Nach dem Friedensvertrag mit den Persern um 449 v. Chr. verstärkte sich

48 *Dieses Bildnis von Perikles wird Kresilas zugeschrieben. Einige Bürger der Stadt bestellten bei ihm eine Plastik, die ihn post mortem auf der Akropolis ehren sollte. (Die Athener Gesetze verbaten die Porträtierung lebender Menschen und öffentliche Huldigungen von Politikern.) Dieser Kopf, eine römische Kopie, lässt die spezifische Physiognomie vermissen, wie die Griechen sie beherrschten. Nur der hochgeklappte Helm des Strategen lässt den „Eierkopf“, wie die zeitgenössischen Autoren spotteten, erkennen.*

49 *Der Kopf des so genannten „blonden Ephebos“, ein Meisterwerk eines unbekannten attischen Künstlers im Strengen Stil (um 485 v. Chr.), zeigt noch Spuren der Farbe, die das Haar des jungen Mannes schmückte; er war vielleicht ein Athlet oder ein Krieger, der in der Schlacht fiel. Das Stück dokumentiert, dass die Konventionen der archaischen Kunst nicht mehr beachtet wurden.*

die Athener Vorherrschaft im Attischen Seebund immer mehr, und Athen benutzte ihn noch stärker zur Durchsetzung seiner eigenen wirtschaftlichen und politischen Ziele. Nach dem Sieg über Ägina im Jahr 456 v. Chr. musste es Korinth, Megara und vor allem Sparta noch eine Lektion erteilen. Diese Städte besaßen einen unerwünschten Einfluss auf der Peloponnes und zeigten offen ihre Ressentiments gegen Athen.

Für Athen und – in geringerem Maß – seine Verbündeten brachte der Attische Seebund auch viele wirtschaftliche Vorteile. Seine Mitglieder bildeten eine Art gemeinsamen Markt und spielten im Mittelmeerhandel eine zentrale Rolle. In nur wenigen Jahrzehnten wurde Athen unglaublich reich. Es wurde eine konkurrenzlose Wirtschaftsmacht, als man Silber bei Laurion (Sunion) entdeckte, das in Sklavenarbeit gefördert wurde, sowie weitere Erze in der nördlichen Ägäis. Gleichzeitig wurde die unternehmerische Initiative der Produzenten und Händler durch eine entsprechende Gesetzgebung gefördert. Schon bald beherrschte die Stadt den Mittelmeerraum, wobei ihre Expansionsgelüste und ihre Angriffslust durchaus auf Zustimmung in der Bevölkerung stießen.

Athen hatte nun sein eigenes Imperium im hellenisierten Mittelmeerraum gegründet. Anfangs war seine Macht rein wirtschaftlich, wie man z. B. aus seiner Vorrangstellung beim Export des besten Öls oder aus der gewaltigen Nachfrage nach verzierter Keramik (die damals in allen Haushalten der aristokratischen Klasse und der „Mittelschicht" in Mode war) sowie anderen künstlerischen Gegenständen aus Attika erkennt. Der spätere politische und militärische Imperialismus Athens förderte allerdings nicht seine

50 *Dieser herrliche Bronzekopf wurde im Wrack eines Schiffs gefunden, das bei Villa San Giovanni (Reggio di Calabria) gesunken war. Die außergewöhnliche Entwicklung der Philosophie in Griechenland im 5. Jh. v. Chr. inspirierte Kunsthistoriker zu der Bezeichnung „Philosoph von Porticello". Es ist das älteste Beispiel eines griechischen physiognomischen Porträts (um 460–440 v. Chr.) – von einem geschickten Bronzeschmied hergestellt, der das menschliche Antlitz und die Physiognomie sorgfältig studierte und haargenau wiedergab.*

Außenwirtschaft – im Gegenteil, er leitete ihren Niedergang ein. Die Tragödie des beinahe dreißig Jahre dauernden Peloponnesischen Kriegs zeigt deutlich die Konsequenzen dieses Imperialismus, der die Ideale und die politische Identität anderer allein deshalb zerstörte, weil sie schwächer waren.

In der Antike war der Imperialismus jedoch die zwanghafte Doktrin aller wichtigen geopolitischen Mächte. Sobald das eigene Gebiet, die Rohstoffe und der Handelsraum eines Staates nicht mehr ausreichten, um die wachsende Bevölkerung und ihre zunehmenden Bedürfnisse zufriedenzustellen, war gewaltsame Expansion die Folge, ungeachtet des jeweiligen politischen Systems. Kriege wurden geführt, um mögliche Rivalen zu unterwerfen oder zu vernichten. Man gründete Reiche auf der Grundlage politischer, wirtschaftlicher und militärischer Vorherrschaft.

Andere Mächte, die diese Politik bereits vor Athen verfolgt hatten, waren Sparta (obwohl sein Einfluss im 7. und 6. Jahrhundert v. Chr. auf die Peloponnes beschränkt blieb) und das große Karthago, zumindest ab 550 v. Chr. Viel später – zwischen dem 3. Jahrhundert v. Chr. und dem 2. Jahrhundert n. Chr. – sollte auch das Römische Reich diese Politik verfolgen.

In Athen führte eine allgemeine Euphorie die Mehrheit seiner etwa 40 000 Bürger (Frauen, Sklaven und Nicht-Athener in der Stadt besaßen kein Wahlrecht) dazu, Perikles für seine ehrgeizigen Bauprojekte ihre Stimme zu geben. Durch seine Pläne zur Errichtung öffentlicher Gebäude und zahlloser Prunkbauten wurde Athen schließlich die erste richtige „Hauptstadt" der Antike. Doch im Jahr 431 v. Chr. führte derselbe Politiker Athen in den katastrophalen Peloponnesischen Krieg.

An dieser Stelle ist auch die Rolle von Athens Erzfeind im Peloponnesischen Krieg, Sparta, zu beleuchten. Für viele ist die Rivalität zwischen Athen und Sparta einer der wichtigsten Aspekte in der Geschichte des antiken Griechenland. Die beiden Städte waren in ihren politischen, gesellschaftlichen und wirtschaftlichen Vorstellungen sowie in ihren Strukturen und ihrer Kultur sehr verschieden. Die erste Schlacht zwischen ihnen wurde Ende des 5. Jahrhunderts v. Chr. ausgetragen, und während des gesamten 4. Jahrhunderts brachen immer wieder Kriege zwischen ihnen aus. Der Konflikt entstand, als das Gleichgewicht der Kräfte in die-

51 *Diese Grabstele der reichen Athener Frau Hegeso, der Tochter des Proxenos, ist eines der eindrucksvollsten Dokumente eines Existenzialismus, der gegen Ende des 5. Jh. v. Chr. in der griechischen Kunst auftauchte, als die Tragödie des Peloponnesischen Kriegs Optimismus und Perspektiven zerstörte. Im stillen Heim sitzt eine melancholische Frau auf einem eleganten* diphros *und nimmt eine Halskette aus einer Schatulle, die ihr die Dienerin reicht. Sie ist bereits in ihr Gewand gekleidet, das ihre jungen Körperformen betont. Es ist die Vorbereitung der Braut für ihre letzte, ewige, schwarze Hochzeit mit Hades, dem Prinzen der Unterwelt.*

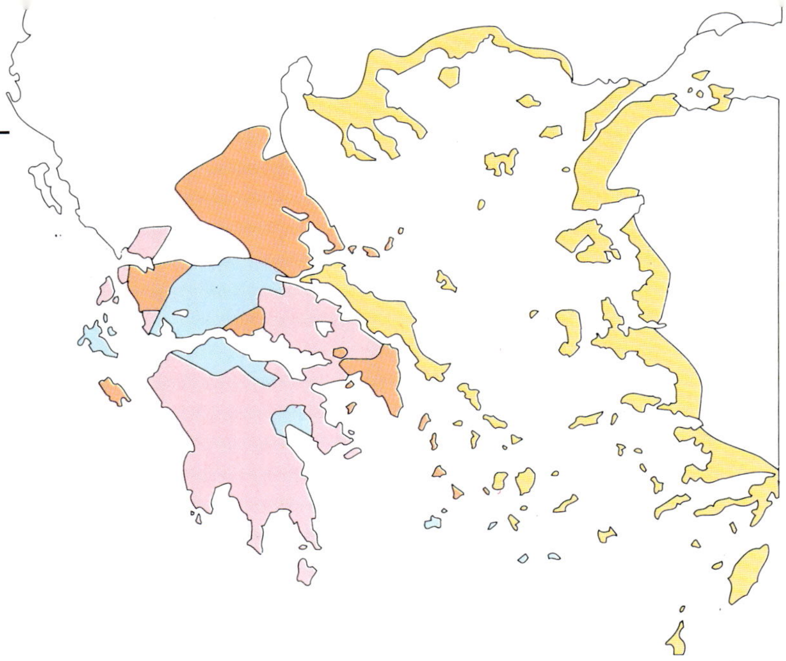

ser Region gestört wurde und die beiden Kontrahenten imperialistische Tendenzen entwickelten, die zwar von ihrer Ideologie und Ausprägung verschieden waren, aber die gleichen Ziele verfolgten.
Grundstein des spartanischen Staates war seine berühmte Verfassung, die traditionell dem Rechtsgelehrten Lykurg (dessen Name „Bringer der Aufklärung" bedeutet) zugeschrieben wird. Die Institutionen der Stadt waren in der antiken Welt sicher einmalig. Ihre Klassenstruktur beruhte auf ethnischen und aristokratischen Grundlagen: Nur die Nachkommen der Gründerkrieger hatten das volle Bürgerrecht. Die politische Struktur war äußerst einfach: An der Spitze standen zwei Könige, deren Tätigkeit von fünf Ephoren überwacht wurde und die mit 28 auf Lebenszeit gewählten adligen Geronten den Ältestenrat (Gerusia) bildeten. Ab dem 30. Lebensjahr hatten alle Spartiaten Zutritt zur Volksversammlung (Apella). Wirtschaft und Aufbau des Staates beruhten auf einem ungewöhnlichen Kommunismus (völlige Gleichheit, doch nur innerhalb der undurchlässigen ethno-sozialen Klassen von Sparta) und auf der Unterhaltung eines gewaltigen Militärapparats, um die innere Ordnung aufrechtzuerhalten und die Aggressionspolitik nach außen zu unterstützen.
Von ihrer Kindheit an wurden die Spartiaten für den Militärdienst und ihre Staatsbürgerschaft in einem rigiden disziplinarischen System gedrillt, das die Familie von der Erziehung der Kinder ausschloss. Produktion und Handel seiner Bewohner wurden halbfreien Bürgern (Periokoi) übertragen, die selbst nur wenige Rechte hatten. Die Sklaven waren hingegen für die Landwirtschaft und Viehzucht zuständig; sie waren die Abkömmlinge besiegter Völker, die einst in derselben Region gesiedelt hatten, Gefangene aus den Kriegen mit den Nachbarregionen, besonders Messenien.
Der Peloponnesische Krieg wurde durch die Athener eingeleitet. Sie hatten ein Dekret veröffentlicht, das den Handel ihres benachbarten Rivalen Megara knebelte, und weigerten sich, einen Kompromiss zu schließen. Da er die Stärke des Gegners kannte, befahl Perikles der Bevölkerung von Attika, innerhalb der Stadtmauern Zuflucht zu suchen, Felder und Ernte im Stich zu lassen. Inzwischen sollte die athenische Flotte die Küsten der Peloponnes heimsuchen und den Gegner zermürben. Dieser Plan bewährte sich, obwohl eine Seuche, die zwischen 430 und 428 v. Chr. wütete, zeitweilig eine kritische Lage schuf. Auch Perikles wurde von der Seuche dahingerafft (429 v. Chr.).
Die Nachfolger von Perikles, vor allem Kleon, gaben dessen Plan zugunsten einer übertriebenen Offensiv- und Machtpolitik auf. Aufgrund maßloser Forderungen zerschlug sich 424 v. Chr. die Aussicht auf Frieden,

52 oben *Dieses Öläschchen für Begräbniszwecke (um 430 v. Chr.) stammt aus Eretria. Es wurde von einem attischen Keramiker bemalt und inspirierte den großen klassischen Maler Parrhasios. Es zeigt die Vollendung der griechischen Malerei in jener Zeit: Perspektive, Freiheit der Komposition und weicher Pinselstrich sowie ein Gespür für naturalistische Details.*

52 unten *Dieses Öläschchen ist eines der Meisterwerke des Malers des Achill (um 440–430 v. Chr.). Es zeigt den Tod in Form eines Kriegers, der von seiner Frau Abschied nimmt – eine Metapher auf den heroischen Abschied vom Leben.*

53 Diese Grabstele der beiden jungen Athener Krieger Chairedemos und Lykeas (420–410 v. Chr.) auf dem Kriegszug ist Zeugnis eines schmerzlichen Verlustes durch den Peloponnesischen Krieg. Die nüchterne Sprache des klassischen Naturalismus eignet sich für das Gedenken an die beiden Hopliten; sie sind perspektivisch dargestellt, in langsamer Bewegung, und zeigen die idealen Züge eines göttergleichen Mannes, eines Helden, dessen Schönheit sich in seinen Taten und Tugenden ausdrückt und in harmonische Formen umgesetzt wird.

die die Gefangennahme von beinahe 200 Spartanern bot. Durch eine Niederlage bei Delion und den Angriff des Spartaners Brasidias auf die Bundesstätte der Chalkidike im gleichen Jahr verschlechterte sich Athens Lage. Erst nachdem Brasidias und Kleon im Jahr 422 v. Chr. gefallen waren, kam es durch den Athener Nikias 421 v. Chr. zum Frieden. Hierbei wurde Athens Machtstellung gewahrt, was jedoch Korinthern und Böotiern missfiel, sodass Sparta vorübergehend Anlehnung an Athen suchen musste. Aber bereits im Jahr 418 v. Chr. kam es zu erneuten Kämpfen und als die Sizilianische Expedition (413 v. Chr.) scheiterte, brach der Krieg von Neuem aus.
Der Spartanerkönig Agis besetzte die attische Festung Dekleia, kurz darauf fielen Athens Verbündete ab und Sparta erhielt von Persien finanzielle Unterstützung zum Ausbau seiner Flotte. Die enge Verbindung des Spartaners Lysander mit dem persischen König besiegelte das Schicksal Athens. Lysander ließ die Getreidezufuhr durch den Hellespont sperren, vernichtete 405 v. Chr. die attische Flotte und zwang 404 v. Chr. Athen zur Kapitulation, die jedoch auf Attika und Solomis beschränkt wurde. Athen musste seine Flotte bis auf 12 Schiffe vernichten und seine Befestigungsanlagen zerstören. Sparta war zur neuen griechischen Vormacht geworden.

Poseidonia
Metapont
Taras
Sybaris
IONISCHES MEER
Lokroi
Epizephyrioi
Egesta
Himera
Selinus
Akragas
Syrakus
DAS KLASSISCHE GRIECHENLAND
UND MEGALE HELLAS
MITTELMEER

ÄGÄIS
Assos
Pergamon
Delphi
Mykene
Athen
Ephesos
Priene
Korinth
lympia
Delos
Halikarnassos
Sparta
Epidauros
Knossos
MITTELMEER
Alexandria

Das 4. Jahrhundert v. Chr. und der Aufstieg Makedoniens

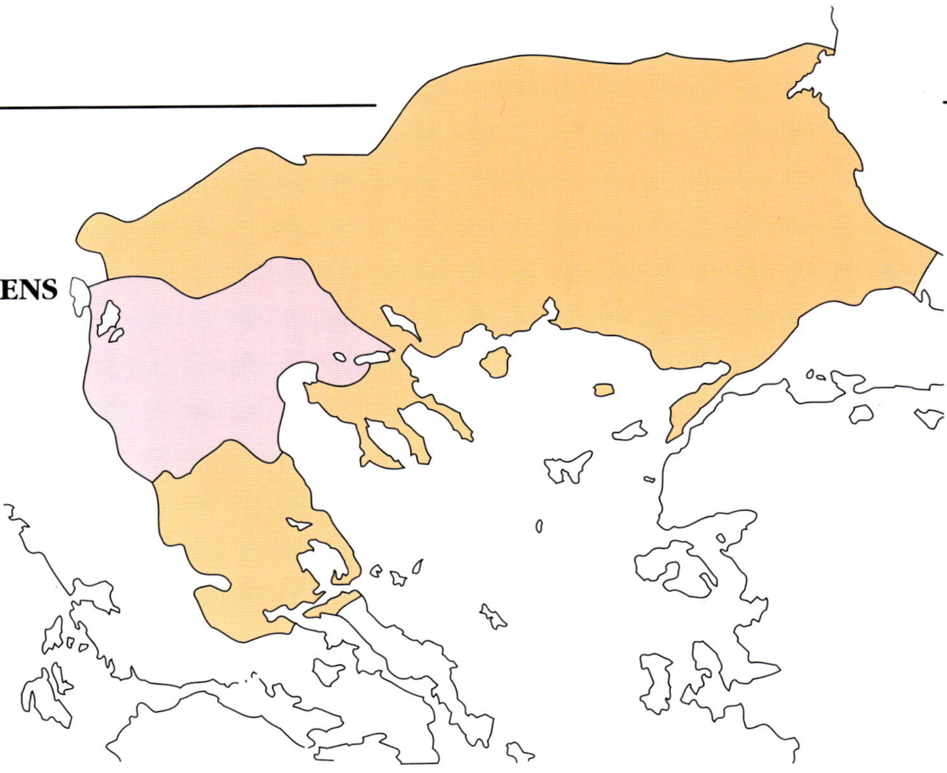

Königreich Makedonien

Makedonische Expansion ab 336 v. Chr.

56 *Die eindrucksvolle Bronzestatue der Athene im Museum von Piräus (430 v. Chr.) ist vielleicht das prägnanteste Bildnis der Göttin der Weisheit. Sie ist mit dem langen Peplos bekleidet und mit der Ägis mit dem Gesicht der Medusa bewaffnet.*

Im 4. Jahrhundert v. Chr., schon bald nach dem Peloponnesischen Krieg, erlebte Griechenland eine Reihe regionaler Konflikte und Spannungen. Das Ergebnis waren eine kurzlebige, wechselnde Hegemonie von Sparta und Theben, ein zwischenzeitliches Wiedererstarken Athens und die Entstehung von Poleisbünden (z. B. Arkadien und Akarnanien-Aitolien). Deren politische Entscheidungen zielten oft darauf ab, aus der – nicht nur geographisch – peripheren Lage, zu der sie verurteilt waren, auszubrechen. In der westlichen griechischen Welt hatten die alt-etablierten Kolonien ihre Bande zu ihren Mutterstädten zerschnitten. Ein bekanntes Beispiel war Syrakus, das nach seinem Sieg über Athen (415 v. Chr.) eine Aggressionspolitik im Tyrrhenischen Meer und in der Adria verfolgte. Die westlichen Griechen merkten, dass sie sich auf ihre eigenen Kräfte verlassen mussten, wenn sie sich der karthagischen Übergriffe erwehren wollten, bei denen viele blühende Siedlungen auf Sizilien wie Selinus, Imera, Gela und Kamarina zerstört worden waren. Der Peloponnesische Krieg und die anhaltenden Spannungen in der ersten Hälfte des Jahrhunderts, die durch die Aggressivität der führenden Poleis geschürt wurden, waren – je nach Interpretation – Ursache oder Wirkung der Rückentwicklung der absoluten Werte, die den Hellenismus jahrhundertelang geprägt hatten. Verschwunden war der unerschütterliche Glaube an Prinzipien wie das tiefe Zugehörigkeitsgefühl zu einer Gemeinschaft, dem Stadtstaat; verschwunden war die Sicherheit, in eine ontologische Dimension eingebettet zu sein, die desto perfekter wurde, je stärker geistige und ethische Werte wurden; verschwunden war die Vorstellung des Selbst als „Teil des Ganzen"; verschwunden war das Streben nach Wissen („Philosophie") als ein logischer Prozess, der das Unendliche als letztes Ziel hat. Stattdessen zeigte sich allmählich ein kurzsichtiger Anthropozentrismus – man sah sich als das Maß aller Dinge –, Individualismus und Personenkult. Die Menschen wurden sich der Unsicherheit menschlichen Seins bewusst. Die Vernunft wurde durch ein Gefühlswirrwarr vernebelt, das keine Philosophie und keine Religion beruhigen konnte.

Sparta entschloss sich, als es merkte, dass die pro-persische Politik Ionien in die Arme des schwachen und unpopulären Herrschers Artaxerxes II. getrieben hatte, dessen Bruder und Rivalen Kyros den Jüngeren zu unterstützen. Athen hingegen fühlte sich von dem möglichen Zugang der Spartaner zu Gegenden, die traditionell unter seinem eigenen Einfluss standen, stark bedroht. Es umwarb daher den persischen König und half mit, die Pläne der Spartaner zu durchkreuzen, um dafür finanzielle Unterstützung und die Kontrolle über die Dardanellen zu erlangen. Diese stellten einen strategisch wichtigen Punkt für den Zugang zu den reichen Kolonien am Schwarzen Meer dar. Der von Persien erzwungene Friede (386 v. Chr.) währte nicht lange: Sparta versuchte, in Theben eine pro-spartanische, oligarchische Regierung einzusetzen, womit es eine Reaktion auslöste, die innerhalb weniger Jahre in der Hegemonie Thebens über ganz Griechenland mündete.

57 *Dieser außergewöhnliche Bronzekopf des Satyros, der um 330 v. Chr. den Boxkampf bei der Olympiade gewann, wurde von Silanion hergestellt, einem Schüler des großen Lysippos. Das Gesicht des Athleten drückt die Schmerzen durch die Schläge aus.*

In dieser Situation, als sich die Städte immer stärker bekämpften, war es praktisch unvermeidlich, dass Makedonien, eine aufstrebende Monarchie an der Nordgrenze Griechenlands, mit seinen Expansionsgelüsten leichtes Spiel hatte.
Makedonien war ein weites Bergland auf dem südlichen Balkan mit unzugänglichen Tälern, das sich bis zur Nordwestküste der Ägäis und bis zum Olymp erstreckte. Es war von dorischen Völkern besiedelt, die bereits im 2. Jahrtausend v. Chr. mit den Mykenern in Kontakt gewesen waren. Trotzdem waren sie von der griechischen Politik weitgehend unberührt geblieben. Die herrschende Dynastie der Argeaden, die seit dem 7. Jahrhundert v. Chr. an der Macht war, residierte in der alten Hauptstadt Aigai. Im 6. und 5. Jahrhundert v. Chr. unternahm sie mehrere Versuche, das Gebiet zu vereinen und die Kontrolle über Thrakien zu erlangen. Während und nach der persischen Hegemonie (513–480 v. Chr.) bemühte sie sich um freundschaftliche Annäherungen an das südliche Griechenland.
In der zweiten Hälfte des 5. Jahrhunderts betrat Makedonien vorsichtig den griechischen Schauplatz, indem es abwechselnd Bündnisse mit Athen und Sparta einging und die Kontrolle über das Gebiet östlich des Flusses Axios übernahm. König Perdikkas II. dehnte die makedonische Einflusssphäre auf die Halbinsel Chalkidike aus, einen wichtigen Handelsknotenpunkt für den Handel mit der nördlichen Ägäis, der bis dahin im Einflussbereich Athens gestanden hatte.
Im 4. Jahrhundert warteten die Argeaden den richtigen Zeitpunkt ab, um sich in die andauernden Streitigkeiten zwischen Athen, Sparta und Theben um die Führerschaft einzumischen. Die hervorragende militärische Taktik, mit der Makedonien seine Eroberungen durchführte, basierte auf einer speziellen, perfekt trainierten Kampftruppe, der berühmten makedonischen Phalanx.
Philipp II. (359–336 v. Chr.) betrieb eine raffinierte „Außenpolitik“, die er jeweils den Gebieten und politischen Situationen anpasste. Er brachte ganz Makedonien und die nördliche Ägäis unter seine Herrschaft und machte das benachbarte Thessalien zu einem Protektorat. In dieser Zeit waren die Poleis in Südgriechenland noch immer in kurzlebige Bündnisse geteilt, deren Politik zwischen einem kurzsichtigen Regionalismus und wirtschaftspolitischem Lobbyismus schwankte. Bei Philipps II. Initiativen zur Durchsetzung der makedonischen Hegemonie war Diplomatie der Schlüsselfaktor, z. B. als er sich traditioneller panhellenischer Vereinigungen wie der Amphiktyonie von Delphi anschloss. Später boten die Makedonier den politischen Kräften und Regimen offen ihre Unterstützung an, die in ihrem Einflussbereich Philipps II. Ambitionen förderten. Nach zehn Jahre dauernden Kämpfen, in denen die Poleis endgültig zerfielen, schuf der makedonische Sieg bei Chaironeia (338 v. Chr.) endgültige Fakten: In Korinth unterstützte Philipp II. die Bildung eines panhellenischen Bündnisses, das den Städten ihre Autonomie und ihre Behörden beließ; er zwang den Hellenen einen Frieden auf und verfolgte wieder seine Pläne für einen Krieg gegen die Perser, um alle griechi-

58 oben *Aus Elfenbein geschnitzter nur 3 cm hoher Kopf eines Mannes (vermutlich Philipp II.) aus einem Fürstengrab in Vergina. Zusammen mit vier anderen Köpfen war es Teil einer Miniatur, die Leochares für das Philippeion in Olympia fertigte.*

58 Mitte *Wunderbarer Goldköcher Philipps II. Dieser Rarität schreiben Wissenschaftler eine skythische Herkunft zu. Der Köcher ist mit einer Plünderungsszene geschmückt.*

58 unten *Diese Larnax aus starkem Goldblech, die die eingeäscherten Reste von Philipp II. enthielt, ist ein Meisterwerk, bei dem talentierte makedonische Goldschmiede ihrer Hand bei der eleganten, feinen, einfallsreichen Gestaltung freien Lauf ließen. Der Deckel trägt das Symbol des makedonischen Königreichs, den sechzehnzackigen Stern, während die Seiten mit Rosetten und Friesen aus Gold und* Pâte de verre *fein verziert sind.*

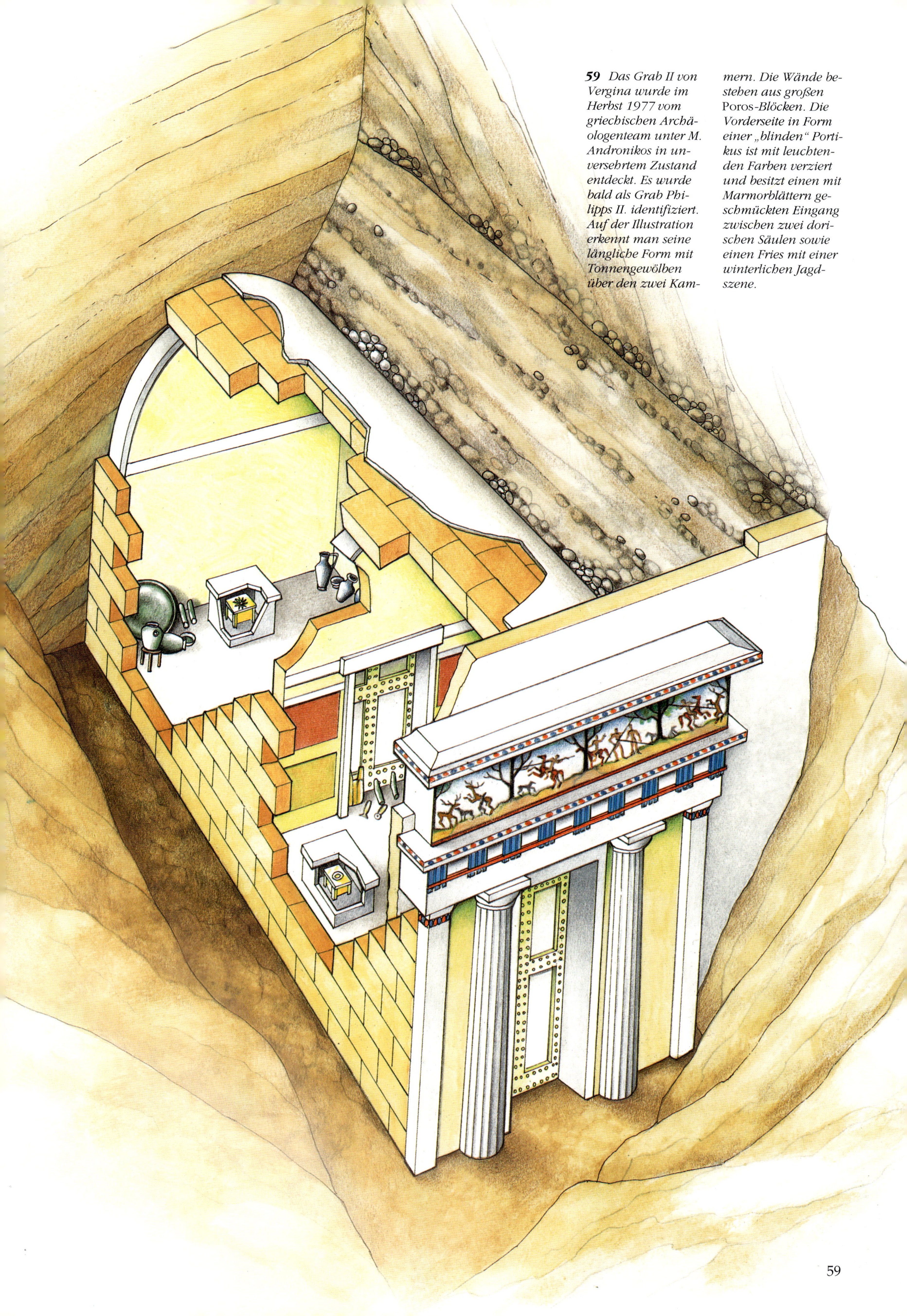

59 *Das Grab II von Vergina wurde im Herbst 1977 vom griechischen Archäologenteam unter M. Andronikos in unversehrtem Zustand entdeckt. Es wurde bald als Grab Philipps II. identifiziert. Auf der Illustration erkennt man seine längliche Form mit Tonnengewölben über den zwei Kammern. Die Wände bestehen aus großen Poros-Blöcken. Die Vorderseite in Form einer „blinden" Portikus ist mit leuchtenden Farben verziert und besitzt einen mit Marmorblättern geschmückten Eingang zwischen zwei dorischen Säulen sowie einen Fries mit einer winterlichen Jagdszene.*

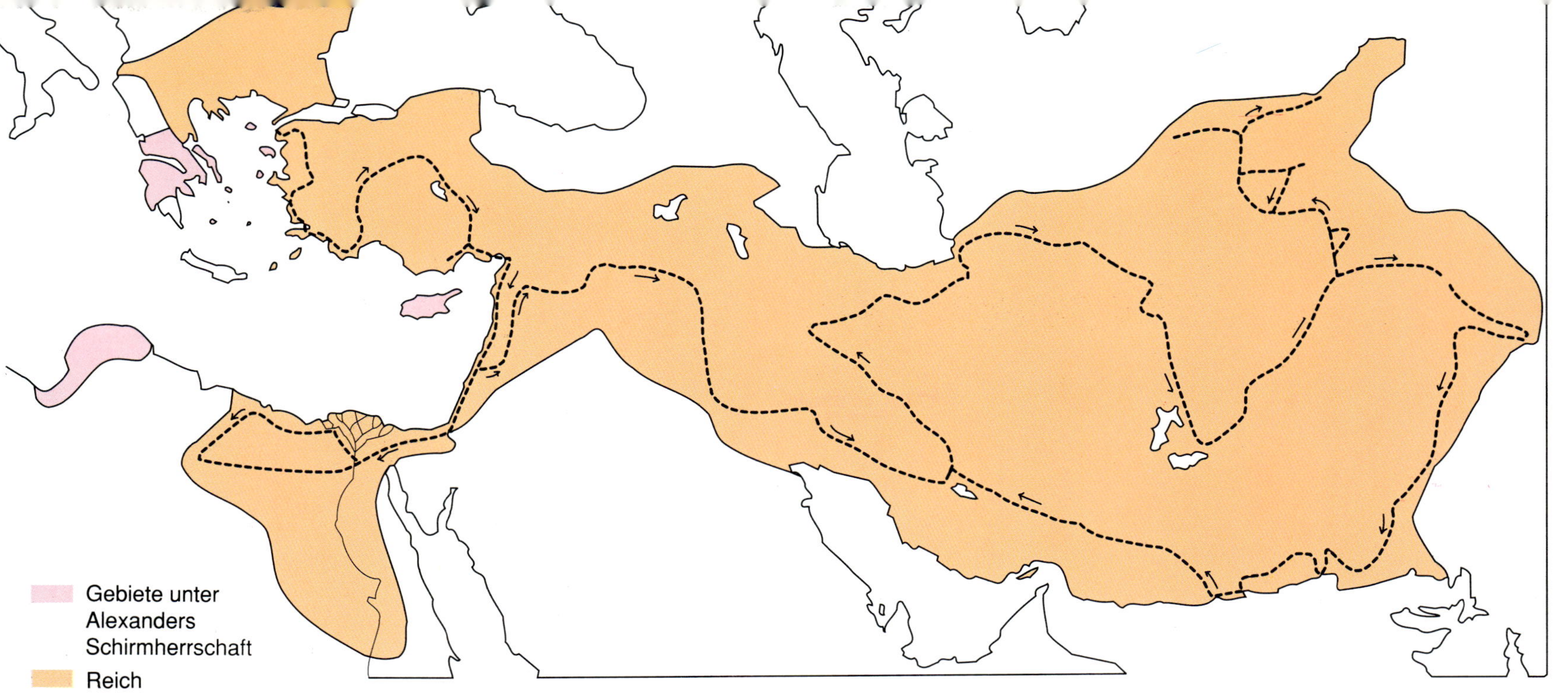

schen Städte in Kleinasien von der Herrschaft der Satrapen zu befreien. Unmittelbar vor dem Zug gegen die Perser wurde Philipp II. im Theater von Aigai ermordet. Die Nachfolge trat sein Sohn Alexander III. an, dessen erstaunliche Taten schließlich Geschichte machten und ihm den Beinamen Megas („der Große") eintrugen. Als eine der größten Persönlichkeiten der Antike wahrte Alexander das politische Erbe seines Vaters: Er machte den Plan, die kleinasiatischen Griechenstädte zu befreien, zu einem großangelegten und verheerenden militärischen Unternehmen, in dessen Folge zwischen 334 und 329 v. Chr. das große, alte Persische Reich mit seinen Provinzen von Ägypten bis Syrien, von Ionien bis Mesopotamien unterworfen wurde. 328/327 v. Chr. drang der Eroberer unaufhaltsam weiter vor bis in die entlegenen Gebiete des Kaspischen Meeres und an das Indusufer, wo sich sein Heer weigerte, weiter zu marschieren. Zur Feier seines Ruhms wurden Städte im Orient, in Ägypten und Anatolien auf den Namen Alexandria getauft.
Ferner betrieb Alexander eine Politik ethnischer Mischung, um die Griechen und Makedonier mit den besiegten Völkern zu verbinden. Eine ganz neue politische Idee, die weit über die beschränkte Welt der frühe-

60 *Alexander der Große war die erste westliche historische Persönlichkeit, die bereits zu Lebzeiten einen Personenkult hervorrief. Der Mythos um seine Taten brachte mehrere Bildnisse hervor, doch nur Lysippos und vielleicht Leochares durften den König offiziell porträtieren. Dieses herrliche Bildnis des jugendlichen Alexanders wird dem letzteren zugeschrieben. Es ist gekennzeichnet durch das in typischer Art aus seiner Stirn zurückgeworfene Haar und den tiefen, durchdringenden Blick, der sich auf einen entfernten, ruhmvollen Horizont richtet.*

ren Poleis hinausreichte, ging in die griechische Geschichte ein. Es war die Idee eines „universellen Hellenismus“ – „Griechenland ist dort, wohin Griechen ihre Füße gesetzt haben“ – weit über Megale Hellas hinaus. Griechenland sollte die Heimat einer Kultur und Zivilisation für eine Welt sein, die nach Überwindung ethnischer und regionaler Schranken Tausende verschiedener Kulturen und Zivilisationen zusammenbringen und in neuer Form vereinigen sollte.
Der frühe Tod des Herrschers im Jahr 323 v. Chr. in Babylon, als seine persische Frau Roxane noch mit seinem Thronerben schwanger war, unterbrach dieses einzigartige Unternehmen.
Das Ende der Reise und der Eroberungen Alexanders des Großen bedeutete allerdings nicht den Niedergang der griechischen Welt – im Gegenteil, der „universelle Hellenismus“ machte die griechische Kultur zu einem Teil des kulturellen Erbgutes aller Völker, die mit ihr in Kontakt kamen, weit über die Grenzen der Poleis hinaus.

61 oben *Der Mythos der Taten Alexanders des Großen spiegelte sich auch in zahllosen Kunstwerken wider, die in den eroberten Gebieten entstanden. Das stürmische Bildnis des jungen Königs auf dem bekannten Sarkophag wurde in Sidon (Libanon) gefunden.*

61 unten *Detail aus dem Mosaik der Schlacht von Issos zwischen Alexander dem Großen und Dareios III., gefunden im Haus des Fauns in Pompeji. Es wird als originalgetreue Kopie des Freskos des Philoxenos aus Eretria für den makedonischen Dynasten Kassandros angesehen.*

Das 3. Jahrhundert v. Chr. und der „universelle Hellenismus“

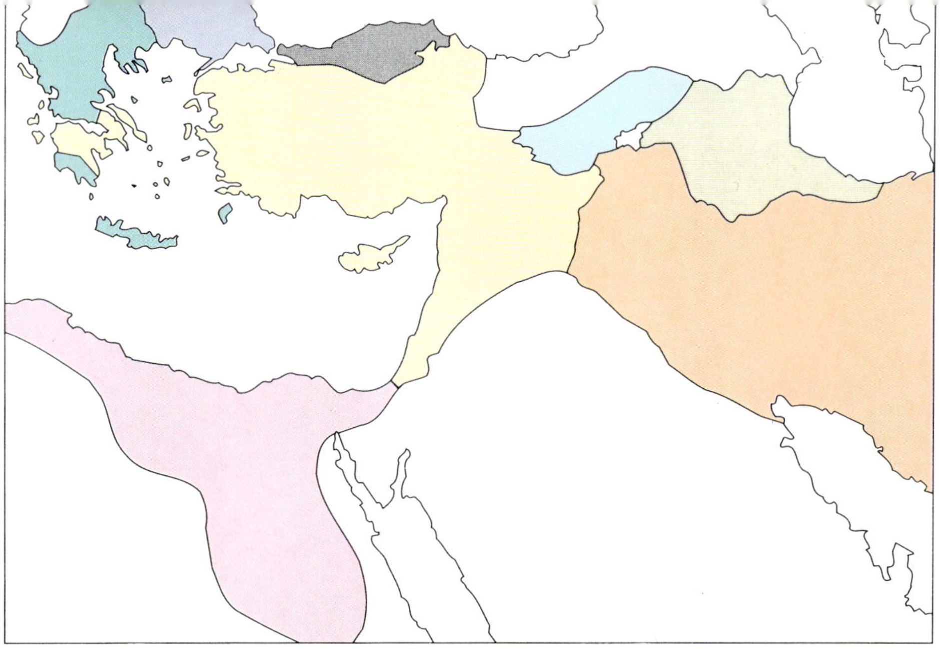

Ptolemaios I.
Antigonos I.
Seleukos I.
Paphlagonien
Armenien
Atropatene
Thrakien
Makedonien

Kurz nach Alexanders Tod begannen die Diadochen – die Feldherren, die an seinen Triumphen Anteil hatten – einen unerbittlichen Machtkampf um seine Nachfolge. Doch breitete sich der Hellenismus bereits aus, als neue Zentren mit einer außergewöhnlichen wirtschaftlichen und kulturellen Vitalität außerhalb der traditionellen griechischen Welt gegründet wurden: Zu Athen, Rhodos und Syrakus kamen die neuen Hauptstädte der Königreiche, in die das Imperium aufgeteilt worden war: Alexandria, Antiochien, Pergamon und – etwas weniger bedeutend – Pella, die neue makedonische Hauptstadt unter der Antigoniden-Dynastie.

Als die Krise um Alexanders Nachfolge anhielt, wurde eine griechische Revolte schnell von Antipater, dem Herrscher in Aigai, niedergeschlagen (322 v. Chr.). Die Machtkämpfe, in die Kassander, der Sohn des Antipater, Lysimachos, Antigonos I., Seleukos I. und Ptolemaios I. verwickelt waren, hielten noch etwa vierzig Jahre an, bis das Imperium in kleinere und größere Königreiche unterteilt wurde. Kassander erlangte anfangs die Macht über Makedonien, die jedoch später von Antigonos Gonatas übernommen wurde – dem Besieger der Galater (277 v. Chr.). Seleukos I. wurde zum Herrscher über Babylonien, Lysimachos erhielt Thrakien (bis er von Seleukos I. verdrängt wurde). Ptolemaios I. erhielt Ägypten und begründete eine Dynastie, die seinen Namen trug. 240 v. Chr. kam das unabhängige Königreich von Pergamon unter den Attaliden, die energisch den Handel und die Künste förderten, in den hellenistischen Einflussbereich.

Das Makedonien der Antigoniden behielt seine Hegemonie über das nun niedergehende Griechenland. Nur Athen behauptete

63 Die hellenistische Kunst hatte auch einen „sentimentalen" Trend, der sich auf die Darstellung von Gefühlen konzentrierte, was bei dieser schönen Statue eines in einen kurzen Umhang gehüllten Jungen, die in Tralles (Kleinasien) gefunden wurde, zu sehen ist.

weiterhin eine kulturelle Stellung, die seiner prächtigen Vergangenheit angemessen war. Sparta wurde mit makedonischer Unterstützung (227–222 v. Chr.) vom Achaiischen Bund unterworfen.

Die griechischen Inselstädte, besonders Kos und Rhodos, hatten ein beträchtliches Wachstum zu verzeichnen. Vorteilhaft war ihre hervorragende Lage an den Handelsstraßen nach Ost und West. Sie wurden von gemäßigten Handelsoligarchien beherrscht, die die lokalen Produkte sehr weit exportierten. (Amphoren aus Rhodos und Kos aus den Jahren 230–220 v. Chr. wurden in der Poebene gefunden – ein Beweis, dass Wein an die Galater verkauft wurde.)

In Ägypten wurde Alexandria unter den Ptolemäern zum konkurrenzlosen Zentrum für Handel und Kultur. Museum und Bibliothek der Stadt waren äußerst bedeutende kulturelle Institutionen, und ihre Kunstakademie wurde im gleichen Atemzug wie die berühmte Schule von Pergamon genannt. Gegen Mitte des Jahrhunderts war die Stadt der Ausgangspunkt für Expeditionen, die Kyrene, Lykien, Panphilia und Zypern eroberten. Die Macht Ägyptens begann Anfang des 2. Jahrhunderts v. Chr. zu schwinden – Folge der Korruption unter seinen Herrschern und des beginnenden Expansionismus Roms, das nach Erlangung der Kontrolle über Karthago den mediterranen Schauplatz betrat.

Antiochien in Syrien wurde schließlich Hauptstadt des riesigen Seleukidenreiches. Die Stadt spielte eine grundlegende Rolle bei der Hellenisierung des kulturellen und ethnischen Schmelztiegels, der in dieser Region bereits seit Tausenden von Jahren existiert hatte. Die liberale Politik der Herrscher wurde über das ganze Jahrhundert beibehalten, doch schließlich wurden die Länder der Seleukiden in eine Reihe kleiner und großer Staaten aufgespalten – von Indien, Baktrien und Persien bis Anatolien, wo die Königreiche von Armenien, Kappadokien und Pergamon entstanden.

62 Der große Fries des Zeusaltars in Pergamon ist fast ein Symbol für die gesamte hellenistische Kunst. Hier das Thema der Schlacht zwischen den Göttern und den Giganten als Allegorie auf die siegreichen Kriege der Attaliden.

Graecia Capta: Die römische Eroberung

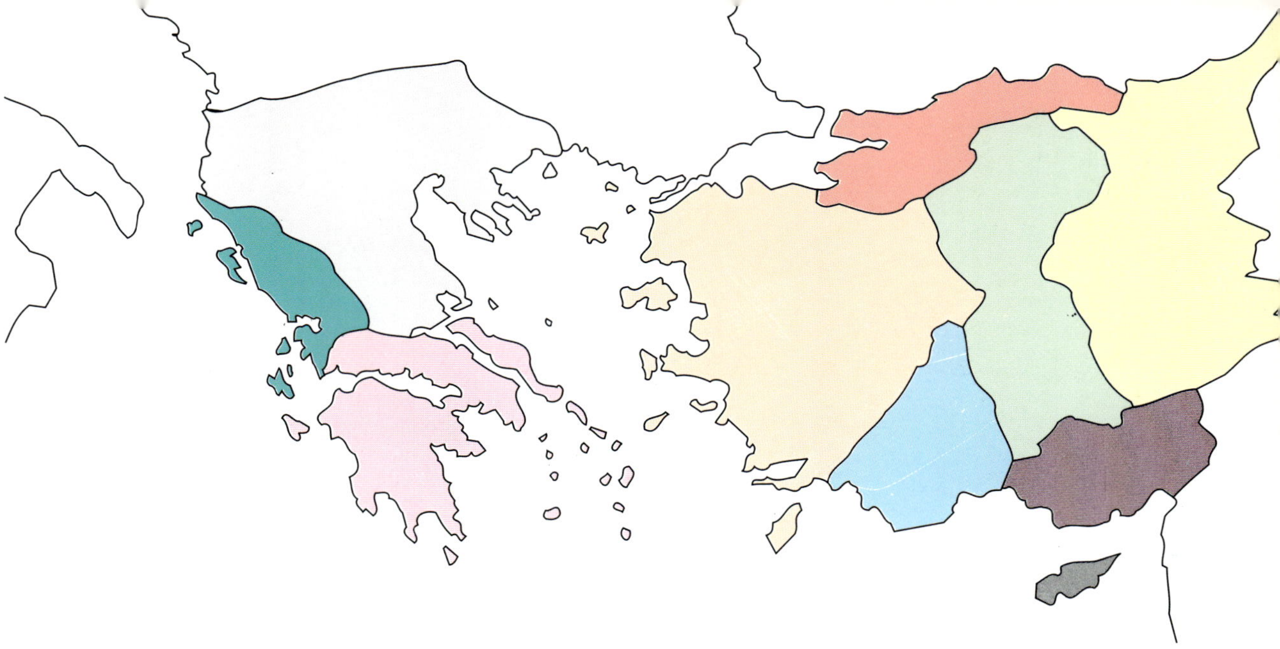

Im 2. Jahrhundert v. Chr. kam es zum entscheidenden Zusammenstoß zwischen dem niedergehenden Makedonien und dem erstarkenden Rom. Da die Römer mit der Strafe für die Unterstützung Hannibals durch Philipp V. im 1. Makedonischen Krieg (215–205 v. Chr.) nicht zufrieden waren, eröffneten sie den 2. Makedonischen Krieg (200–197 v. Chr.) unter dem Vorwand, die alten Poleis von der makedonischen Herrschaft befreien zu wollen. Der römische Heerführer Titus Quinctius Flamininus besiegte den Gegner in der Schlacht von Kynoskephalai und proklamierte die Freiheit aller griechischen Städte bei den Isthmischen Spielen von 196 v. Chr. Dies war in Wirklichkeit der erste Schritt zur Unterwerfung einer Wiege der Zivilisation, deren Bedeutung und Faszination den kulturell gebildeteren Mitgliedern des römischen Senats vollkommen klar war.
Nach einer Reihe von Kriegen gegen die Dynastien von Syrien erlangte Rom die Kontrolle über das Seleukidenreich, das 129 v. Chr. zur Provinz herabgestuft wurde. Die Schlacht von Pydna 168 v. Chr. hatte den 3. Makedonischen Krieg (171–168 v. Chr.) beendet und den Niedergang der makedonischen Monarchie herbeigeführt. Die Region wurde in vier Republiken unter römischer Protektion aufgeteilt.
In der ersten Hälfte des Jahrhunderts unterstützte Rhodos die Gegner Roms, wofür es teuer bezahlen sollte: 166 v. Chr. erklärten die Römer Delos zu einem „Freihafen" und besiegelten damit das Schicksal der Wirtschaft von Rhodos.
Die letzte makedonische Revolte, die von zahlreichen griechischen Städten unter der Führung von Korinth unterstützt wurde, endete mit einem weiteren Sieg der Römer: Makedonien wurde zur römischen Provinz erklärt (148 v. Chr.). 146 v. Chr. wurde Korinth eingenommen und dem Erdboden gleichgemacht (Karthago wurde im selben Jahr zerstört).
Die zahllosen Staaten, die aus der Asche der zerschlagenen Königreiche der Diadochen entstanden waren, wurden im 2. und 1. Jahrhundert v. Chr. Rom einverleibt, meist gewaltsam, doch gelegentlich durch Nachgeben (wie im Fall von Pergamon, das vom letzten Attaliden Rom hinterlassen wurde). Ägypten behielt seine Autonomie trotz erheblicher Schwierigkeiten bis 31 v. Chr. Am Tag nach der Schlacht von Aktium, in der Markus Antonius von Oktavian besiegt wurde, beging Kleopatra VII., die letzte Ptolemäerkönigin, Selbstmord durch einen Schlangenbiss, und das uralte Reich der Pharaonen kam unter römische Herrschaft.

64 *In der römischen Zeit, als Delos aufblühte (2.–1. Jh. v. Chr.) und zum Nachteil von Rhodos der Freihafen der Ägäis wurde, findet man Werke von hohem künstlerischen Niveau, wie z. B. diesen Kopf einer verloren gegangenen Bronzestatue. Sie zeigt einen unbekannten Mann mit realistisch und individuell gestalteten Zügen.*

65 *Die Bewunderung der Römer für die griechische Kunst offenbarte sich vor allem in der systematischen Herstellung künstlerischer Kopien der schönsten und berühmtesten Werke, wobei der Wert der Nachahmungen stark schwankte. Diese herrliche Hermesstatue z. B. ist eine sehr gute Kopie eines Originals von Praxitelos aus der ersten Hälfte des 4. Jh. v. Chr.*

Leben und Kultur im alten Griechenland

Das griechische Haus 68

Glanz und Wohlstand im alten Griechenland: 2000 Jahre Kunst und Schmuckgegenstände 70

Religion und Kulte der Griechen 80

Der griechische Tempel und seine Architektur 82

Das griechische Theater 88

Sport 92

Kriegsführung 94

66-67 *Mit diesem bemalten Werk aus Ton, das in Capua gefunden wurde und auf etwa 300 v. Chr. datiert, ist eine vertraute Szene dargestellt: Zwei mit Umhängen bekleidete Mädchen spielen eine Art Steinchenspiel (tatsächlich mit Stückchen von Tierknochen). Die Freiheit der Komposition und die hübschen Gesten sind bereits Zeichen der hellenistischen Kunst.*

Das griechische Haus

Jahrhundertelang spielte das Haus im Alltagsleben der Griechen nur eine untergeordnete Rolle. Das warme Klima ermöglichte es, die meiste Zeit im Freien zu verbringen – sowohl bei der Arbeit als auch bei Zusammenkünften und in der Freizeit. Häuser dienten hauptsächlich zum Schlafen, nicht einmal alle Mahlzeiten wurden hier eingenommen.
Doch für die griechischen Frauen war das Haus ein „Gefängnis ohne Gitter", in dem sie die meiste Zeit ihres trüben Lebens verbrachten. Einzige Ausnahme bildeten die Frauen, die ein moralisch verwerfliches, aber einträgliches Leben als *Hetaera* verbrachten. Sie waren eine Art Mischung aus kultivierter Mätresse, heimlicher Geliebten – sei es aus persönlicher Neigung oder aus wirtschaftlichen Gründen – und Kurtisane.
Die Häuser hatten entweder einen quadratischen oder rechteckigen Grundriss, manchmal mit Anbauten. Die Aufteilung sah entweder ineinander übergehende oder einander gegenüberliegende Räume vor. Manchmal führten sie auf einen privaten oder einen mit anderen Häusern gemeinsam benutzten Hof. Die Bautechniken waren sehr unterschiedlich – von den weit verbreiteten Fachwerkkonstruktionen bis zu Piseebauten als Alternative zu ungebrannten Ziegeln auf Steinfundamenten. Die Dachkonstruktionen waren einheitlicher; nur gelegentlich ersetzten Schrägdächer das Flachdach der Kykladentradition, das auch zum Sammeln, Aufbewahren und Verteilen von Regenwasser diente. Gleichzeitig mit der Konzentration auf die neue, rationale Städteplanung, die in der zweiten Hälfte des 5. Jahrhunderts v. Chr. aufkam, änderten sich die Baustile, und die Architekten widmeten den funktionalen und wohnlichen Aspekten des häuslichen Bereichs deutlich mehr Aufmerksamkeit. Dies erkennt man z. B. bei den Gebäuden von Olynthos, einer Stadt, die trotz ihrer peripheren Lage auf der Halbinsel Chalkidike eine Prestigestellung erlangte und recht ungewöhnliche Ähn-

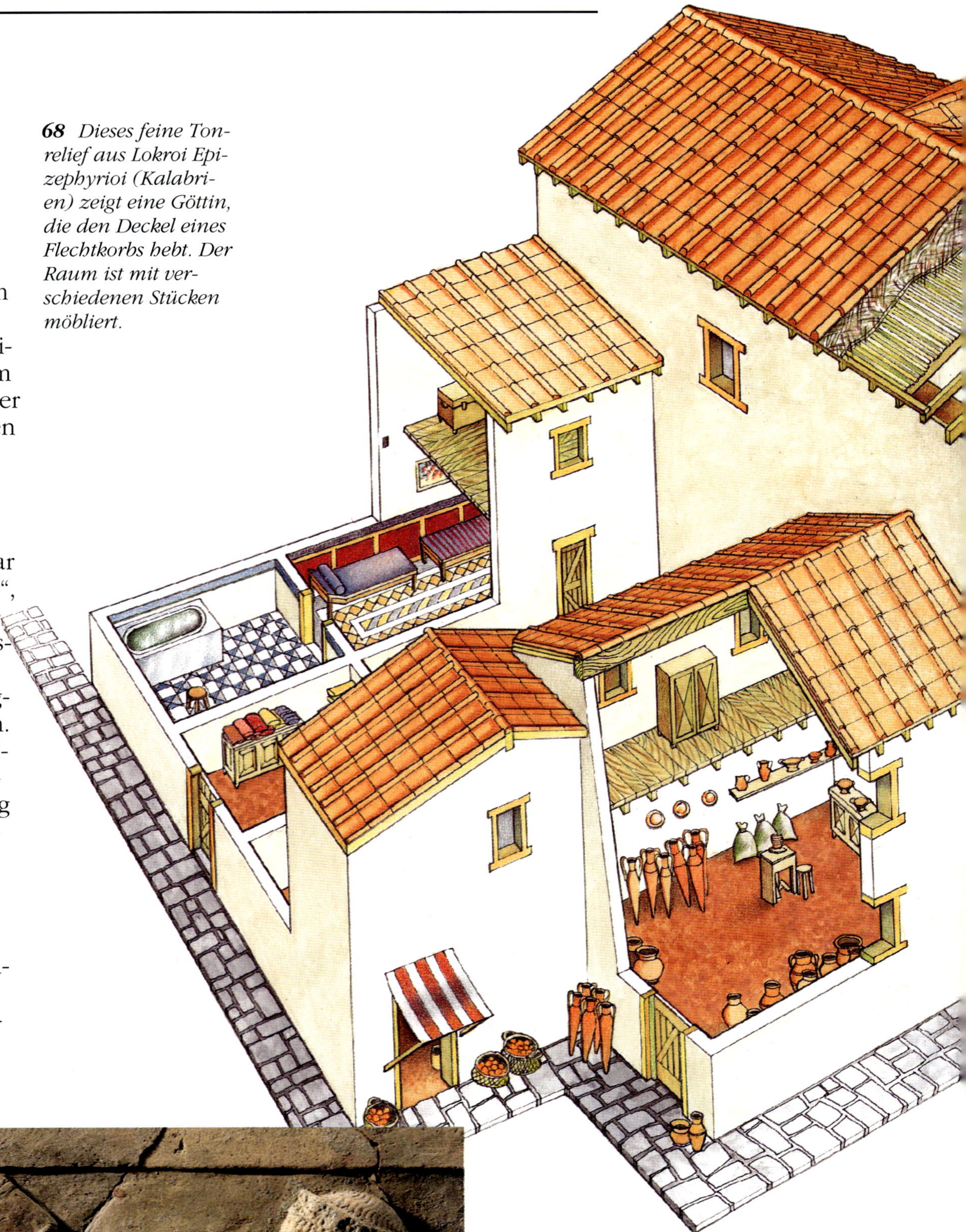

68 *Dieses feine Tonrelief aus Lokroi Epizephyrioi (Kalabrien) zeigt eine Göttin, die den Deckel eines Flechtkorbs hebt. Der Raum ist mit verschiedenen Stücken möbliert.*

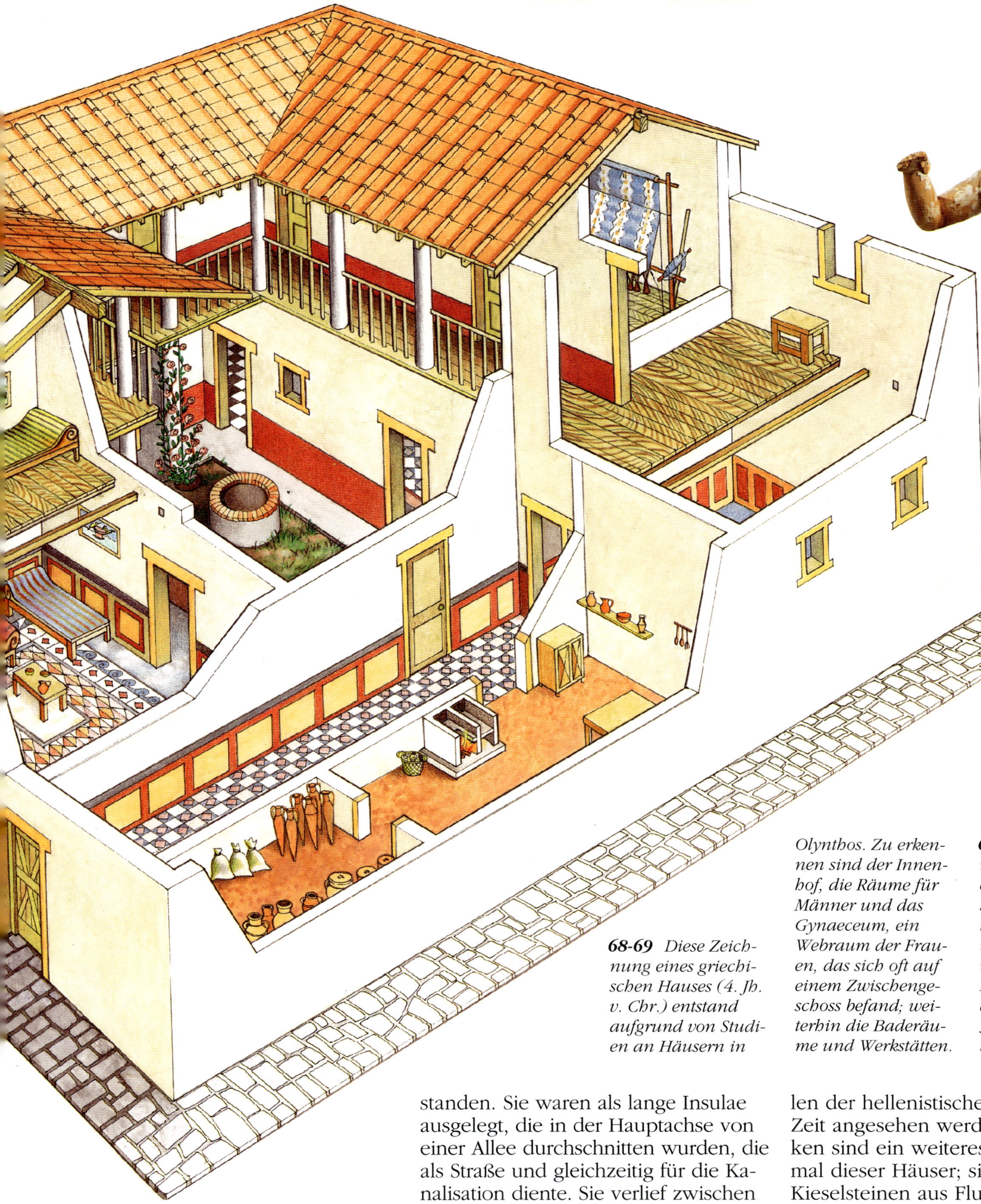

68-69 Diese Zeichnung eines griechischen Hauses (4. Jh. v. Chr.) entstand aufgrund von Studien an Häusern in Olynthos. Zu erkennen sind der Innenhof, die Räume für Männer und das Gynaeceum, ein Webraum der Frauen, das sich oft auf einem Zwischengeschoss befand; weiterhin die Baderäume und Werkstätten.

***69 oben** Tamagrane sind Frauenstatuen, die griechische Sitten in der hellenistischen Zeit illustrieren sollten. Sie sind nach Tamagra in Böotien benannt, wo derartige Statuen im 3. und 2. Jh. v. Chr. hergestellt wurden.*

lichkeiten mit den mächtigsten Städten jener Zeit besaß. Sie behielt diesen Status bis 348 v. Chr., als sie durch Philipp II. von Makedonien zerstört wurde; die Überreste vermitteln einen wertvollen Einblick in die städtebaulichen und architektonischen Eigenschaften einer Stadt mit etwa 20 000 Einwohnern.

Das im wesentlichen rechteckige Straßenbild basierte auf breiten Nord-Süd-Achsen, die von engeren Straßen gekreuzt wurden. Doch führten die topographische Beschaffenheit und die Notwendigkeit der Ausdehnung der Stadt zu wichtigen Varianten wie z. B. Querverbindungen. Rekonstruktionsarbeiten zeigten, dass die alten Stadtviertel mit den neuen Wohnbezirken im Norden der Stadt in Einklang standen. Sie waren als lange Insulae ausgelegt, die in der Hauptachse von einer Allee durchschnitten wurden, die als Straße und gleichzeitig für die Kanalisation diente. Sie verlief zwischen zwei Reihen von je fünf Standardwohneinheiten.

Olynthos stellte einen Wendepunkt in der Entwicklung der griechischen Baukunst dar. Man wandte sich klareren und stärker standardisierten Formen und Typen zu – eine echte Innovation in der Geschichte der griechischen Architektur. Beim gebräuchlichsten Grundriss waren die Räume um einen Hof mit mindestens einer Arkadenseite angeordnet; es gab im Allgemeinen einen Wohnraum, eine Küche und ein kleines Bad. Man hat Hinweise auf Gebäude gefunden, in denen zumindest über einem Teil des Erdgeschosses ein zweites Stockwerk lag. Etliche Einzelhäuser wurden an der Ostseite der Stadt ausgegraben. Sie weisen oft ungewöhnlich viele Räume um einen Mittelhof mit Arkaden auf und können als Vorläufer der aristokratischen Villen der hellenistischen und römischen Zeit angesehen werden. Bodenmosaiken sind ein weiteres typisches Merkmal dieser Häuser; sie bestehen aus Kieselsteinen aus Flussbetten und stellen mythologische Figuren dar.

Den Höhepunkt seiner Entwicklung erreichte das griechische Haus in der Zeit des Hellenismus. Die Wohneinheiten hatten Säulengänge, wobei ihre zahlreichen Räume auf einen Innenhof mit Säulen führten. Der Gebrauch von Stein- oder Mosaikfußböden war weit verbreitet. Die dekorativen Details erinnern an Textilien, Wandteppiche, Teppiche oder Wandgemälde. Man widmete abwechslungsreichen szenischen Darstellungen, die oft die umgebende Landschaft wiedergaben, viel Aufmerksamkeit. Im Lauf der Jahrhunderte wurde so aus der anfangs primitiven Behausung der Stadtbewohner eine kleine private „Festung" der gesetzestreuen Bürger, die selbstzufrieden in ihren soliden Häusern residierten – in einer Zeit, in der der Schein alles bedeutete.

Glanz und Wohlstand im alten Griechenland: 2000 Jahre Kunst und Schmuckgegenstände

Die Minoer, Mykener und Griechen verwendeten viele wertvolle Materialien, um ihre Häuser zu zieren, für persönlichen Schmuck und als Zeichen ihres hohen sozialen Status oder Reichtums: Holz von Zypressen, libanesischen Zedern, Aleppokiefern, Buchsbaum und seltener Ebenholz; weiterhin Elfenbein, Halbedelsteine wie z. B. Chalcedon, Karneol, Amethyst, rosa, grünlichen und rauchgrauen Quarz, Bergkristall, Lapislazuli, Türkis sowie den weniger edlen Kalkspat, Turmalin, Obsidian und Granat; *Pâte de verre*, das von geschickten phönizischen und ägyptischen Kunsthandwerkern gefärbt wurde, sowie vor allem Edelmetalle.
Griechenland hatte nie eine große Goldproduktion. Minen gab es nur in den abgelegenen Berggebieten von Thrakien und Makedonien sowie auf einigen ägäischen Inseln. Die zahlreichen goldenen Artefakte aus dem minoischen Kreta und der mykenischen Welt wurden aus Gold gefertigt, das man im Osten kaufte. Im 2. Jahrtausend v. Chr. unterhielten die griechischen Völker intensive wirtschaftliche und diplomatische Beziehungen mit dem alten Ägypten, dem syrischen Palästina, Anatolien und Mesopotamien. Im 7. Jahrhundert v. Chr., nachdem die Griechen eine lange Periode der Armut während der Völkerwanderung überwunden hatten, wurde orientalischer Schmuck in großen Mengen importiert. Bald wurde er im großen Stil in eigenen Goldschmieden im Mutterland und in den Kolonien imitiert. Doch erst im 6. Jahrhundert v. Chr. bildete ein steigendes Bewusstsein vom Wert des Goldes

70 *Wertvolles goldenes Ohrgehänge in gemischter Technik (Guss, Reliefarbeit, Granulierung, Kerbung und Gravur), das von dem hohen künstlerischen Niveau der Goldschmiede aus Taras (Tarent) im 4. Jh. v. Chr. zeugt. An den Seiten erkennt man, getrennt durch eine Palmette und zwei Rosetten, zwei* Nikai. *Darunter befinden sich kleine amphorenartige Anhänger.*

71 oben *Diese beiden kostbaren Goldfibeln mit filigranen Verzierungen datieren aus dem 4. Jh. v. Chr. Sie gehörten zu Grabbeigaben aus einem Grab bei Kyme (Cumae), das Anfang dieses Jahrhunderts entdeckt wurde, und sind im Nationalmuseum in Neapel ausgestellt. Von ihrer Datierung her kann man annehmen, dass sie zu einem einheimischen Grab gehörten.*

71 Mitte *Diese spektakuläre goldene Halskette mit Röhrchen und Körnern, die in einem komplizierten herkulischen Knoten mit reichen Pflanzenmotiven enden, stammt aus einem reichen Grab bei Ginosa (Apulien). Das Geschmeide wurde von einem exzellenten Goldschmied aus Taras nach Mustern hergestellt, die im 4. Jh. v. Chr. von Makedonien aus in die übrige griechische Welt verbreitet wurden.*

71 unten *Diese goldene Halskette mit rosettenförmigen Gliedern und kleinen Amphoren mit floralen Mustern datiert 330–300 v. Chr. Sie ist ein ausgezeichnetes Beispiel der Goldschmiedearbeit Nordgriechenlands und wurde im reichen Grab A in Homolion (Thessalien) gefunden. Sie ist heute im Museum von Volos zu sehen.*

die Grundlage für eine Geldwirtschaft und die Herstellung von Schmuck und anderen Artefakten.
Der minoische Schmuck ist besonders schön. Gestalterisch repräsentiert er einen Naturalismus, wie er für die kretische Kunst typisch ist. Doch von der Verarbeitung her hatte er mehr mit ägyptischen und orientalischen Produkten gemein – er zeichnete sich aus durch verschwenderischen Gebrauch von Treib- und Gravurtechniken, Einlegearbeiten, Vergoldungen, Verzierungen mit Halbedelsteinen sowie Glasuren.
Eine eher strenge Form zeigten die in den Goldschmieden auf der Peloponnes hergestellten mykenischen Stücke. Die Goldschmiede übernahmen Ideen anderer Völker, und Informationen über neue Techniken dienten zu allen möglichen künstlerischen und gestalterischen Experimenten. Zahlreiche Funde belegen diesen kulturellen Austausch: ein minoisches Trinkgefäß neben einer mykenischen Nachahmung im Kuppelgrab bei Vaphio; oft allerdings plump imitierte orientalische Bildnisse auf Fibeln oder Siegelringen; Nachahmung anatolischer Techniken mit Niello (Schwarzschmelz) bei einer Reihe von Dolchen mit Einlegearbeiten; originalgetreue Totenmasken;

72-73 *Dieses phantastische Golddiadem mit Goldblüten und Glasuren wurde vermutlich von Goldschmieden aus Taras hergestellt und diente als Beigabe zu einem Grab in Canosa di Puglia im 3. Jh. v. Chr.*

72 unten links *Dieses wunderbare Ohrgehänge mit einem Anhänger in Form eines Frauenkopfes und Edelsteinverzierung in der Tradition von Taras stammt aus dem Grab von Crispiano.*

72 unten rechts *Dieses Paar Ohrringe mit Geierkopf stammt aus dem 4. Jh. v. Chr. Die Ikonographie gehört jedoch noch ins 7. Jh., da sie von der „Monsterwesen"-Tradition der orientalisierenden Kunst abgeleitet ist. Sie zeigt die Kontinuität bestimmter dekorativer Themen in der griechischen Kunst.*

73 oben *Dieses herrliche Golddiadem mit Relief- und Gravurarbeiten bezeugt den Luxus, den sich die einheimische Elite des hellenistischen Apulien leistete. Zahlreiche Funde im Gebiet von Daunia (Gargano) bis Leukas bestätigen dies.*

73 Mitte *Die Variationsbreite der Goldschmiedekunst in Taras im 4. und 3. Jh. v. Chr. zeugt von einer ausgeprägten Kreativität, was z. B. bei diesen Ohrringen mit dreifachen Anhängern ersichtlich ist. Das stilistische Substrat und ein Teil des nicht-figurativen Repertoires dieses hellenistischen „Barock"-Stils sind auf Kreationen apulischer Goldschmiede vom Mittelalter bis ins 17. Jh. zu bewundern.*

74 oben *Der blühende Myrtenzweig gehört zu einer prächtigen goldenen Krone aus der zweiten Hälfte des 4. Jh. v. Chr. und wurde in Mittelmakedonien gefunden.*

74 unten *Das Diadem mit Bronzeblättern, Insekten und Beeren aus Ton zeigt die künstlerische Verbindung zwischen den Goldschmieden von Griechenland und Megale Hellas im 4. und 3. Jh. v. Chr. Das Stück stammt aus Kampanien.*

74-75 *Die herrliche goldene Krone mit Lorbeer- und Eichenblättern ist ein einzigartiges Dokument der thessalischen Goldschmiedekunst in der hellenistischen Zeit. Sie wurde bei Volos gefunden und stammt wahrscheinlich von Ende des 4. bzw. Anfang des 3. Jh. v. Chr.*

75 Mitte *Ein weiteres Golddiadem aus Taras zeigt eine Girlande aus Eichenblättern, dem Baum des Zeus.*

75 unten *Der Charme und die unerschöpfliche Kreativität der griechischen Goldschmiede drückt sich oft in einem einzigen Objekt aus – in diesem Fall ein kleines Zepter mit Goldgeflecht, ein korinthisches Kapitell mit herausragenden Eichenblättern.*

***76 oben** Ein feines Geschmeide mit kleinen, filigranen Anhängern.*

***76 unten** Dieser Armreif ist in der keltischen, allgemeiner der „barbarischen" Tradition gehalten. Er ist an beiden Enden mit Tierköpfen verziert und zeigt, wie fein die Goldschmiede arbeiten konnten.*

76-77 oben *Dieses Kollier ist herrlich verziert mit Silenosköpfen, Eicheln und Lotusknospen aus dicken Goldblättern, die mit dem Hauptgeflecht durch solide Stege verbunden sind. Es wird einem Goldschmied des ptolemäischen Ägypten zugeschrieben.*

76-77 unten und 77 unten *Dieses goldene Halsband zeugt von Goldschmiedekunst auf höchstem Niveau. Die feinen Verzierungen hängen an einem sehr filigranen Hauptgeflecht.*

77 oben *Goldene Ringe mit Gemmen (die Steinschneidekunst wurde in der hellenistischen Tradition sehr entwickelt); Armband mit doppeltem Goldgeflecht und Löwenköpfen an den Enden – weitere Dokumente der Vielfalt der hellenistischen Goldschmiedekunst.*

Erzeugnisse im phytomorphen Stil; zoomorphe Rhyta, die in den Gräbern von Mykene, Dendra und Tiryns entdeckt wurden, wo lokal hergestellte Stücke zusammen mit solchen von Kreta und den Inseln im minoischen Einflussbereich auftreten. Relativ kleine Mengen von Goldschmuck wurden in der geometrischen Periode hergestellt. Goldschmiede orientierten sich insgesamt gern am vorherrschenden Trend zu rein abstrakten Gestaltungsformen und nicht-figürlichen geometrischen Motiven auf Ohrringen, Ringen und Armbändern für ihre aristokratische Kundschaft im Athen, Eleusis und Eretria des 8. Jahrhunderts v. Chr. In dieselbe Periode fallen die Anfänge der Ziselierarbeiten in Gold, die im folgenden Jahrhundert sehr in Mode kamen, als der orientalisierende Stil mit seinen Tier- und Phantasiewesen sowie seinen eleganten, üppig gestalteten Ju-

78 rechts und 79 Mitte *Die beiden Greife aus getriebenem und mit Filigran geschmücktem Gold stammen aus dem Grabhügel III von Kralevo (Thrakien) und datieren aus der ersten Hälfte des 3. Jh. v. Chr. Diese mythischen Wesen kamen bei den Barbaren häufig vor und dienten hier als Verzierung von Teilen des Geschirrs, mit dem wahrscheinlich das Pferd eines thrakischen Prinzen gezäumt war.*

78 links *Die ganze Pracht des Zeitalters Alexanders des Großen sowie die Erfindungsgabe und Sensibilität der makedonischen Künstler spiegeln sich in diesem berühmten großen Mischgefäß (Krater) mit Voluten und reichen Reliefverzierungen. Es wurde in einem Grab bei Derveni in der Nähe von Thessaloniki gefunden und datiert von 330 v. Chr. Es stammt aus dem Besitz des Aristokraten Astiounios, Sohn des Anaxagoras von Larisa, wie aus einer Inschrift am Rand hervorgeht. Als Motiv sieht man die Hochzeitsszene von Dionysos und Ariadne mit den zügellosen Tänzen der Mänaden in Ekstase sowie Satyrspiele der verzückten Schüler des Dionysos. Die opulente Szene ist eine Hymne an die kurzen Freuden des irdischen Daseins und an den primitiven Instinkt, der dieses Wunder vollbringt, zur Freude der „Prinzen“ und Aristokraten, für die derartige Kunstwerke geschaffen wurden.*

welen populär wurde. Wahre Meisterstücke auf dem Gebiet der Schmuckgestaltung sowie extravaganter Zierrat sind aus dieser Zeit bekannt. Eine wichtige Rolle bei dieser Entwicklung spielten die östlichsten Städte der griechischen Welt, die engere Beziehungen zu den Zentren der Levante hatten, vielleicht auch aufgrund der wirtschaftlichen Stärke der dortigen aristokratischen oder tyrannischen Herrscher. Dies wird deutlich an verschiedenen Funden auf Rhodos, doch auch die Nekropolen von Kreta, Melos und Korinth brachten viele wichtige Stücke zum Vorschein.
Der Reichtum der Heiligtümer in der archaischen und klassischen Periode erklärt zum Teil die Qualität und das massenhafte Auftreten von Schmuck und anderen in Delphi, Olympia, Metapont und Lokris ausgegrabenen Artefakte. Die Überlegenheit Griechenlands über die anderen Handelsmächte des Mittelmeerraums führte zu einer umfangreichen Produktion wertvoller Schmuckgegenstände an den verschiedensten Orten, auch in den Randgebieten und den Kolonien. Wertvolles Geschirr, dekorative Elemente an Haushaltsgegenständen aus Holz oder Bronze, Schmuck, der den vorherrschenden Geschmack jener griechischen Kunstepoche widerspiegelt – all dies zeugt von den hervorragenden Fertigkeiten der Kunsthandwerker.
Doch die beeindruckendsten Gegenstände stammen von den Goldschmieden des 4. Jahrhunderts v. Chr. und der Zeit des Hellenismus. Die westlichen griechischen Kolonien – Taras, Ruvo di Puglia, Crispiano, Ginosa, Canusium, Roccagloriosa – folgten dem Beispiel von Pella, Demetrias, Vergina, Sindos und Derveni. Bereits im 5. Jahrhundert v. Chr. stellten berühmte Graveure wie Evenetes in so entfernten Orten wie Syrakus und Athen, Kamarina und Makedonien Prägestempel für Gold- und Silbermünzen her: winzige, extrem flache Reliefs, die zu den Meisterwerken der griechischen Plastik gehören.

79 unten *Die berühmte Trinkschale aus dem „Schatz von Panagjurischte" (Thrakien, um 310 v. Chr.) zeigt verschiedene Schmucktechniken und wurde vermutlich für Trankopfer verwendet. Der Pokal stellt drei konzentrische Kreise aus Negerköpfen dar, die trotz der immer kleiner werdenden Größe sehr fein und realistisch gearbeitet sind, und einen Eichenkranz mit Lotusblüten dazwischen – ein Motiv, das hellenistische Künstler vermutlich den Ägyptern abgeschaut hatten.*

79 oben *Dieses Rhyton aus dickem Goldblech aus dem „Schatz von Panagjurischte" zeigt einen Amazonenkopf mit Helm und besitzt einen eigenartigen Griff in Form einer geflügelten Sphinx. Angesichts der Kostbarkeit ist anzunehmen, dass es der Herrscherfamilie der Odrysai (4./3. Jh. v. Chr.) gehörte.*

Religion und Kulte der Griechen

80 links *Ein wahres Meisterwerk der letzten Phase der peloponnesischen archaischen Kunst ist diese einzigartige Bronze, der „Apoll von Piräus" (500 v. Chr.). Der Gott wird gezeigt, wie er ein Opfer annimmt.*

80 oben rechts *Diese Bronzestatuette des frühen 5. Jh. v. Chr. zeigt das typische Porträt des Göttervaters Zeus, des mächtigen Gottes des Blitzes, des rastlosen Verführers der Göttinnen, Nymphen und – weniger häufig – der Sterblichen.*

80 unten rechts *Diese herrliche Statue der Athena Aphaia erschien während des Schlachtengewirrs zwischen den Griechen und den Trojanern auf dem westlichen Giebel des Äginatempels (510–500 v. Chr.).*

81 *Die Tontafel aus dem 5. Jh. v. Chr. stammt aus Lokroi (Kalabrien) und zeigt wie dem Paar der Unterwelt – Kore und Hades – von Dionysos rituelle Geschenke (Weinstöcke, ein Kantharos, ein Hahn) dargebracht werden.*

Die polytheistische Ausprägung der hellenistischen Glaubenswelt schuf ein buntes Bild des Götterhimmels. Neben den olympischen Gottheiten, die von allen Griechen gleichermaßen verehrt wurden (und nach dem Berg Olymp benannt waren, dem „Dach Griechenlands", das man für ihre Residenz hielt), gab es eine Reihe geringerer Götter, vergöttlichter Helden und Dämonen beiderlei Geschlechts. Die göttliche Allmacht wurde durch die Schicksalsgöttin begrenzt; die Götter glichen den Menschen, was auf eine hoch entwickelte Vorstellung einer Übermenschheit hindeutet. Es gab keinen organisierten Klerus, da Priester und Priesterinnen nur die kultischen Handlungen vornahmen, aber keine Klasse darstellten, die eine alleingültige Lehre verkündete. Vor allem verstanden die Griechen unter Religiosität ein respektvolles Verhalten gegenüber den Göttern und moralischen Werten der Gemeinschaft – es war kein persönliches Bekenntnis. Trotzdem hatte ihre Religion mystische Elemente eindeutig orientalischen Ursprungs. Es gibt gelegentlich auch Hinweise auf theosophische Abweichungen, z. B. bei den chthonischen Kulten des Dionysos, der Demeter, Kore (Persephone) und des Hades, in den Philosophien des Pythagoras und Platon sowie in der späteren „Verwässerung" von Kulten der Zeit des Hellenismus und des aufkommenden Römischen Reichs, z. B. zu Ehren von Hermes Trismegistos, Isis und Mitra. Das Fehlen heiliger Schriften wurde durch das umfangreiche mythologische Erbe der Griechen kompensiert, das Schriftsteller, Dichter und Philosophen nach Willkür interpretieren konnten.

Es gab viele Gottheiten. Vor allem ist Zeus zu nennen, der Vater und Bruder aller Götter, Gott des Himmels und des Lichts, Beherrscher des Kosmos, Beschützer aller gesetzmäßigen Macht und Rechte. Hera, seine temperamentvolle Schwester und unglückliche Braut (Treue war nicht die Stärke des Herrn auf dem Olymp), beaufsichtigte die Heirat und das Eheleben, Mutterschaft und häusliche Angelegenheiten; sie wurde besonders in Argos, Olympia und auf Samos verehrt. Poseidon, dem mutigen und ungestümen Herrn der Urkräfte der Erde und des Wassers, Verursacher von Gewittern und Erdbeben, wurde in der Küstenstadt Isthmia bei Korinth gehuldigt. Athene, die Krieger-Jungfrau, war die Beschützerin der Stadt, die ihren Namen trug. Sie beaufsichtigte das Handwerk und hielt die Menschen zu einem kultivierten Benehmen an, wobei sie Recht und Gesetz gegen die Barbarei verteidigte. Sie wurde neben Athen in Ägina und Tegea verehrt.

Apoll war ein stattlicher und zweideutiger Gott; er brachte Gesundheit

und schreckliche Epidemien, er war der Patron der Musik und der Schriften. Seine Wünsche wurden durch die rätselhaften Auskünfte von Orakeln kundgetan. Er wurde hauptsächlich in Delphi und Delos verehrt, aber auch Korinth, Phigalaia, Thermos und Didyma besaßen ihm zu Ehren imposante Tempel. Seine Schwester Artemis, die Göttin der Jagd – sie ist in etwa mit zwei östlichen Gottheiten, der „Herrin der Tiere“ und Isis, zu vergleichen –, beschützte die Natur und überwachte die Trennlinie zwischen der menschlichen Urexistenz und der zivilisierten Gesellschaft. Ihr zu Ehren wurden bedeutende Heiligtümer errichtet, z. B. in Ephesos und Kerkyra. Der Kult der Aphrodite, der schönen Göttin der Liebe, stammte von der Göttin Ischtar und konzentrierte sich auf Paphos auf der Insel Zypern sowie auf Kythera.
Es gab aber noch weitere bedeutende göttliche Figuren: Hermes, der Gott des Verkehrs, der Boten und Diebe, Führer der Seelen auf ihrer Reise in die Unterwelt, Garant der Grenzen und Heiler; Demeter, die Beschützerin des Landes und der Landwirtschaft, Thema der eleusinischen Mysterien, die mit den chthonischen Gottheiten Persephone, ihrer Tochter, und Hades verbunden war; Dionysos, Gott des Weins und der Ekstase, Bewacher der Fähigkeiten des Menschen, seine Gedanken von der Last des Alltags zu befreien und das Drama des Lebens in Tragödien und Komödien auszudrücken; Hephaistos, der Schmied unter den Göttern, und geliebter Gatte der schönen Aphrodite; Ares, der Kriegsgott; Herakles, der berühmte Halbgott, der nach seinen Mühen und kühnen Taten unsterblich wurde; Asklepios, der besonders auf Kos, in Pergamon und Epidauros verehrte Gott der Medizin.

Der griechische Tempel und seine Architektur

Es besteht ein wichtiger Unterschied zwischen einem griechischen Tempel und einem Heiligtum: Heiligtümer wurden an Orten erbaut, die von einer Gottheit durch eine Manifestation oder Erscheinung dazu bestimmt worden waren. Tempel hingegen wurden nach einem Beschluss erbaut, um einen Ort einem Gott zu weihen (der dadurch zu dessen „Besitzer" wurde), wobei eine Stätte der Anbetung innerhalb eines ausgewiesenen heiligen Bereichs (Temenos) errichtet wurde. Die ersten Tempel im 10. bis 8. Jahrhundert v. Chr. waren einfache Hütten oder komplexere Konstruktionen. Schon bald wurden sie durch weitaus größere und bessere Bauwerke ersetzt. Diese Entwicklung wurde teilweise möglich durch den allmählichen Fortschritt in den Bautechniken und durch neue Baustoffe. Stein trat an die Stelle von Holz und ungebrannten Ziegeln, wodurch die Bauwerke stabiler und dauerhafter wurden.

Der erste Abschnitt in der Entwicklung des griechischen Tempels fällt ins 8. und 7. Jahrhundert v. Chr., wie Ausgrabungen (Thermos, Isthmia, Olympia) und interessante Tonmodelle (Argos, Perachora) zeigen.

Die ersten Tempel hatten Steinfundamente, ein Holzskelett, Säulen und Oberschwellen sowie Mauern aus ungebrannten Ziegeln. Dach und Verblendung (um das Holz zu schützen) bestanden aus hell gestrichenem Ton, teilweise mit plastischen Verzierungen. Anscheinend wurde viel Aufmerksamkeit darauf verwendet, diese und andere herausstehende Teile wie z. B. die Säulen der Peristasis zu verzieren. Wahrscheinlich wurden diese Säulen, die das Gebäude auf wenigstens drei Seiten umgaben und das Dach mit trugen, selbst in der frühesten Phase mit Kanneluren verziert.

Der Einfluss dieser ästhetischen Normen ist noch in den Steintempeln späterer Jahrhunderte sichtbar. Die Traditionen religiöser Riten wurden auch durch Architekten und Künstler aufrechterhalten, wie Bauregeln der klassischen Architektur zeigen.

Ein weiteres wichtiges Merkmal des griechischen Tempels waren seine Funktionen, die sich von denen einer heutigen religiösen Stätte unterschieden. Die Cella, der Innenraum, enthielt die kultische Statue der Gottheit und wurde von den Priestern zur Anbetung benutzt. Manchmal gab es daneben ein Adyton, das für den Laien unzugänglich war. Dort wurde ein altes Kultbild verehrt und die Gottheit tat hier – sofern sie es wünschte – ihren Willen kund. Oft umfasste der Tempel auch einen Pronaos, der in die Cella führte, und den Opisthodomos, einen Hinterraum, der zum Pronaos symmetrisch angeordnet war und dessen Funktionen noch nicht geklärt sind. Der Altar stand vor dem Tempel zu Füßen eines Stylobats, auf dem das Gebäude erbaut war – vermutlich als eine Anerkennung kulti-

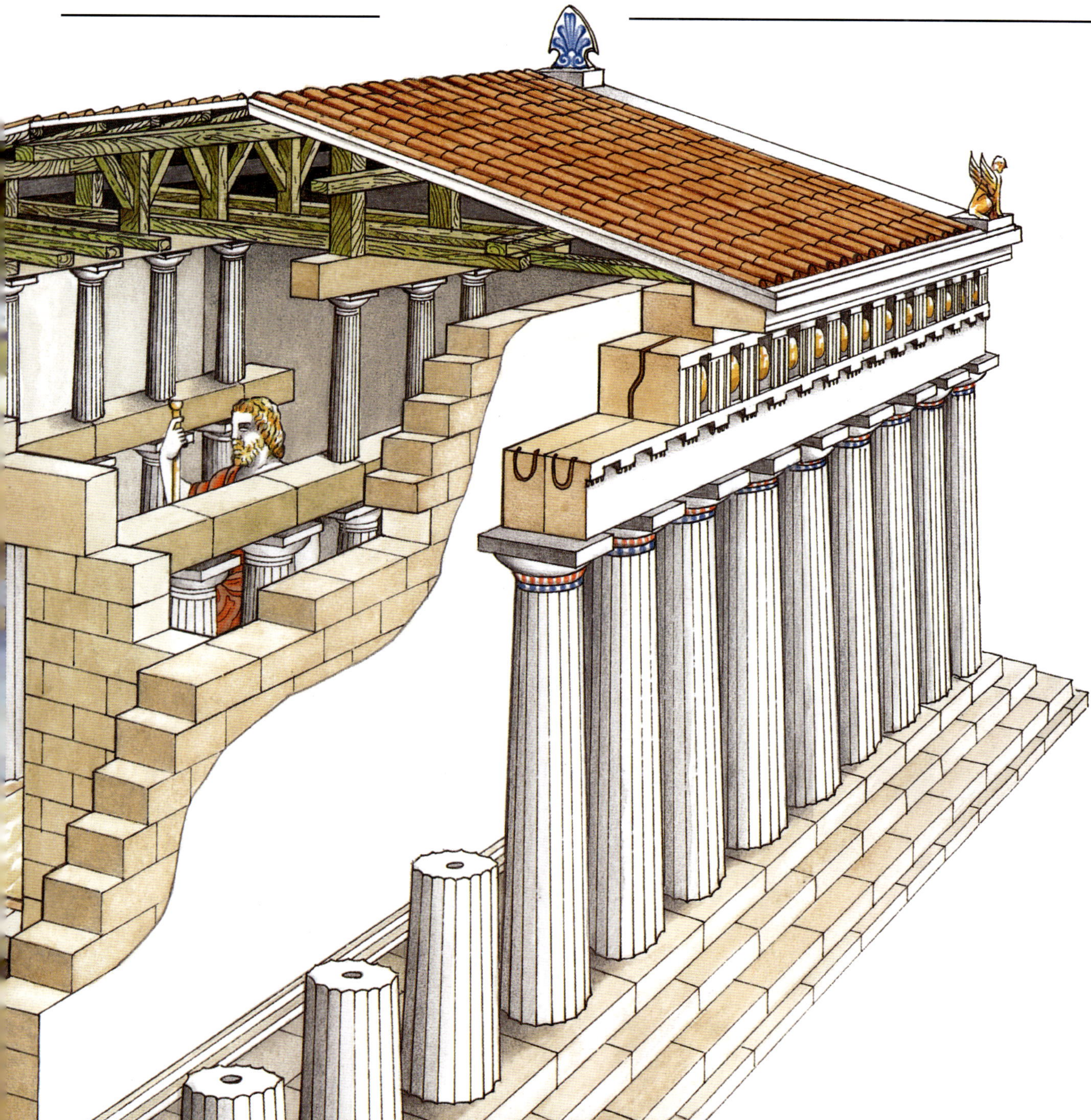

82-83 *Diese idealtypische Rekonstruktion eines Peripteraltempels im dorischen Stil zeigt alle Dimensionen und auch die ursprüngliche Farbigkeit, die heute oft verloren gegangen ist. Man erkennt auch, wie klein die Räume (Naos, Pronaos und Opisthodomos) waren, da der Kult hauptsächlich an einem großen Altar praktiziert wurde, der normalerweise vor dem Gebäude stand.*

83 *Dieses Bild ist ein seltenes künstlerisches Dokument des 6. Jh. v. Chr.: eine Opferszene, gemalt auf einer Holztafel. Sie wurde in hervorragendem Zustand in einer Höhle in Pitsa bei Sikyon (Nordpeloponnes) gefunden.*

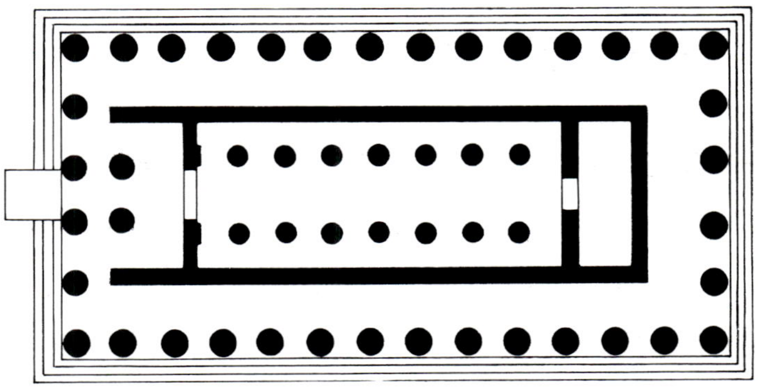

scher Riten, die im Freien ausgeführt wurden. Die Ausrichtung griechischer Tempel ist immer ostwestlich, was eindeutig mit der Sonne zu tun hat. Zwischen dem 6. und 2. Jahrhundert v. Chr. experimentierten die griechischen Architekten mit vielen Ausdrucksformen. Einige ihrer Pläne weisen auf ein absichtliches Festhalten an spezifischen kultischen und rituellen Bedeutungen hin; andere dienen betontermaßen dazu, die

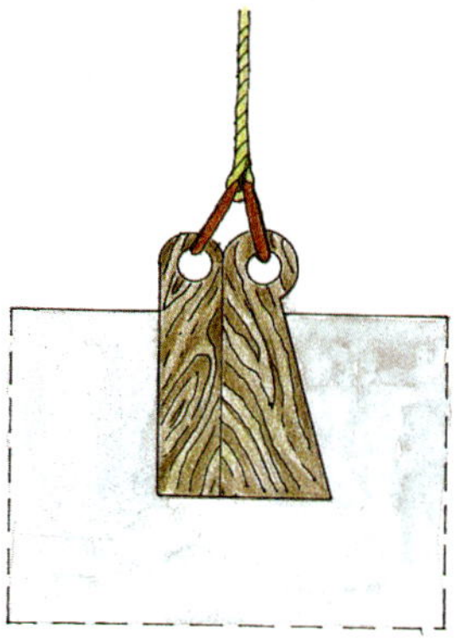

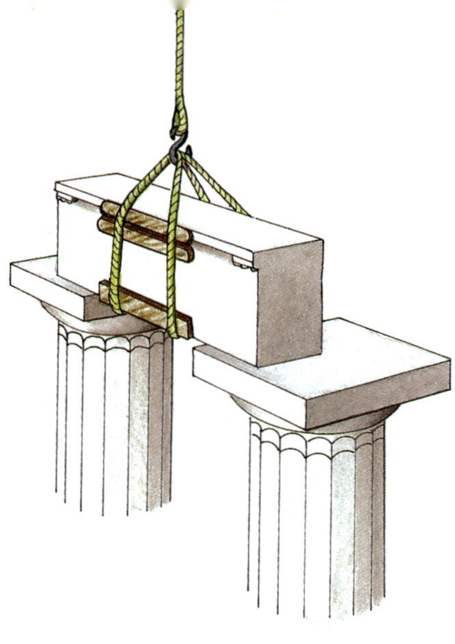

Tempelstruktur mit ihrer Umgebung in Harmonie zu bringen, wobei sie visuelle und geometrische Proportionen besonders berücksichtigen. Diese zeigten die göttliche Perfektion der Natur als der Gesamtheit alles Seienden.
Ab der Mitte des 7. Jahrhunderts, als die charakteristischen architektonischen Merkmale der Tempel sich ausprägten, entwickelte sich eine Reihe von Stilunterschieden – ein Anzeichen der kulturellen Freizügigkeit einer Gesellschaft, die sich dem Austausch mit der restlichen Welt mehr und mehr öffnete, dabei aber auf ihre regionalen Ausprägungen stolz war.

Diese Unterschiede, die in der traditionellen Unterscheidung zwischen dorischem und ionischem Stil (d. h. feste Proportionen und Muster) kulminierten, hatten einen beträchtlichen Einfluss auf die Geschichte der griechischen Tempelarchitektur. Der dorische Stil entwickelte sich hauptsächlich auf der Peloponnes, wurde bald aber auf dem griechischen Festland und den vorgelagerten Inseln übernommen; die Bezeichnung stammt von den legendären Dorern, die während der Völkerwanderung nach Griechenland gekommen waren. Der ionische Stil entwickelte sich in den anatolischen Küstenstädten und der östlichen Ägäis und stammte von den Ioniern, die von den Dorern hierher vertrieben worden waren. Die Bezeichnungen dienen zur geographischen und kulturellen Unterscheidung der beiden Stile.
Der dorische Stil entwickelte sich in der ersten Hälfte des 7. Jahrhunderts v. Chr. Technisch gesehen wies er viele besonders interessante Merkmale auf. Auf einer Fundamentplatte, die eine feste, ebene Fläche herstellen sollte, ruhte ein dreistufiger Aufbau. Die Säule stand ohne Fuß (Basis) auf dem Unterbau (Stylobat). Der Schaft

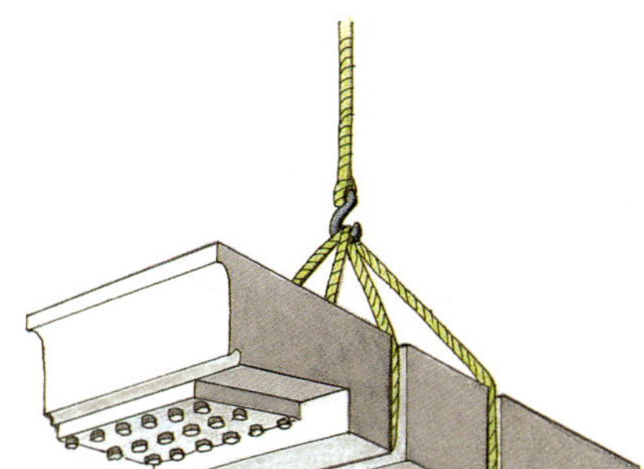

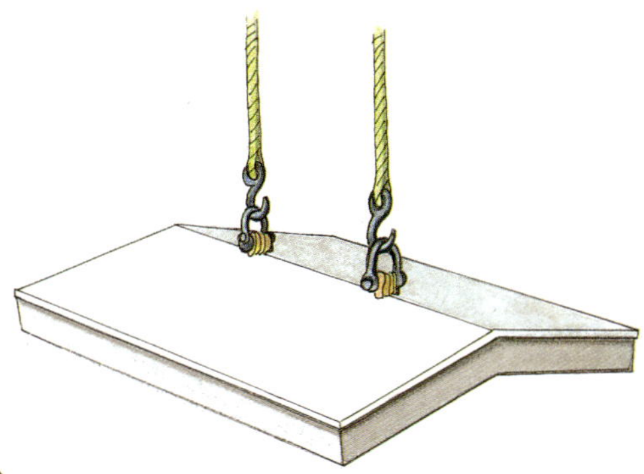

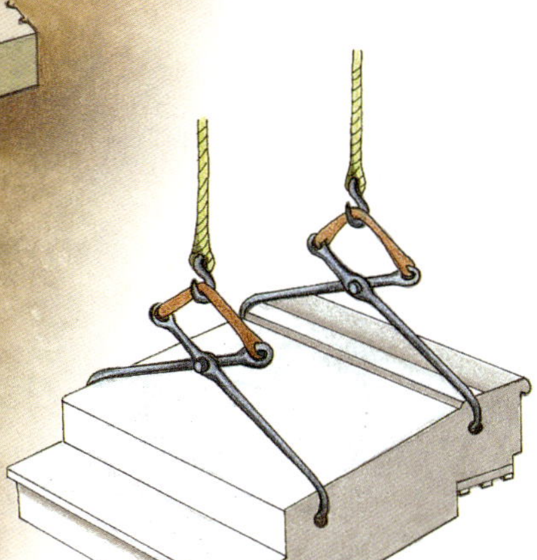

***84-85** Der Bau eines Steintempels war eine langwierige und komplizierte Angelegenheit. Viele Probleme wurden durch Gerüste und Hebevorrichtungen für Steinblöcke gelöst, die vor ihrem Einbau genau in Form gehauen wurden. Auf dieser Rekonstruktion sieht man die Hilfseinrichtungen für den Tempelbau. In die Steinblöcke waren Löcher, Griffe oder Seilführungen eingeschlagen, Metallhaken waren befestigt, man schlug Keile hinein, sodass die Blöcke an ihren Platz gehievt werden konnten. Da die Techniken noch ziemlich unzureichend waren, müssen häufige Arbeitsunfälle beim Bau eines Tempels die Folge gewesen sein.*

der Säule war kanneliert und robust. Zur Mitte hin hatte sie eine kräftige Schwellung mit Verjüngung nach oben (Entasis). Sie sollte die Stärke der Struktur unterstreichen, aber auch die scheinbare Verjüngung des Profils kompensieren – eine Art optischer Trick. Der Schaft trug am Ende das dreigeteilte Kapitell, den kannelierten Hals (Hypotrachelion), den kissenförmigen Teil (Echinus) über einigen Ringen (Anuli) und die quadratische Deckplatte (Abakus). Das Gebälk war ebenfalls dreigeteilt. An unterster Stelle lag der glatte Architrav (Epistyl), der mit einer kantigen Leiste (Taenia) abgeschlossen war. Daran hingen unter den Triglyphen die

Tropfleisten (Regula und Guttae). Nun folgte der Fries mit den Triglyphen und den Metopen. Das Gesims (Geison), das schräg nach vorne ragte, hatte unten flache Hängeplatten mit jeweils drei Tropfenreihen (Mutuli) über den Triglyphen und Metopen. Auf dem Gesims befand sich der Dachrand (Sima). Er bildete an den Längsseiten des Dachs eine Traufrinne, mit Wasserspeiern vor den Ziegeln und mit Stirnziegeln (Antefixe) als Abschluss der Deckziegelreihe.
Im frühen 6. Jahrhundert v. Chr. wurde der ionische Tempelstil von Architekten aus den Kolonien der östlichen Ägäis und Kleinasiens entwickelt. Die bei ionischen Tempeln

anzutreffenden Strukturen und Bautechniken entstanden auf ähnliche Weise wie beim dorischen Stil; doch verlief der Übergang von Holz und ungebrannten Ziegeln zu Stein langsamer als beim dorischen Stil. Die Charakteristika des ionischen Stils bildeten sich teilweise aufgrund des engen kulturellen Kontakts mit dem Nahen Osten und seiner Architektur heraus. Die imponierenden Formen des ionischen Stils trugen den Stempel der Monumentalbauten von Mesopotamien und Persien: Harmonische Proportionen und reiche architektonische Verzierungen erzeugten eine Eleganz, wie sie für die Paläste der großen orientalischen Könige typisch war. Mit der Einführung des doppelten Säulenumgangs wurde das Haus der Gottheit von einem „Steinwald" umgeben, der an die szenischen Effekte von großen Hypostyloi in den Heiligtümern von Ägypten und dem Nahen Osten erinnert, in denen massive Säulen aufgestellt sind, um die große Distanz zwischen dem Sterblichen und dem Göttlichen zu betonen.
Zwei strukturelle Elemente, Säule und Fries, waren die Unterscheidungsmerkmale der beiden Stile. Die ionische Säule steht nicht direkt auf dem Stylobat, sondern auf einer geformten Basis (Spira), die die Linien des schlanken, kannelierten Schafts, der keine Entasis besitzt, betont. Das Kapitell besteht aus einem als Eierstab gebildeten Echinus, darunter befindet sich ein Perestab (Astragal), darüber ein Polster (Pulvinum), das seitlich in großen Spiralen (Voluten) eingerollt ist. Der Abakus ist ganz flach. Die Einführung von Stein für die Basis der Säule machte es möglich, den Holzschaft vom feuchten Untergrund zu trennen; das Kapitell könnte von Modellen stammen, die kunstreich aus Holz geschnitzt worden waren.
Der Fries bestand nicht mehr aus Triglyphen und Metopen; stattdessen gab es eine Reihe großer Steintafeln, die so nebeneinander standen, dass sie „erzählende" Paneele bildeten, was ebenfalls eher dem orientalischen als dem griechischen Geschmack entsprach.
Eng verwandt mit dem ionischen Kapitell war das so genannte äolische Kapitell, das in den Gegenden weit verbreitet war, wo der gleichnamige griechische Dialekt gesprochen wurde (Böotien, Thessalien, ein Teil von Kleinasien und die Inseln der nordöstlichen Ägäis). Seine Hauptmerkmale waren lange, stilisierte Voluten, die aus dem Schaft herausführten und Schnitzereien trugen.
Ab der Zeit von Vitruvius' *De Architectura* (1. Jahrhundert) kam allmählich der korinthische Stil unter den griechischen Stilrichtungen auf. Tatsächlich ist der Begriff irreführend, denn das korinthische Kapitell, das angeblich von Kallimachos im letzten Viertel des 5. Jahrhunderts v. Chr. entwickelt worden war, kam in der griechischen Welt recht selten vor und bildete auch keinen neuen Architekturstil. Die römischen Architekten der hellenistischen Kultur entwickelten einen korinthischen „Stil", der vom dorischen und ionischen beeinflusst war, die mit der Zeit immer seltener vorkamen. Raum, Grundriss, Struktur und Proportionen waren oft neu, mit zahlreichen Varianten und Kombinationen.
Das korinthische Kapitell ist durch einen großen umgedrehten Kelch, den Kalathos, charakterisiert, der von unregelmäßig angeordneten Akanthusblättern, Stängeln und so genannten Abakusblumen umgeben ist. Seine sanft geschwungenen Linien und Oberflächen boten geschickten Kunsthandwerkern die Gelegenheit zu Chiaroscuro-Effekten. Der Säulenschaft und die Basis entsprachen eher dem ionischen Vorbild, hatten jedoch einige Varianten.

86 und 87 *Im Vergleich werden die Charakteristika der berühmten griechischen Stilrichtungen, des dorischen, ionischen und korinthischen Stils, deutlich. Die Unterschiede zwischen den beiden ersteren, die vom 7. bis 3. Jh. v. Chr. häufig waren, fallen sofort ins Auge, sowohl was die Struktur als auch die Verzierung betrifft. Die Säulenkerben des dorischen Stils z. B. sind strenger, der Wechsel von Licht und Schatten erfolgt abrupter als beim ionischen Stil, der auch am Kapitell und am Fries reichere Verzierungen aufweist. Beim letzteren Stil kann man eine Tendenz zu breiten erzählenden Sequenzen und zu komplexen Kompositionen sehen, die bei den asiatischen Griechen und auch in der Literatur vorherrschten. Am Giebeldreieck erkennt man Akroterien, kleinere Verzierungen am Säulengebälk; entlang des Gesimses Wasserspeier in Löwenkopfform.*

Das griechische Theater

88 Dieses archaische Relief der Ionischen Schule zeigt zwei Tänzer beim Spiel einer Doppelflöte. Die Tradition, die Vorführung des Schauspielers mit gesungenen und gespielten Intermezzi oder Auszügen aus Tänzen und durch Mimik zu begleiten, ist für das griechische Schauspiel dokumentiert. Selbst bei modernen Aufführungen haben sich diese Sequenzen aus Tanz, Gesang, Musik und Mimik eingebürgert.

Die Anfänge des westlichen Theaters fielen mit dem Entstehen der griechischen Kultur zusammen. Nach einer kurzen Phase der Identitätsfindung existierte es gegen Ende des 6. Jahrhunderts v. Chr. bereits in vollendeter Form. Das Schauspiel unterschied sich von allen anderen Formen, die auf Sehen, Hören und Motorik basierten, um einem Publikum die Wirklichkeit darzustellen. Die Neuerung lag hauptsächlich darin, dass das Drama weitaus mehr als Beschreibung und Erzählung darstellte. Es bot eine neue Dimension im Vergleich zu den sterilen religiösen Zeremonien und Riten, die nur Manifestationen einer Kasten- oder Religionszugehörigkeit, Huldigungen an ein Wesen, Symbolismus, Exorzismus und Katharsis waren.

Im griechischen Theater machen sich Dramaturg und Schauspieler durch ihre Ideen bzw. Aufführung frei, um eine andere Identität oder Bestimmung anzunehmen. Theater ist nicht nur eine Gelegenheit, ein Drama zu beobachten. Es ist auch nicht einfach Wiedergabe des Alltags, Abbild von Ereignissen, Mythen oder Legenden; es ist Aktion, die Realisierung von Fakten. Die Vorgänge auf der Bühne wollen die Zuschauer nicht „unterhalten", sondern sie auf einer ethischen, geistigen, politischen, psychologischen und existenziellen Ebene einbeziehen. Hinter der Metapher der Bühne, der Zeit und der Aktion liegt das reale Schauspiel – sei es tragisch oder komisch – der menschlichen Existenz und der Fragen, die sie aufwirft.

Im antiken Griechenland und besonders im demokratischen Athen hatten die Schauspiele, die wir „Tragödie" und „Komödie" nennen, einen festen Platz und sie unterschieden sich gar nicht so sehr vom heutigen Theater – viele der besten griechischen Stücke werden noch heute mit Erfolg aufgeführt.

Man weiß nicht genau, wie diese beiden Formen entstanden sind. Die wenigen Informationen von Herodot, Aristoteles und anderen sind widersprüchlich. Von den Werken der Menschen, die als die ersten Tragödien- oder Komödiendichter gelten, sind nur wenige Fragmente übrig geblieben. Die ältesten überlieferten Arbeiten zeigen Beispiele eines klar definierten literarischen Genres mit strengen (und respektierten) Konventionen, einer internen Struktur, Sprache und Metrum. Nur 33 Tragödien und 18 Komödien sind – teilweise unvollständig – in mittelalterlichen Handschriften und einigen seltenen Textfragmenten auf Papyrus erhalten. Wie die illustren Tragödiendichter Phrynichos, Aischylos, Sophokles und Euripides verdienen auch die großen Komödiendichter Aristophanes und Menander, und der anonyme Verfasser von „Reso", ebenso wie Eupolis und Kratinos Beachtung. Zwischen dem späten 6. und dem 4. Jahrhundert v. Chr. fanden Hunderte von Wettbewerben und Aufführungen ihrer Stücke vor einem enthusiastischen Publikum statt – nicht nur in Athen, sondern auch in zahlreichen anderen Theatern, die inzwischen in allen Städten und an allen Heiligtümern in der griechischen Welt gegründet worden waren.

Trotzdem waren die Athener Aufführungen herausragend. Sie wurden im Rahmen von Festspielen und Wettkämpfen inszeniert, die in regelmäßigen Abständen zu Ehren einer Gottheit – meistens Athene und Dionysos, veranstaltet wurden. Derartige Festspiele wurden vom Staat organisiert und von den reicheren Athener

89 *Diese Terrakottamaske, die vermutlich aus dem 4. Jh. v. Chr. stammt und in Tarent gefunden wurde, zeigt eine Theatertradition: Das Gesicht des Schauspielers war von einem anderen „Gesicht" verdeckt, als ob die Entfremdung des Menschen von sich selbst beim Schauspiel betont werden sollte. Zu bemerken ist auch eine eigenartige Ähnlichkeit zu den Darstellungen, die auf apulischen Vasen derselben Zeit abgebildet waren.*

Bürgern finanziert. Die Große Dionysia zu Ehren des Dionysos im Monat Elaphebolion (März/April) war zweifellos das wichtigste kulturelle Ereignis auf diesem Gebiet. Es dauerte sechs Tage, das Alltagsleben fand eine Unterbrechung und die gesamte Stadtbevölkerung sowie viele auswärtige Besucher nahmen daran teil. Tausende von Zuschauern versammelten sich im Dionysostheater an der Südseite der Akropolis.
Die Schauspielveranstaltungen hatten oft die Form von Wettbewerben, an denen nach einer Vorauswahl drei Dramaturgen teilnehmen konnten, von denen jeder vier Stücke im Lauf eines Tages vorstellte – eine Trilogie von Tragödien und eine Satire. Mit ihrer burlesken Handlung, handfesten Charakteren und ihren häufigen Obszönitäten muss diese „Opera buffa“ sehr zum Frohsinn und zur Sinnlichkeit nach den stundenlangen Meditationen und Seelenqualen der Tragödien beigetragen haben. An einem der folgenden Tage wurden die Komödien aufgeführt. Vom Morgen bis zur Abenddämmerung bevölkerten die Athener das Auditorium und gaben ihrem Enthusiasmus oder ihrer Ablehnung temperamentvoll Ausdruck, und während die Sonne ihre Bahn über den Himmel zog, wurden Zuschauer, Chor und Schauspieler eins.
Die Jury wurde durch das Los festgelegt. Sie bestand aus zehn aus je einem der Athener Wahlbezirke ausgewählten Personen *(kritai)*. Am Ende der Aufführungen schrieb jedes Jurymitglied die Titel der drei konkurrierenden Tragödien in seiner Präferenz auf eine Tafel. Von den zehn Tafeln wurden fünf ausgewählt, deren Auswertung dann den Sieger ergab, der entsprechend gefeiert wurde.
Auch Theaterbauten waren eine Erfindung der Griechen. Bereits in den minoischen Palastsiedlungen und in einigen nach der Völkerwanderung gegründeten Zentren reservierte man öffentliche Plätze für Aufführungen. Daneben befanden sich gerade, U- oder L-förmige Sitzreihen im Freien, von wo die Zuschauer an Riten teilnehmen konnten, die auch eine religiöse Bedeutung hatten.
Doch erst im 6. und 5. Jahrhundert v. Chr. erhielt das griechische Theater seine architektonische Form (die sich vermutlich aus einer früheren Holzversion entwickelt hatte). Am wichtigsten war natürlich die Bühne in einem höhlenförmigen, erhabenen Raum, der gut einsichtig war. Das Theater war Treffpunkt für Tausende von Bürgern, die sich hier bei den Aufführungen der Stücke von Tragödien- und Komödiendichtern versammelten. Es war auch ein Freizeit- und Diskussionsort für zahllose Themen wie Politik, Sitten, Mode, historische Ereignisse, Mythen, Religion und Moral – eben alles, was die griechische Welt betraf. So wurde das Theater

90 *Dieses bemalte Tonmodell zeigt den Prospekt einer Theaterszene; es ist im Archäologischen Nationalmuseum von Neapel ausgestellt und vermittelt einen Eindruck des Theaters im 3. Jh. v. Chr.*

zum Bestandteil der griechischen Stadt und im 4. Jahrhundert v. Chr. hatte sich seine Architektur herauskristallisiert. Sie bestand aus der *Orchestra*, einem runden oder halbrunden Platz, auf dem gespielt wurde, der *Skene*, einer Bühne mit einem Prospekt, wo es drei Türen und Räume für den Einschub von beweglichen Bühnenhintergründen – je nach Erfordernissen der Inszenierung – gab, und dem *Koilon*, auch unter dem lateinischen Ausdruck *Cavea* bekannt, halbkreisförmig und als vertikale Stufenreihe ausgebildet, die von radialen Treppen durchschnitten wurde, um den Tausenden von Zuschauern den Zutritt zu ermöglichen. Manchmal war der Koilon in der Horizontalen von Korridoren, *Diazoma*, in zwei oder drei Abschnitte unterteilt. Die erste Reihe bestand normalerweise aus – häufig verzierten – Ehrensitzen, den *Prohedriai* die nahe

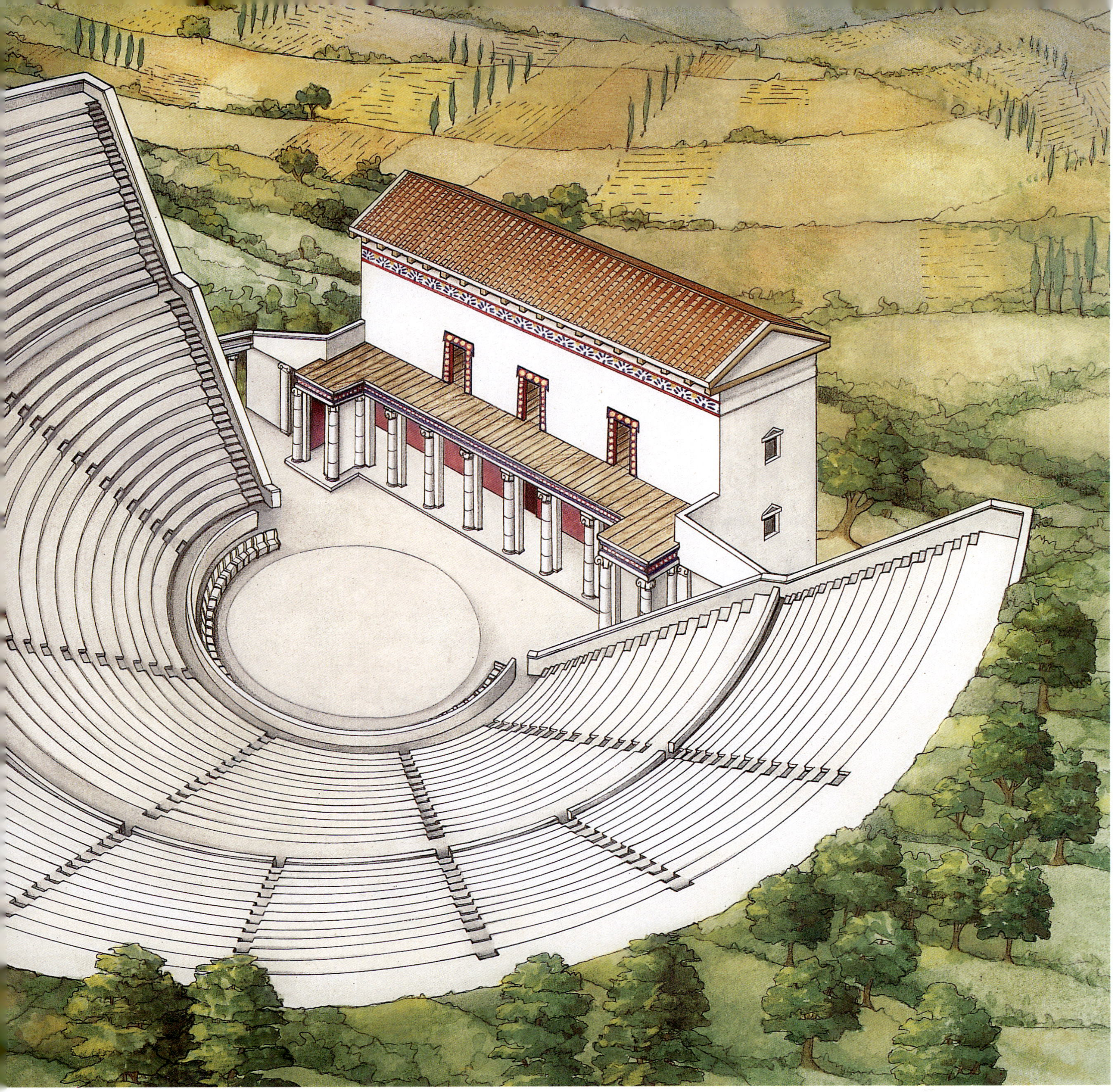

bei der Orchestra lagen. Hier saßen die Priester und Magistrate, wie aus den häufig dort gefundenen Inschriften hervorgeht. Die Zuschauer betraten das Auditorium durch zwei breite Korridore, die *Parodoi*, die zwischen dem Koilon und der Bühne an den Seiten der Orchestra entlangführten. Einer der erstaunlichsten Aspekte der griechischen Theaterbauten ist ihre perfekte Akustik. Jeder Laut von der Bühne ist noch ganz oben genauso zu hören – ein weiterer Beleg für die ausgeklügelte Perfektion des griechischen Theaterkonzepts.

Vielleicht das schönste Beispiel eines griechischen Theaters befand sich in Epidauros im berühmten Heiligtum des Asklepios (Äskulap), des Gottes der Heilung. Die Anlage war schon in antiken Zeiten für seine imposanten Dimensionen, die harmonischen Proportionen und die hervorragende Akustik berühmt. Der Klang einer Münze, die auf den durch einen runden Stein markierten Brennpunkt in der Orchestra fallen gelassen wird, kann überall im Koilon, der sich den Hügel hinauf erstreckt und Platz für 15 000 Zuschauer bot, perfekt vernommen werden.

Dieses Amphitheater wurde um 350 v. Chr. durch Polyklet den Jüngeren erbaut, so genannt, um ihn von dem berühmten Bildhauer mit dem gleichen Namen zu unterscheiden. Was den Besucher am meisten beeindruckt, ist die Harmonie der gesamten Theateranlage, die von dem Bestreben zeugt, Schauspieler und Publikum, die Texte der Dramaturgen und die Ideen der Zuschauer, Worte und Gedanken zusammenzuführen, wie es auch Polyklets Absicht gewesen war.

90-91 *Die idealtypische Rekonstruktion eines griechischen Theaters gibt Aufschluss über ein konstantes Element in der griechischen Theaterarchitektur: die Suche nach Panorama-Punkten, die es ermöglichten, die umgebende Landschaft einzubeziehen, um den Mikrokosmos der Bühne besser mit dem äußeren Universum in Beziehung zu setzen und die Zuschauer so in eine Dimension zu führen, die vom Alltagsleben völlig losgelöst war und sie intensiv in Raum und Zeit der Bühnenhandlung versetzte.*

SPORT

92 oben *Drei junge Männer beim Wettlauf auf einer Seite der Basis einer vermissten Grabstatue für einen jungen Athener (510 v. Chr.); das Fragment ist heute im Nationalmuseum in Athen ausgestellt.*

92 Mitte *Diese Ölflasche mit schwarzen Figuren des Malers von Edinburgh datiert aus dem späten 6. Jh. v. Chr. und zeigt junge Speerwerfer beim Training in einer Sporthalle.*

92 unten *Diese panathenäische Preisamphora mit schwarzen Figuren (525 v. Chr.) aus dem Nationalmuseum von Tarent dokumentiert eine der im antiken Griechenland am weitesten verbreiteten Sportarten, die im Allgemeinen den Aristokraten vorbehalten war: das Quadriga-Rennen.*

Kein Volk der Antike maß dem Sport eine so große Bedeutung bei wie die Griechen. Die Gymnastik als nur von nackten Männern betriebene Körperertüchtigung war integraler Bestandteil der Erziehung und eines der Merkmale, wodurch sich die Griechen nach eigener Überzeugung von den Barbaren unterschieden. Jede Stadt investierte erhebliche Beträge in den Bau eines *Gymnasion*, einen Komplex, der einem heutigen Campus ähnlich sah, mit einer *Palästra*. Dieser Komplex bestand normalerweise aus einem quadratischen Platz, der von schattenspendenden Säulenhallen mit Umkleideräumen und Springbrunnen umgeben war. Um diesen herum lagen mit Bäumen gesäumte Alleen, oft auch Bäder und Gebäude für den Unterricht. Der Unterricht war der persönlichen Initiative von Lehrern, Philosophen und Fachleuten verschiedener Disziplinen überlassen. Schüler der praktischen Künste, darunter auch der Schönen Künste, absolvierten Praktika in Werkstätten.

Sport bedeutete auch Wettbewerb und beides gehörte zur Erziehung junger Männer – vielleicht eine Erinnerung an uralte Initiationsriten, die Mut, Geschick und kriegerische Fähigkeiten verlangten. Bei den aristokratischen Eliten der mykenischen und homerischen Welt war es üblich, Sportwettkämpfe zu Ehren der Toten zu veranstalten. Damit war schon sehr früh in der griechischen Geschichte eine systematische Verbindung zwischen religiösen Festen und Sportwettbewerben hergestellt, die in den großen Heiligtümern außerhalb der Städte und in den wichtigsten Poleis stattfanden. Die Literatur verweist auf einige große Sportveranstaltungen in der antiken griechischen Welt: die berühmten Olympiaden, die der Legende nach von Herakles 776 v. Chr. eingeführt wurden; die Pythischen Spiele, die in Delphi zu Ehren des Apoll abgehalten wurden; die Nemeischen Spiele, die bei Nemea zu Ehren des Zeus und zur Erinnerung an eine der Taten des Herakles stattfanden; die Isthmischen Spiele, die

im Poseidonheiligtum auf dem Isthmos von Korinth stattfanden; die Panathenäen, das im Hochsommer gefeierte Hauptfest zu Ehren der Athene.

Unfaires Verhalten wurde schwer bestraft; der einzige Preis neben dem rein symbolischen Lorbeerkranz war der Ruhm, den der Gewinner erzielte und der auf seinen Stadtstaat abfärbte, da er in ganz Griechenland gefeiert wurde.

Die wichtigsten athletischen Disziplinen waren Wettläufe über verschie-

__92-93 und 93__ Die bereits gezeigte Basis der Grabstatue mit den drei jungen Männern beim Wettlauf zeigt auch eine Art Hockeyspiel (oben) sowie eine Ringkampfszene (unten), bei der die Körper der Athleten in äußerster Spannung sind, in einer Pose, die die kräftigen Muskeln betont. Die Darstellungsweise folgt noch den Konventionen der antiken attischen Kunst.

dene Distanzen und sogar in Waffen *(Hoplitodromeia)*, Diskus- und Speerwurf, Weitsprung, Boxen, Ringen und *Pancration*, eine Mischung aus Boxen und Ringen. Nur für die Wohlhabenden gab es Reiterdisziplinen (Wagenrennen). Musikalische, Gesangs- und Poetenwettbewerbe wurden üblicherweise von athletischen Veranstaltungen begleitet, ein weiterer Hinweis auf die allumfassende Erziehung der jungen Griechen. Vor dem Training unter Anleitung des Trainers oder vor einer Teilnahme an einem Wettbewerb absolvierte der Athlet ein vorbereitendes Ritual, wobei er seinen nackten Körper mit parfümiertem Öl einrieb. Später, wenn die physischen Strapazen vorbei waren, säuberte er mit einem speziellen Instrument seine Haut von Staub, Öl und Schweiß und nahm ein entspannendes Bad. Die Beliebtheit des Sports bei den Griechen ist auch belegt durch Funde von Athletenausrüstungen (Reinigungsinstrumente, Wurfspeere etc.). Auch die häufige Wahl von Sportveranstaltungen als Motiv auf einer riesigen Zahl von attischen Vasen aus dem 6. und 5. Jahrhundert v. Chr. bestätigt dies. In vielen Fällen waren diese Vasen Anerkennungen an die jungen Menschen einer Stadt für ihre militärische Tapferkeit, die in der Sportausübung zum Ausdruck kam. Vielleicht – soweit die Vasen als Grabbeigaben gefunden wurden – deuteten sie beim vorzeitigen Tod eines jungen Mannes das Leben symbolisch als einen Wettkampf gegen den Tod.

94 oben *Ein Bronzehelm des korinthischen Typs, der in Ruvo di Puglia gefunden wurde. Er hat einen Wangen- und Nasenschutz und ist auf der Vorderseite mit Reliefs verziert.*

94 Mitte *Dieses Vorderteil, das von einem geschickten Handwerker von Megale Hellas geformt wurde, gehört zu einem Brustharnisch aus dem späten 4. Jh. v. Chr.*

94 unten *Der berühmte Reiter von Grumentum (Basilicata), eine Bronze aus dem Jahr 550 v. Chr., ein Krieger in Kampfrüstung mit Helm und Harnisch.*

Zahllose literarische Quellen der Antike beziehen sich auf die „Kunst“ des Kriegs; auch archäologische Funde vermitteln eine klare Vorstellung von der Entwicklung der inhumansten Tätigkeit der Menschheit im alten Griechenland. Von den Heldentaten der mykenischen Krieger, wie sie in den Versen Homers besungen werden, bis zum Lob auf Alexander den Großen und Demetrios I. Poliorketes oder die Erfindungen des Archimedes – immer wieder wird der Krieg zum Thema von Dichtungen.
Kleidung und Bewaffnung griechischer Fußsoldaten waren sehr unterschiedlich, aber immer zweckmäßig. Die Helme waren meist aus Bronze, mit Leder gesäumt und manchmal gepolstert. Unabhängig davon, ob korinthisch, illyrisch, makedonisch oder thrakisch, das gemeinsame Ziel war es, einen maximalen Schutz vor kleinen Wurfgeschossen, die in die Reihen der Hopliten geworfen wurden, sowie vor Schlägen im Zweikampf zu bieten: Gesichts- und Nasenschutz und dicke, manchmal verzierte Umhüllungen wurden um den Kopf gewunden und mit Schnüren durch eines oder mehrere Löcher befestigt, sodass nur Augen, die Nasenspitze und der Mund unbedeckt blieben.
Die gleichen Anforderungen wurden an Harnische gestellt, die im Allgemeinen aus dickem Leder bestanden und mit Metallstreifen verstärkt waren oder – in der teureren Version – ganz aus Metallplatten bestanden. Die Infanterieausrüstung wurde durch Armschützer und Beinschienen sowie den allgegenwärtigen Schild vervollständigt.

95 *Ebenfalls aus Ruvo di Puglia stammen diese Riemen, die zum Kriegs- oder Paradegeschirr der Pferde gehörten; sie können wie der korinthische Helm auf das frühe 5. Jh. v. Chr. datiert werden.*

Die Kavallerie, die sich ausschließlich aus Aristokraten und Reichen zusammensetzte, musste sich zu Gunsten größerer Beweglichkeit und Schnelligkeit mit einem weniger wirksamen Schutz zufrieden geben.
Es gab viele Waffenarten: Am gefährlichsten waren die langen Speere, die mehr zum Stoßen als zum Werfen konzipiert waren und tödliche Wunden verursachen konnten. Ebenfalls weit verbreitet waren leichte Wurfspeere, Pfeile mit einer enormen Aufschlagskraft und kleinere Geschosse wie z. B. Bleikugeln und Steine, die von Katapulten abgeschossen wurden. Außerdem gab es Waffen mit scharfen Klingen wie z. B. Schwerter; sie waren ebenfalls gefährlich, obwohl sie meistens keine tödlichen Wunden verursachten. Der Getroffene starb dann eher an einer nachfolgenden Tetanusinfektion oder an Blutvergiftung.

Die militärische Taktik konzentrierte sich auf große Formationen, wovon vor dem Aufkommen der römischen Legionen die bekannte makedonische Phalanx die ausgeklügeltste und flexibelste Art war. Im Lauf der Jahrhunderte änderten sich die Techniken für Land- und Seekämpfe sowie die Belagerungstaktiken. Im letzteren Fall waren ausgeklügelte Apparate und Konstruktionen in Gebrauch: beispielsweise die berühmten Anlagen der hellenistischen Zeit wie bewegliche Türme, Katapulte und Brennspiegel.

96 oben *Detail vom Sockel einer Statue eines attischen Kriegers (500–490 v. Chr.). Es zeigt einen marschierenden Hopliten; der korinthische Helm mit Federbusch ist hochgeklappt, der Schild, der Harnisch und die anderen Rüstungsteile entsprechen der literarischen epischen Tradition.*

96 Mitte *Die beinahe vollständige Tafel des berühmten ionischen Frieses des Nereidendenkmals bei Xanthos (Lykien), das aus dem frühen 4. Jh. v. Chr. datiert, zeigt eine dramatische Kampfszene zwischen Hopliten vor einer Stadtmauer mit Bastionen, die halbkreisförmige Mauerzacken besitzen.*

96 unten *Ein Duell zwischen Hopliten in voller Rüstung ist die Hauptszene auf einem Skyphos mit schwarzen Figuren des „chalkidischen" Typs. Das Stück kann auf die Mitte des 6. Jh. v. Chr. datiert werden und ist im Archäologischen Nationalmuseum in Neapel ausgestellt.*

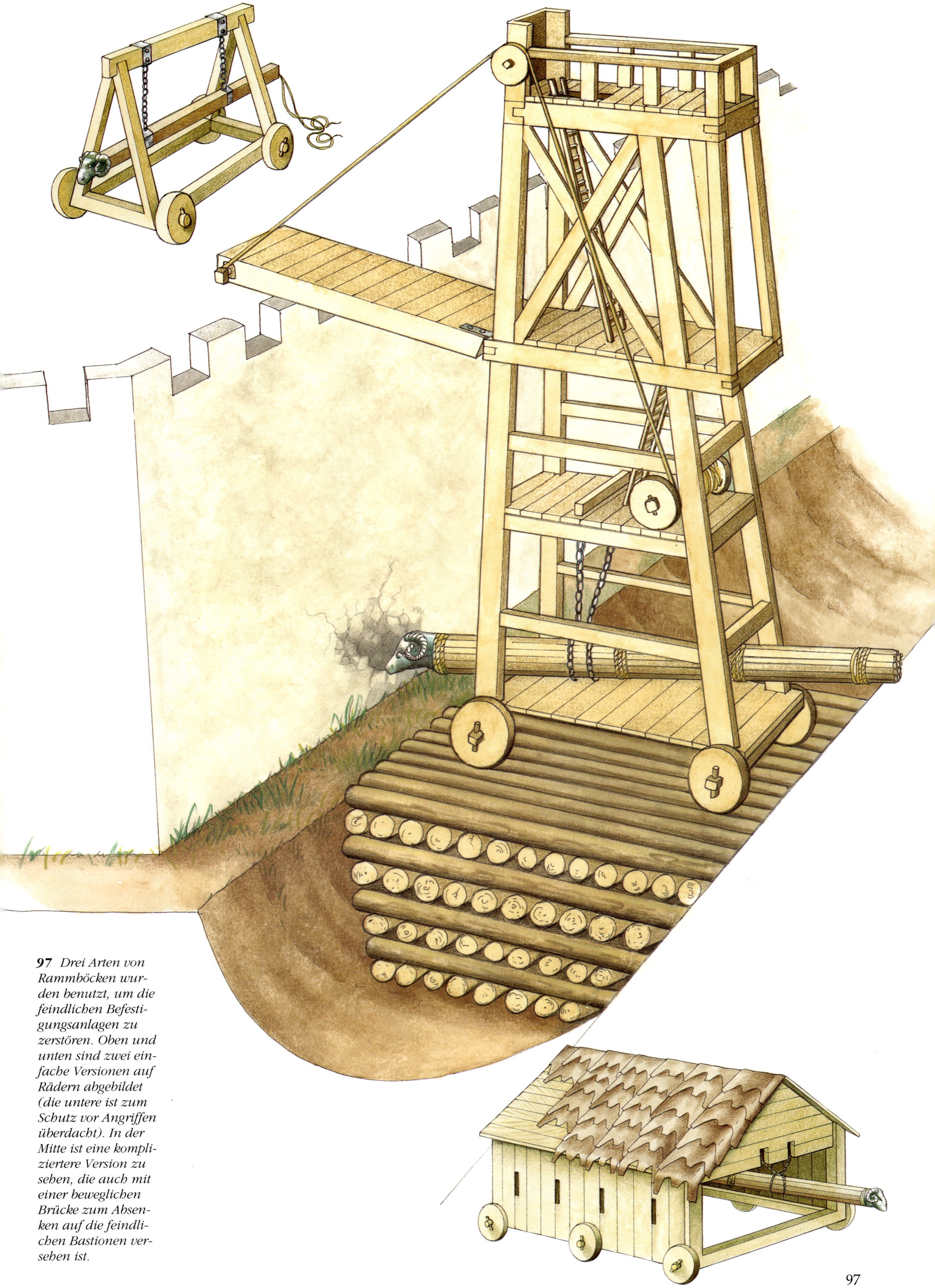

97 *Drei Arten von Rammböcken wurden benutzt, um die feindlichen Befestigungsanlagen zu zerstören. Oben und unten sind zwei einfache Versionen auf Rädern abgebildet (die untere ist zum Schutz vor Angriffen überdacht). In der Mitte ist eine kompliziertere Version zu sehen, die auch mit einer beweglichen Brücke zum Absenken auf die feindlichen Bastionen versehen ist.*

98 oben *Der renommierte römische Architekt Vitruvius hinterließ einige Beschreibungen griechischer Belagerungs- und Angriffs-„Maschinen". Diese Beschreibungen sind nicht immer leicht zu interpretieren und wohl auch nicht immer zuverlässig. Zu den „Maschinen" gehört eine Art bewegliche und in der horizontalen Achse schwenkbare Brücke, mit der sich Hindernisse wie z. B. Gräben mit spitzen Pfosten, Stadtmauern oder kleinere feindliche Befestigungen überwinden ließen.*

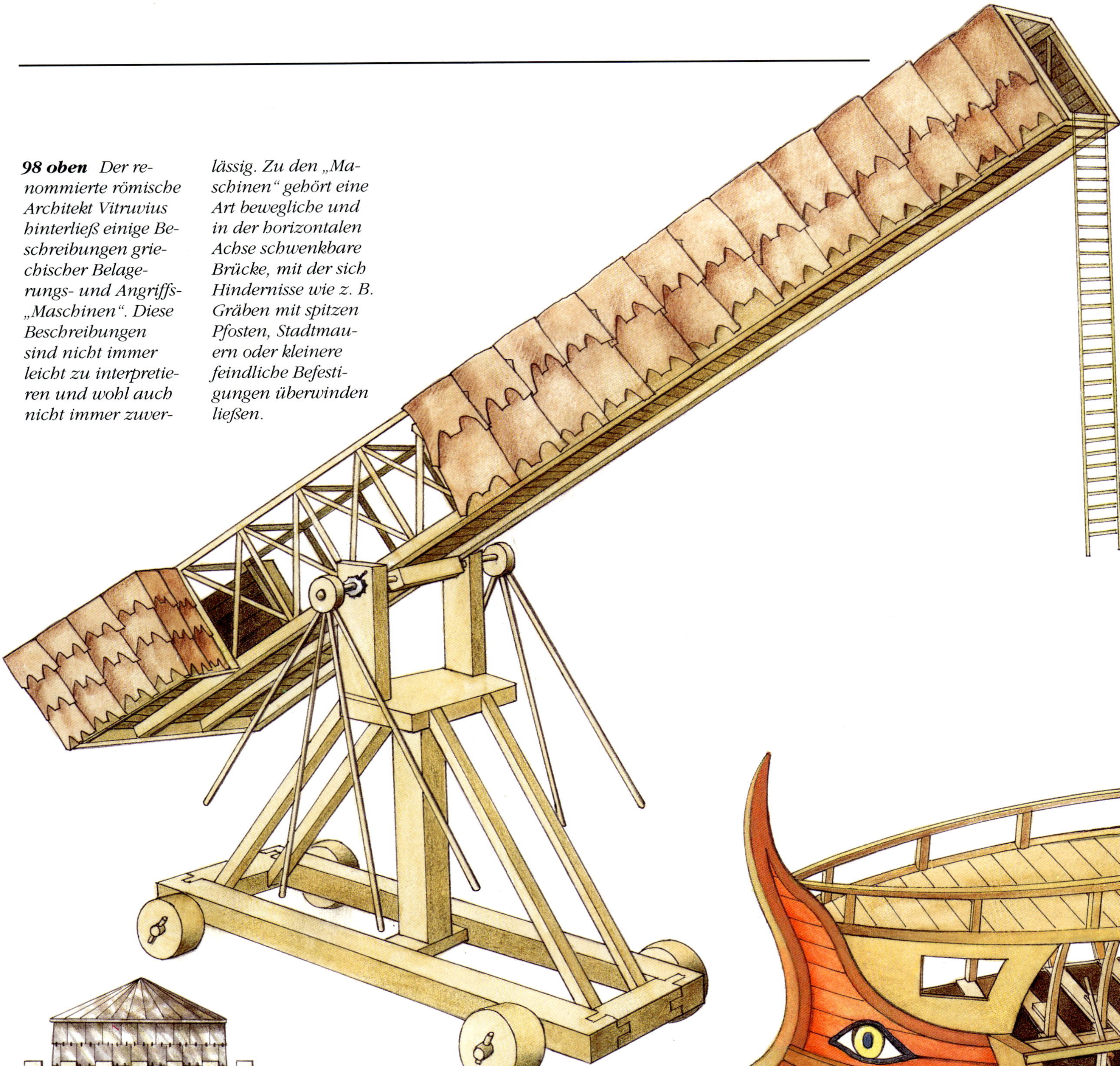

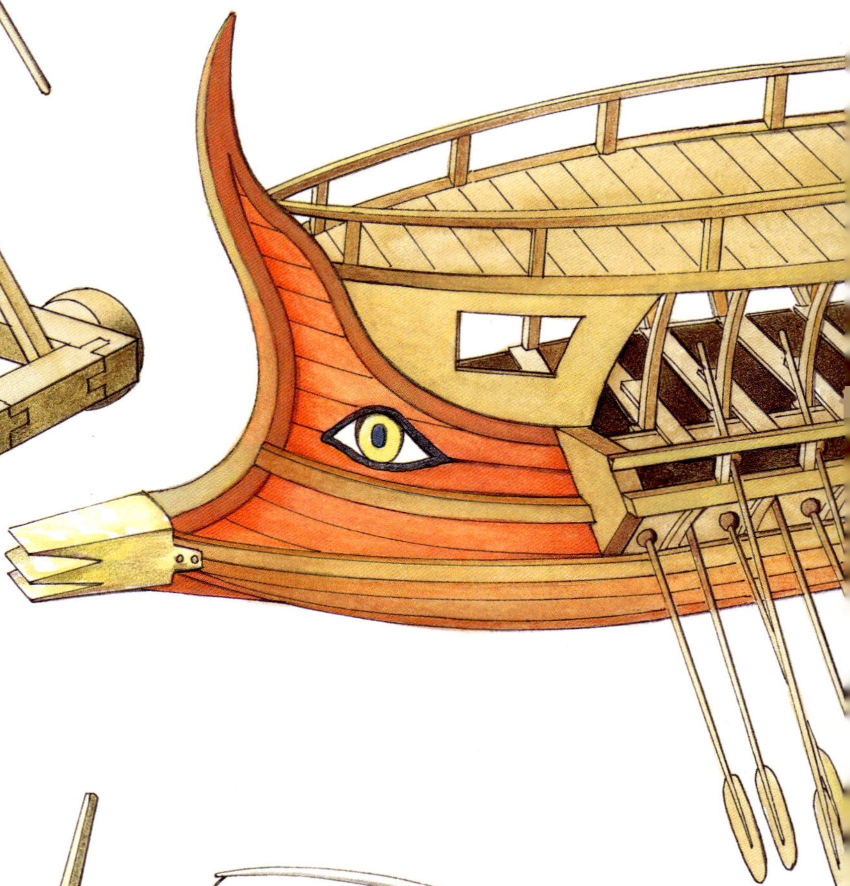

98 unten links *Ein beweglicher Turm für Angriffszwecke bot den Belagerern vollen Schutz bei der Annäherung an die feindlichen Mauern. Auf den verschiedenen Etagen konnten sich die Angriffstruppen und die Soldaten, die Geschütze bedienten, verbarrikadieren.*

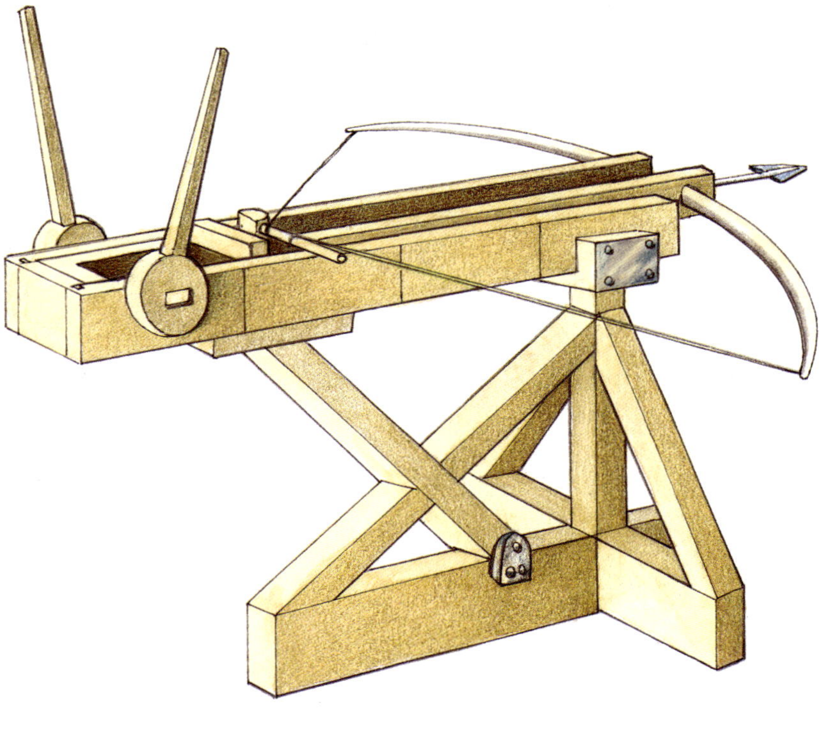

98 unten rechts *Diese Rekonstruktion zeigt ein weit verbreitetes Pfeilgeschütz, mit dem man schwere Metallpfeile mit großer Kraft abschießen konnte. Man benutzte einen Bogen, um dem Pfeil die Kraft zu geben.*

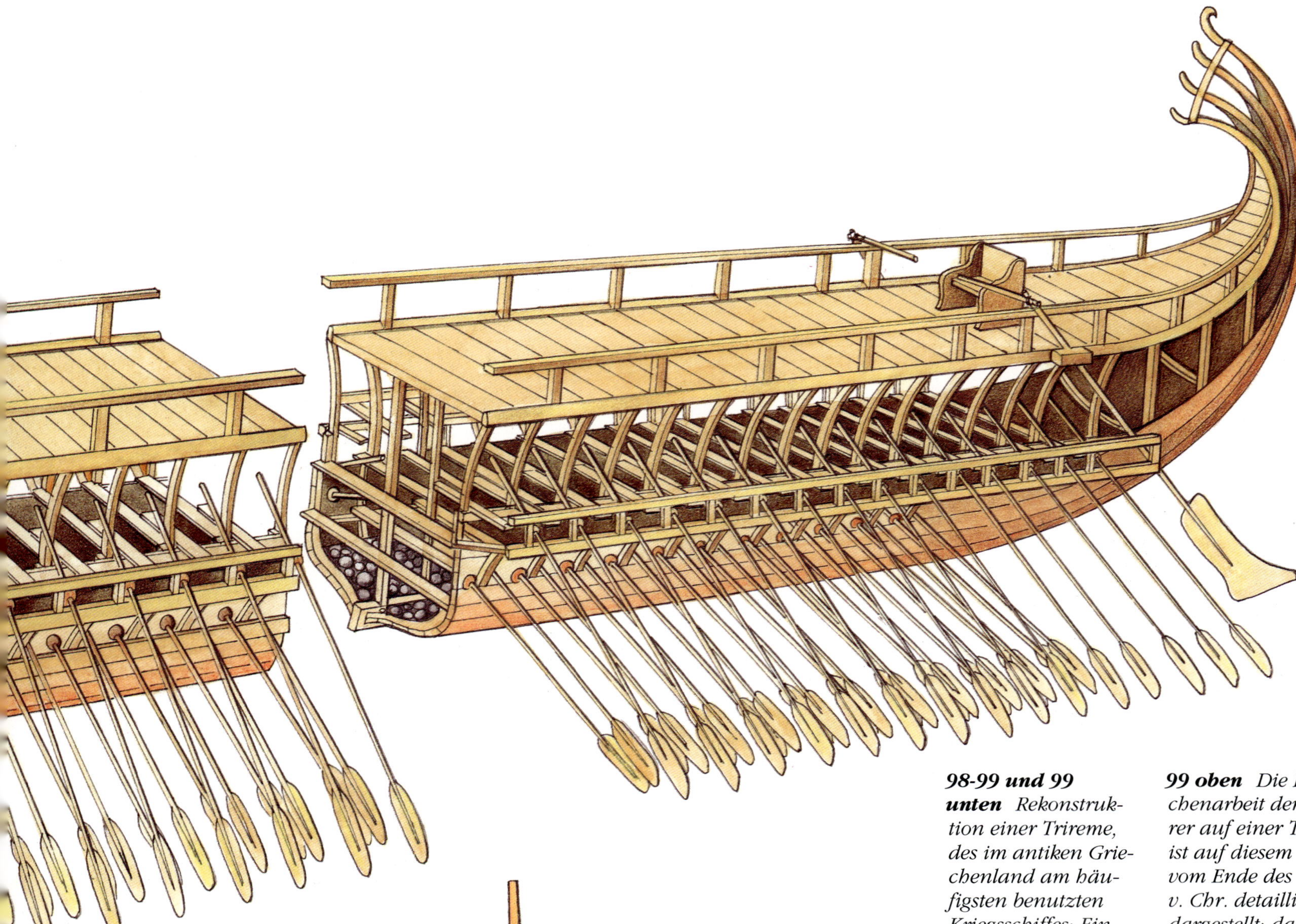

98-99 und 99 unten *Rekonstruktion einer Trireme, des im antiken Griechenland am häufigsten benutzten Kriegsschiffes: Ein schnittiger Rumpf, der mit Steinen einen tiefen Schwerpunkt erhielt, barg drei Decks für Dutzende von Ruderern, während die Truppen auf der Brücke untergebracht waren; sie enterten die feindlichen Schiffe nach dem Rammen.*

99 oben *Die Knochenarbeit der Ruderer auf einer Trireme ist auf diesem Relief vom Ende des 4. Jh. v. Chr. detailliert dargestellt; das Relief ist im Akropolismuseum in Athen ausgestellt.*

Geschichte der griechischen Kunst

Das Streben nach Perfektion 102

Die Geschichte der Kunst im antiken Griechenland 104

Die kykladische, minoische und mykenische Kultur (3.–1. Jahrtausend v. Chr.) 106

Die geometrische Kunst (um 900–700 v. Chr.) 118

Der orientalisierende Stil (um 720–630 v. Chr.) 120

Die archaische Kunst (um 700–490 v. Chr.) 124

Der Strenge Stil (um 490–450 v. Chr.) 130

Die hochklassische Periode (450–40 v. Chr.) 140

Die Kunst in den turbulenten Jahren (400–338 v. Chr.) 146

Von Philipp II. bis zu Alexander dem Grossen (359–323 v. Chr.) 150

Die hellenistische Kunst (320–1. Jahrhundert v. Chr.) 154

100-101 *Herrliche Skulptur des westlichen Giebels vom Tempel der Athena Aphaia in Ägina. Die Statue eines sterbenden Kriegers markiert das Ende der archaischen Konventionen in der griechischen Bildhauerei Anfang des 5. Jh. v. Chr.*

Das Streben nach Perfektion

Die griechische Kunst im Sinn der klassischen Archäologie datiert vom 11. bis ins 1. Jahrhundert v. Chr. Sie war charakterisiert durch große Einheitlichkeit, weite Grenzen und Tiefe und hatte – wie die griechische Kultur insgesamt – einen entscheidenden Einfluss auf die Entwicklung der westlichen Zivilisation. Ihre Anfänge fielen mit der wirtschaftlichen und kulturellen Erholung zusammen, die zur Zeit der griechischen Völkerwanderung einsetzte, während der die helladischen Seevölker und die Dorer, die über die Balkanhalbinsel kamen, die mykenischen Königreiche zerstörten und den Mittelmeerhandel zum Erliegen brachten. Von der Ägäis bis zur anatolischen Küste verursachten diese Wanderungen auch eine große Diaspora von Ioniern und Äoliern, von Volksstämmen, die ebenfalls zu den Hellenen zählten, wie aus der Ähnlichkeit ihrer Sprache zu ersehen ist, die die Stammform des *koine dialektos* bildete, der Sprache aller Griechen.

Bereits im 9./8. Jahrhundert v. Chr. setzte sich eine vollkommen neue Kunstauffassung innerhalb einer neuen vielschichtigen Kultur durch. Von besonderer Bedeutung war der Versuch, das Wesen des Universums und der harmonischen, perfekten mathematischen Gesetze zu erkennen, nach denen es sich richtet. Dazu kam der Wunsch, nicht nur die äußere Form der Wirklichkeit, sondern auch ihre philosophischen, ethischen und politischen Aspekte darzustellen. Der *logos*, der Verstand, wurde zur letztgültigen Dimension des menschlichen Wesens erhoben, der die Beziehung des Menschen zum Absoluten mit Hilfe von Wissen und Vernunft – d. h. *philosophia* – bestimmen und dadurch die Grenzen von Zeit und Raum, die der menschlichen Existenz auferlegt sind, überwinden sollte.

Das Ziel war ferner die Ausarbeitung einer künstlerischen Sprache in völliger Übereinstimmung mit dem Inhalt, da die Sprache eher die innere als die äußere Realität der Dinge wiedergibt. Dieser Prozess der Erforschung und Entdeckung hatte seinen Höhepunkt im 5. Jahrhundert v. Chr., dem glänzendsten in der kulturellen und politischen Entwicklung Griechenlands, wie es später von den Römern eingeräumt wurde, die hierfür den Ausdruck „klassisch" einführten. Die Kunst dieser Epoche – im 4. bis 1. Jahrhundert v. Chr. noch bereichert durch innovative Ideen, Erkenntnisse und Stile – hatte eine große Auswirkung auf die Kunst der westlichen Welt bis in die zweite Hälfte des 19. Jahrhunderts. Sie war ein Bezugspunkt, inspirierte manchmal zu Imitation und Wiederaufgreifen, manchmal aber auch zu einer völligen Ablehnung der „klassischen" Lehren. Um diese interessanten Vorgänge nachvollziehen zu können, muss man zunächst die bemerkenswerten Ursprünge im 3. und 2. Jahrtausend v. Chr. auf den Kykladen, Kreta und in den mykenischen Königreichen beleuchten – Zivilisationen, deren künstlerische Entwicklung sich bereits von den vorherrschenden Formen in Ägypten, Mesopotamien und Kleinasien unterschied.

102 und 103 *Ein Meisterwerk der klassischen Kunst ist die so genannte „Aphrodite Kaufmann", ein wunderschönes Haupt der Göttin der Liebe und Schönheit. Es zeigt in Idealform den typischen Charakter einer Ausdrucksweise, die als vollkommenste Stufe der großen Künstler des 4. Jh. v. Chr. bezeichnet wurde. Das Werk wird Praxiteles oder einem seiner Schüler zugeschrieben.*

Vor- und Frühgeschichte 45 000–1220 v. Chr.

Das Neolithikum bricht in dieser Region früh an (7. Jahrtausend v. Chr.) und bringt fortgeschrittene Siedlungsformen, wie die Bauten von Sesklo und Dimini (Thessalien) belegen. Nach dem Aufkommen der Metallurgie im 5. und 4. Jahrtausend v. Chr. entsteht die ägäische Kultur der Kykladen als erste Zivilisation unter den indoeuropäischen Hellenen (3. Jahrtausend v. Chr.): Ihre Kunst, die durch eine lineare Eleganz und harmonische geometrische Formen charakterisiert ist, findet ihren Ausdruck hauptsächlich in der umfangreichen Produktion von Statuen und Statuetten aus dem Marmor dieser Gegend (so genannte Idole). Auf der Insel Kreta blüht die hoch entwickelte minoische Kultur: Viele imposante Palastsiedlungen werden erbaut, ein entsprechender figürlicher Stil, der durch Linearität, Farbigkeit und lebhaften Ausdruck gekennzeichnet ist, setzt sich durch. Das beinahe zeitgleiche Erstarken mykenischer Einflüsse auf der Peloponnes und in der Ägäis bringt eine neue Kultur in den Vordergrund: Glanz und Prunk durchdringen eine Kunst, die als Verherrlichung der Krieger-Aristokratie intendiert ist. Es gibt kühne Neuerungen in der Goldschmiedekunst, Töpferei und Architektur (Palastsiedlungen und Kuppelgräber in megalithischer Technik).

Kykladische Kunst (um 3000–2100)

Minoische Kunst (um 2900–1200)

Mykenische Kunst (um 1600–1100)

Die Zeit der griechischen Völkerwanderung um 1100–925 v. Chr.

Dem Niedergang der mykenischen Kultur folgt eine unruhige Zeit im Mittelmeerraum, mit weiteren indoeuropäischen Invasionen (Dorer) und darauf folgenden Unruhen auf dem griechischen Festland. Verstreute überlebende Gemeinschaften produzieren äußerst einfache Formen figürlicher und dekorativer Kunst im spät-mykenischen Stil. Ihre Siedlungen sind nur noch Schatten der früheren Paläste (Dreros, Karphi, Kavousi). Eine langsame wirtschaftliche und demographische Erholung bringt neue Kunstformen mit sich, die die neue Einstellung der Menschen zur komplexen, aber geordneten Struktur des Universums widerspiegeln: Diese Kunst ist streng abstrakt und geometrisch, wie die keramischen Produkte aus allen Regionen Griechenlands, vor allem aber aus Athen, demonstrieren. Ansammlungen von Siedlungen werden zu urbanen Zentren, in denen ein aufkeimender Handel neue Formen des künstlerischen Ausdrucks begünstigt.

Submykenische Kunst (um 1100–1000)

Protogeometrische Periode (um 1050–925)

Geometrische Kunst um 900–700 v. Chr.

In ganz Griechenland, besonders aber in Athen, entwickelt die neuartige, geometrische künstlerische Ausdrucksweise immer kompliziertere Formen. Dabei werden dekorative Motive und die schließlich gelegentlich wieder aufgenommenen figürlichen Szenen, die noch immer im wesentlichen stilistisch steif wirken, stark abgewandelt. Der Stil der attischen Vasenmaler des 7. Jh. v. Chr., Meister des ornamentalen Gleichgewichts, wird durch die weitere Verbreitung figürlicher Themen ersetzt, die durch die epische Kultur der regierenden aristokratischen Mäzene inspiriert sind. In der Architektur tauchen neue Tempel- und Hausformen auf, die ebenfalls durch geometrische Strenge und Rationalismus gekennzeichnet sind. Die Plastik in Holz, Elfenbein oder in Gestalt kleiner Bronzen, auch mit einem starken geometrischen Einfluss, findet wieder Verbreitung.

Frühgeometrische Periode (925–850)

Strenggeometrische Periode (um 850–775)

Reifgeometrische Periode (um 775–750)

Spätgeometrische Periode (um 750–700)

Orientalisierender Stil um 720–630 v. Chr.

Als die Kolonisierung voll im Gang ist und kulturelle sowie Handelskontakte zwischen dem Mittelmeerraum, Anatolien und Mesopotamien geknüpft werden, wird der abstrakte geometrische Stil zugunsten des figurativen Naturalismus der orientalischen Kunst zurückgedrängt. Bald darauf geben die griechischen Künstler dessen uralte Konventionen auf und entwickeln ihren eigenen Stil, wie an den herrlichen Töpferwaren (Korinth, Kykladen, Ionien, Dodekanes), den ersten monumentalen Beispielen von Steinplastiken und eleganten Goldschmiedearbeiten zu ersehen ist. Ein gewisser orientalischer Einfluss ist auch in der Architektur zu verzeichnen, am deutlichsten in der Vorliebe für imposante Konstruktionen und Chiaroscuro-Effekte, überreichen Verzierungen und in der prahlerischen Großzügigkeit der Mäzene, der regierenden Tyrannen und Aristokraten. In Megale Hellas werden innovative Stadtbaupläne eingeführt.

Archaische Kunst
um 700–490 v. Chr.

Das zunehmende Aufgeben des figürlichen Repertoires und des orientalisierenden Stils signalisiert eine völlig neue Selbständigkeit der griechischen Kunst und ihre ersten Schritte zu einer mediterranen Vorherrschaft. Die Architektur legt neue Bauformen des Tempels fest, wobei Stein eine immer bedeutendere Rolle spielt. Korinth und Athen überschwemmen die Märkte mit Keramikfiguren, die mit theologischen, mythologischen und epischen Szenen verziert sind. Athen beherrscht die Szene bis gegen Ende des 5. Jh. v. Chr. In ganz Griechenland, besonders aber in Athen, auf den Inseln und in Ionien, machen sich lebens- und überlebensgroße Statuen aus Stein mit einem unverwechselbaren Stil einen Namen. In dieser neuen Ausdrucksweise liegt bereits ein Bewusstsein der kommunikativen, propagandistischen und feierlichen Funktion der Kunst und ein weiter gestecktes Ziel: eine einheitliche und zusammenhängende Darstellung der menschlichen Gestalt.

Kretisch-Dädalische Phase (um 700–640)

Früharchaische Periode (um 640–580)

Hocharchaische Periode (um 580–530)

Spätarchaische Periode (um 530–490)

Klassische Kunst
um 490–320 v. Chr.

Nach der Zurückweisung der archaischen Konventionen und einer Übergangsphase, die durch eine stilistische Ruhe und Ausgewogenheit charakterisiert ist, beginnt die griechische Kunst, die Dynamik des menschlichen Körpers im Raum, idealisierte Schönheit und Emotionen darzustellen. Sie werden als positive oder negative Manifestationen der wechselnden Einstellung der Menschen zu den Gottheiten, Gesetzen, sozialen und ethischen Werten, wie sie von der Athener Demokratie verstanden werden, aufgefasst. Bildhauerei und Vasenmalerei bieten hierfür Beispiele. Die Architektur hingegen erlangt ihre Reife durch ihre außergewöhnlich harmonischen Formen und Strukturen. Der Höhepunkt der dekorativen Eleganz und Erhabenheit wird erreicht, wie es aus den zunehmend überladenen und komplexen Giebelformen ersichtlich ist. Die Philosophie ist die Quelle des theoretischen und praktischen Vorstellungsvermögens, wie es bei Polyklet, Phidias, Iktinos und Kallikrates sowie bei vielen berühmten Malern dieser Zeit zum Ausdruck kommt. Ihre Lehren beeinflussen auch die architektonische und künstlerische Entwicklung im 4. Jh. v. Chr.

Strenger Stil (um 490–450)

Hochklassische Periode (um 450–390)

Spätklassische Periode (um 390–320)

Hellenistische Kunst
320–1. Jh. v. Chr.

Das gewaltige Reich Alexanders des Großen wird in Königreiche, Bünde und Kleinstaaten aufgeteilt, doch die Verbreitung der griechischen künstlerischen Kultur bis in Gegenden außerhalb der hellenistischen Welt inspiriert Kunststile und -richtungen auf höchstem Niveau. Nachdem die Kunst nicht mehr von Attika beherrscht ist, findet sie ihre neuen Zentren in den Städten Pella, Rhodos, Alexandria, Pergamon, Athen, Taras und Syrakus. Nun, da Kunst und Architektur von Königen und Aristokraten gefördert werden, zielen sie auf Emotion, erzählende Themen und eine Erhabenheit, die bestimmt ist, Prestige mit Macht zu verbinden. Griechenland und die griechische Kunst behalten ihren Einfluss: Auch nach der Eroberung durch Rom (146 v. Chr.) wird die Sprache des Hellenismus überleben – bis Augustus an die Macht kommt – und dadurch auch zur römischen Kunst bedeutend beitragen.

Frühhellenistische Periode (um 320–220)

Hochhellenistische Periode (um 220–150)

Späthellenistische Periode (um 150– 1. Jh.)

106 *Die kykladischen Marmoridole weisen verschiedene Formen auf, die u. a. vom „Violintypus“ abgeleitet und hin und wieder mit angedeuteten Geschlechtsmerkmalen versehen sind (unten links). Sie stellen insgesamt schematisierte anthropomorphe Typen dar. Wie die Figur oben und der Kopf zeigen, sind sie meist in aufrechter und starrer Haltung ausgeführt, was eine kompakte Darstellung des Rumpfs und der Gliedmaßen erlaubt (die Arme sind manchmal über der Brust verschränkt).*

Die Kykladische, Minoische und Mykenische Kultur (3.–1. Jahrtausend v. Chr.)

107 oben *Dieses Terrakotta-Objekt mit eingeritzten Spiralmotiven und einem stilisierten Boot stammt von der Insel Syros. Es wurde vermutlich als Wasserspiegel benutzt.*

107 rechts *Eines der berühmten kykladischen Idole, das einen Lyraspieler zeigt; es ist aus Marmor und stammt von der Insel Keros.*

107 links *Dieser bemalte Keramik-Lampenuntersatz stellt ein interessantes Dokument des 2. Jahrtausends v. Chr. dar. Es bestätigt die ersten festen Beziehungen zwischen der Insel Melos, wo das Objekt in der bedeutenden minoischen Stätte von Phylakopi gefunden wurde, und Kreta. Die Verzierung aus wenigen stilisierten Figuren eines Fischers mit Fischen ist besonders interessant.*

Die frühesten künstlerischen Darstellungen der ersten indoeuropäischen Griechen reichen in die mittlere Bronzezeit zurück (um 3000–2100 v. Chr.), als Griechenland weiträumig besiedelt wurde. Besonders interessant sind die Kykladen, wo die ersten Gebäude aus Stein und ungebrannten Ziegeln in den blühenden Ansiedlungen auf Syros, Keros, Amorgos, Naxos, Melos und Dutzenden weiterer ägäischer Inseln entstanden. Diese Bauten können als Archetypen der kykladischen Architektur angesehen werden, deren Charakteristika kubische und Parallelepiped-Strukturen mit der ausgeklügelten Form sind, die uns heute so fasziniert. In diesen Orten wurden auch die typischen kykladischen Tonwaren – polierte Gegenstände mit abstrakten reliefartigen Mustern – sowie herrliche Plastiken aus dem örtlichen Marmor produziert, die heute als die feinsten und bedeutendsten Beispiele des künstlerischen Geschicks der Bewohner der Ägäis angesehen werden.

Die menschliche Gestalt wurde mit einem strengen Sinn für Form und Proportion dargestellt. Männliche und weibliche Gottheiten (ein häufiges Motiv ist eine Göttin, die als die „große Mutter“ bezeichnet wird) sind in aufrechter Position dargestellt, mit einer leichten Vertiefung, um die Beine anzudeuten; das Profil ist auf das Wesentliche reduziert, der polierte Kopf und die Schultern, Brüste sowie Nase sind kaum erkennbar. Diese extreme Vereinfachung zeugt von einer bemerkenswerten Fähigkeit, das Wesentliche einzufangen und sich dabei von den wechselnden oberflächlichen Formen zu lösen.

Die berühmten Idole „Flötenspieler“ und „Lyraspieler“ z. B. stellen die Komplexität der menschlichen Gestalt in Aktion dar, was allein durch die reine Geometrie der sich harmonisch kreuzenden Linien erzielt wird. Doch liegt ihre Bedeutung weitaus tiefer als in der schlichten, unkonventionellen Porträtierung einer aristokratischen Welt, wo Bankette von Flötenspiel oder Bardengesängen begleitet wurden.

Um 2200 v. Chr. hatte sich der Schwerpunkt des Handels in die südliche Ägäis verlagert. Kreta hatte dank der umfangreichen Ressourcen der Insel, der Geschäftstüchtigkeit seiner Händler und der Lage als geographische „Brücke" zwischen Ägypten, Anatolien und Griechenland seine Hegemonie als Seemacht gefestigt. Bald erreichte es im Mittelmeerraum auch eine Vorrangstellung in der künstlerischen Entwicklung. Um 2100 v. Chr. erstreckte sich das Netz der minoischen Emporien bis nach Samothrake in der nordöstlichen Ägäis. Auf Kreta machten die Inselherrscher im Lauf von zwei Jahrhunderten aus den vorhistorischen dörflichen Siedlungen „Paläste" – ein architektonisches und urbanistisches Modell, das es bis dahin in der westlichen Welt nicht gegeben hatte und das in seinem Luxus und seiner Pracht durchaus mit den Monarchien Ägyptens und des Nahen Ostens vergleichbar war. Die erhalten gebliebenen Teile der großen Paläste von Knossos, Phaistos, Zakros und Hagia Triada zeugen von den außergewöhnlichen Fertigkeiten in der Planung und im Bau dieser riesigen Komplexe. Sie hatten zahlreiche Räume, bis zu vier Stockwerke und besaßen Treppenhäuser, Korridore, Portiken und befahrbare Rampen um einen großen rechteckigen Hof in der Mitte. Zu den bedeutendsten Merkmalen zählen das Fehlen von Befestigungen, die kombinierte Verwendung von Holz und Stein für die tragenden Elemente sowie eine Anordnung der funktionalen Räume im ganzen Palast nach praktischen Gesichtspunkten – trotz des scheinbaren Chaos und der Überfülle an Räumen. Diese rationale Planungsweise ist auch ersichtlich an der Position der Magazine und der Anordnung der Werkstätten, wo die im Dienste des Minos stehenden Handwerker arbeiteten. Besonders verblüffend ist die Eleganz der architektonischen und malerischen Ausgestaltung der Wohnräume, des Thronsaals, der Empfangsräume und Portiken. Ihr ausgesprochener Sinn für Farben zeugt vom vergnüglichen Lebensstil der Kreter. Im Verlauf der Ausgrabungen in Knossos unter der Leitung von Arthur J. Evans 1903–1931 erlitt die Palastsiedlung eine katastrophale „Restaurierung". Das Ergebnis mag vielleicht den Geschmack von Touristen treffen, die malerische Winkel erwarten. Doch handelt es sich um ein absurdes und anachronistisches Zugeständnis an „Ruinenliebhaber", bei dem Teile des Komplexes, die aus angestrichenem Stahlbeton rekonstruiert wurden, zu Postkartenkulissen herabgewürdigt wurden. Trotzdem gelang es dank eines Vergleichs mit der Palastsiedlung von Phaistos, die mit weitaus größerer wissenschaftlicher Akribie durch die Italienische Schule für Archäologie in Athen freigelegt wurde, das Grundschema und die technischen Lösungen der kretischen Architekten zu erkennen.

Der Naturalismus war zweifellos das verbindende Element kretischer künstlerischer Darstellung. Farbe in den Malereien und Feinheit bei den Mustern in der Metallbearbeitung und Schmuckherstellung sollten den Ausdruck eines fast spürbaren Vergnügens des Künstlers an der Welt um ihn herum – an den Facetten des Alltagslebens und der wunderbaren Vielfalt der Natur – hervorheben. Die Fresken, die den Palast von Knossos und in geringerem Umfang andere königliche Residenzen schmücken, sind Kunstwerke von außergewöhnlicher Schönheit. Sie wurden durch Erdbeben und Verwüstungen in der zweiten Hälfte des 2. Jahrtausends v. Chr. weitgehend zerstört, sind in vielen Fällen inzwischen aber wieder rekonstruiert und vervollständigt, sodass

__108__ Der elegante und feierliche „Prinz im Lilienfeld“ ist eine der berühmtesten Figuren der großen bemalten Friese, die die Räume und Portiken des Stadtpalastes von Knossos verzierten. Er betont den lebhaften Naturalismus der minoischen Kunst zwischen 1700 und 1400 v. Chr. und zeigt eine besonders weiche Linienführung. Das Bild geht weit über die formalen und farbgestalterischen Konventionen der antiken ägyptischen Malerei hinaus.

__109__ Die von dem griechischen Archäologen Spiros Marinatos an der Ausgrabungsstätte Akrotiri auf der Insel Thera (Santorin) geleiteten Arbeiten brachten dieses herrliche Fresko ans Tageslicht. Es zierte einst die Häuser des dortigen minoischen Zentrums, das von einem Vulkanausbruch vermutlich im 17. Jh. v. Chr. zerstört wurde. Auf dieser Abbildung sieht man einen Boxkampf zwischen zwei Jungen, gefunden im Haus „B“ und heute wie alle Fresken von Thera im Nationalmuseum von Athen ausgestellt. Die Komposition zeigt deutlich das Bemühen des Künstlers, die Handlung des Schlagabtauschs der beiden Jünglinge naturalistisch und realistisch wiederzugeben.

110 oben *Der berühmte Sarkophag von Hagia Triada ist außergewöhnlich gut erhalten und dokumentiert die farbliche Lebendigkeit der kretischen Malerei. An der Seite des Sarkophags ist neben stilisierten Blumenfriesen eine Vorbereitungsszene für religiöse Riten dargestellt, in denen vermutlich ein Grabopfer für den Besitzer des Sarkophags gebracht wird. Bemerkenswert sind die typischen kretischen Gewänder.*

sie einen guten Eindruck von der minoischen Malerei vermitteln. Herausragende Werke wie z. B. „Prinz im Lilienfeld“, „Blaue Damen“, „Stierspringer“, und „Delphinfries“ oder der herrliche Sarkophag aus Hagia Triada sind Beispiele für die Vorrangstellung der minoischen Künstler im Vergleich zu ihren ägyptischen Kollegen. Die Linien reduzieren die Figuren nicht auf flache, zweidimensionale Formen; die Gesten werden kraftvoller, die Komposition macht sich von den strengen Konventionen frei, die Farben haben eine im Osten unbekannte Intensität. Eine herrliche Anthologie der kretischen Malerei befindet sich im Palast von Akrotiri auf der Insel Thera (Santorin), auch bekannt als das Pompeji der Ägäis. Der Naturalismus erreicht seinen Höhepunkt in den dynamischen Szenen von Schiffen und Seefahrt, während exotische Akzente – z. B. im berühmten Fresko „Blaue Affen“ – sich abwechseln mit Hinweisen auf sportliche Veranstaltungen.

Schmuck, Metallarbeiten, Bildhauerei und Töpferei – sie alle drücken den lebhaften Naturalismus aus, der die minoische Kunst durchdringt. Es gibt zahlreiche Beispiele: der herrliche Goldanhänger von Mallia, auf dem zwei Wespen an einer Blumenkrone herumkrabbeln; der exquisite Trinkbecher aus Steatit und Gold aus dem jüngeren Palast von Knossos, der für heilige Trankopfer verwendet wurde; goldene Becher – in Vaphio, im mykenischen Lakonien gefunden, jedoch das Werk minoischer Künstler –, die mit wunderbaren Szenen des Landlebens verziert sind; die berühmte „Schlangengöttin“ aus Fayence, die aus dem Palastheiligtum von Knossos stammt. Die Töpfer gaben die nicht-figürlichen Motive der Vergangenheit auf und begannen mit naturalistischen Darstellungen zu experimentieren: Meereswesen und Blumen wurden populär, wie aus den Funden bei Gurnia und Kamares ersichtlich ist.

Ab dem 14. Jahrhundert v. Chr. wurde die mykenische Kultur zum Zentrum künstlerischen Schaffens, wenn auch einzelne bedeutende Beispiele mykenischer Kunst schon zwei Jahrhunderte früher datieren.

Zu dieser Zeit hatte die Aristokratie die politische und wirtschaftliche

110-111 *Dieses Fresko aus Knossos zeigt eine* Taurocatapsia, *eine Art unblutiger Stierkampf, der jungen kretischen Männern vorbehalten war, aber nicht mit Sicherheit mit Initiationsriten oder anderen rituellen Feierlichkeiten in Verbindung gebracht werden kann. Die Darstellung zeigt den Versuch, über die Zweidimensionalität hinauszugehen, die die kretische Kunst in Anlehnung an die ägyptische erreicht hatte. Stier und Stierkämpfer sind nicht auf derselben Ebene, und die Umrisse der Körper zeigen die Absicht, dreidimensionale Figuren wiederzugeben.*

111 *Dieser Teil der herrlichen Fresken von Akrotiri auf Thera (Santorin) stammt aus dem Westhaus und stellt eine Frau dar, vielleicht eine Priesterin, die Weihrauch in dem charakteristisch geformten Gefäß verbrennt.*

112 unten und 113 *Das außergewöhnliche Kuppelgrab von Vaphio (Lakonien) ist für seine reichen goldenen Grabbeigaben berühmt. Dazu gehörten diese beiden herrlichen Becher aus getriebenem Gold (15. Jh. v. Chr.). Es handelt sich hierbei um Meisterwerke eines kretischen Goldschmieds, der in dem für die minoische Kunst typischen exquisiten naturalistischen Stil arbeitete. Dargestellt sind u. a. das Fangen eines Stiers mit Fußfesseln bei einem üppigen Olivenwald, und auf dem zweiten Goldbecher zahme, weidende Rinder.*

112 oben *Der Goldbecher, auf dem das Einfangen wilder Stiere dargestellt ist, stammt von einem mykenischen Goldschmied. Der kräftigere und weniger feine Stil passt gut zum Thema: Ein Stier versucht durch Palmen und Olivenbäume zu fliehen, ein anderer hat sich im Netz des Jägers verfangen, ein dritter (hier sichtbar) greift die Jäger an.*

Kontrolle sowie die Handelskontrolle über die Ägäis erlangt; ihr Einfluss breitete sich im gesamten Mittelmeerraum aus. Zentren, die sich auf natürlichen Akropolen seit dem 17. Jahrhundert v. Chr. herausgebildet hatten, entwickelten sich zu einem Stadtmodell, das den Palastsiedlungen auf Kreta ähnlich war. In mancher Hinsicht glichen sie befestigten Städten, die um die Burg eines Feudalherrn angeordnet waren. Zu den zahlreichen Beispielen gehören Mykene, Argos, Tiryns und viele andere Orte in der Argolis, in Lakonien und Messenien, aber auch in Attika, Böotien und Thessalien. Die mykenischen Paläste wurden größer und erhielten mehr Räume. Von Portiken umgebene Höfe wurden zusammen mit Propyläen und Dienstleistungseinrichtungen hinzugefügt.

Um den Hauptkomplex gruppierten sich Wohngebäude, vermutlich für politische und militärische Würdenträger. Die Paläste waren von riesigen Mauern in Megalithbauweise umgeben. An den Mauern befanden sich Bastionen, Gänge, Galerien, kleine und große Tore. Die Paläste besaßen zwei Stockwerke mit einem großen zentralen Megaron, das von Wohnvierteln und funktionalen Einrichtungen umgeben war. Im Zentrum des Megaron befand sich der Herd, umgeben von vier Säulen. Hier stand auch der Thron des Herrschers. Andere Gebäude innerhalb der Mauern waren Kultstätten, Werkstätten und Wohnungen für die aristokratische Kriegerklasse, in einigen Fällen auch für Händler.

Die Ausschmückung dieser Gebäude scheint vom Luxus der kretischen Paläste beeinflusst worden zu sein: Wandmalereien zieren die wichtigsten Räume. Es gibt auch einige Annehmlichkeiten, wie sie aus Knossos bekannt sind, beispielsweise Baderäume mit bemalten Becken oder elegante Portiken zum Lustwandeln.

Archäologische Funde haben eine mykenische Kunst von außergewöhnlicher Qualität zutage gefördert: In Mykene, Tiryns und Pylos ausgegrabene Freskenfragmente können nur eine vage Vorstellung der brillanten Farben vermitteln, die die Paläste zierten, selbst wenn man den eher eingeschränkten Stil der Mykener im Vergleich zu ihren minoischen Kollegen berücksichtigt. Ein bedeutend größerer Einfluss ging von den herrlichen Goldschmiedearbeiten aus Gold oder Silber aus. Bekannt sind etwa die berühmten Begräbnismasken (einschließlich jener, die irrtümlich Agamemnon zugeschrieben wurde, tatsächlich aber aus dem 16. Jahrhundert v. Chr. stammt), Damaszener Klingen mit Niello-Einlegearbeiten, hohe rituelle Vasen in Tierform, Schmuckfunde in den Gräbern von Königen und Aristokraten und – nicht zu vergessen – die eleganten Tongegenstände mit Verzierungen, die den minoischen Naturalismus zugunsten einer rationalistischen Stilisierung aufgeben.

114 links *Dieses weibliche Idol aus bemalter Terrakotta stammt aus Mykene und ist im Archäologischen Museum in Nauplion ausgestellt. Es zeigt die typische Haltung einer betenden Person mit erhobenen Armen und ein stilisiertes Profil, das an* phi, *das griechische „f" erinnert.*

114 rechts *Ein charakteristisches Beispiel für die bemalte mykenische Keramik: Die Vase stammt aus dem 13. Jh. v. Chr. – einer Zeit, als der typische naturalistische Stil der Paläste zu Vereinfachung und Schematisierung tendierte. Sogar die Form der Vase zeigt eine Eleganz, die über ihre Funktionalität hinausgeht. Die kleinen Griffe machen die Handhabung allerdings unpraktisch.*

114-115 *Dieses berühmte Fresko, das eine Hofdame zeigt, stammt aus dem 13. Jh. v. Chr. und wurde in Mykene gefunden. Es ist heute im Archäologischen Nationalmuseum in Athen ausgestellt. Es dokumentiert den bemerkenswerten Einfluss der minoischen Malerei auf die mykenische nach der achaischen Eroberung Kretas. Bewundernswert sind die feinen Linien, die hellen Farben und die vielen Details, die der Maler darstellte.*

__116 oben__ Das wertvolle goldene Diadem ist mit stilisierten Blumen verziert; es stammt aus Grab III des Gräberrunds A in Mykene und wurde von Schliemann entdeckt. Es datiert aus dem 16. Jh. v. Chr.

__116 Mitte__ Dieses herrliche Kästchen aus Edelholz mit Goldplattierung zeigt naturalistische Motive. Es stammt aus Grab V des Gräberrunds A in Mykene.

__116 unten__ Diese stilisierte goldene Grabmaske aus Grab IV des Gräberrunds A in Mykene stammt aus dem 16. Jh. v. Chr. Sie ist weniger bekannt als die so genannte Grabmaske des Agamemnon.

117 *Die berühmte Grabmaske des Agamemnon gehörte tatsächlich einem mykenischen Prinzen, der etwa vier Jahrhunderte früher als der von Homer geschilderte König lebte. Sie wurde in einem Grab des Gräberrunds A in Mykene gefunden (16. Jh. v. Chr.). Vom künstlerischen Gesichtspunkt ist sie außerordentlich interessant, weil sie die Vorstellung mykenischer Künstler von der menschlichen Gestalt dokumentiert – ein vereinfachter Naturalismus, in dem das Gesicht des Toten knapp charakterisiert ist (der Bart für das hohe Alter, die Augen sind in ewiger Ruhe fest geschlossen).*

Die geometrische Kunst (um 900–700 v. Chr.)

118 oben Dieser attische Krater ist völlig im geometrischen Stil dekoriert und stammt vom Ende des 9. Jh. v. Chr.

Mit der Instabilität und den Wirren des 12. und 11. Jahrhunderts v. Chr. war ein langsamer Untergang der mykenischen Kultur und Kunst verbunden. In Attika und anderen Gegenden, die von der dorischen Invasion verschont geblieben waren – wie Ionien, die Kykladen und Euböa –, aber auch in den dorisch besiedelten Gegenden der Argolis, von Lakonien und auf Kreta begann eine vorsichtige wirtschaftliche und demographische Erholung, die zur Herausbildung „proto-urbaner“ Siedlungen führte. Es handelte sich um eine frühe, zögernde Weiterentwicklung der Palastsiedlungen. Gemeinden wie Karphi, Dreros und Emporion sind hierfür anschauliche Beispiele. Im Bereich der Kunst brach die geometrische Periode an (um 1050–700 v. Chr.).

118 Mitte Die spätgeometrische Produktion von Korinth zeigte eine weite Verbreitung von* kotylai *und* skyphoi, *Trinkschalen für Bankette.*

118 unten In der ersten Hälfte des 8. Jh. v. Chr. führten die griechischen Keramiker, besonders in Athen und Euböa, figürliche Motive in die komplexen geometrischen Dekorationen ein. Dargestellt sind vor allem Bestattungszeremonien (z. B. Totenklage, Krieger- und Wagenzüge). So zeigt auch diese Szene die Zeremonie der Totenklage nach einer im ganzen Mittelmeerraum verbreiteten Tradition.

Dieser Begriff wurde ursprünglich für die Keramik dieses Zeitraums wegen der präzisen geometrischen Ornamentik aus Kreisen, Vierecken, Mäandern, Dreiecken, Rauten und Linien geprägt. Erst nach 900 v. Chr. sind auch Kleinplastiken aus Bronze und Ton überliefert, großformatige Skulpturen hingegen erscheinen in dieser Epoche überhaupt nicht. Außer einem strengen Sinn für Symmetrie zeigten die Künstler ein besonderes Talent für zahllose Variationen. Die Geometrische Kunst spiegelte eine neue Auffassung der Dinge wider. Die Natur wurde nicht mehr schlicht als ein darstellbares Universum gesehen, sondern als eine komplexe und unendliche Realität, die von ihren eigenen Gesetzen bestimmt war. Diese Ordnung wollten die Künstler nun statt der vorher herrschenden irreführenden Überfülle der Natur mit ihren augenscheinlichen und sich ständig ändernden Formen veranschaulichen.
Die wirtschaftliche und demographische Erholung machte im 9. Jahrhundert v. Chr. langsame, aber kontinuierliche Fortschritte. Im 8. Jahrhundert waren die Wirren längst vergessen. Die kleinen Gemeinschaften wurden durch ein dominierendes Zentrum ersetzt. Dörfer auf dem Land wuchsen zu einer Hauptsiedlung zusammen, die aufgrund ihrer günstigen Lage gewählt wurde. Die sich daraus entwickelnden

synechiae waren die Vorläufer der Poleis. Leider wissen wir nur wenig über die Anlage wichtiger Zentren wie Athen, Sparta und Korinth. Im Lauf der Jahrhunderte wurden prosperierende Städte immer wieder neu gebaut, sodass sich die Spuren der vorangehenden Kulturen verloren. Man kann lediglich die bebaute Fläche, öffentliche Plätze und Nekropolen erkennen. Mehr aus dieser Zeit ist in Smyrna, Eretria und Knossos erhalten geblieben. Die Architektur jener Epoche scheint durch eine gewisse Knappheit an Material und baulichen Ideen gekennzeichnet zu sein. Die meisten Gebäude hatten Steinfundamente, einen hölzernen Rahmen und Mauern aus ungebrannten Ziegeln. Ihr Typ variiert zwischen der späten mykenischen Megaronstruktur und neuen Bauformen, die auf einer kleinen Zahl von quadratischen oder rechteckigen Räumen basieren. Einfache Formen und Materialien wurden auch für Tempel und Heiligtümer benutzt; sie waren sehr zahlreich und befanden sich interessanterweise oft an Stellen, die mit der früheren mykenischen Kultur oder mit mythischen Helden zusammenhingen, die in den Gesängen Homers oder in der lokalen epischen Poesie verherrlicht wurden. Kultstätten waren auch mit kostbaren Votivgaben ausgestattet, insbesondere mit Bronzedreifüßen, die mit eleganten stilisierten Pferden oder kunstvoll angeordneten Figuren verziert waren.

In der Töpferei der reif- und spätgeometrischen Periode wurden geradlinige Motive in unzähligen Kombinationen immer populärer. Gegen Ende des 8. Jahrhunderts v. Chr. trat die attische Töpferei in eine neue Phase ein, indem sie mit der Strenge der geometrischen Figuren zugunsten einer einfühlenderen Darstellung menschlicher Gestalt sowie epischer und mythologischer Themen brach. Die Verzierungen auf großen Amphoren, die oft als Schmuck auf Gräbern benutzt wurden, vermitteln einen Eindruck von „Unordnung“ – ein Hinweis auf das Bestreben, von der abstrakten Kunst abzurücken.

119 *Ein Meisterwerk der geometrischen Keramikmalerei ist diese Amphora aus Dipylon (760–750 v. Chr.). Sie ist über 1,5 m hoch und diente ursprünglich als Grabmal auf einem Frauengrab. Die Einheit ihrer Dekoration ist perfekt und die Darstellung der Trauerszene synthetisch.*

Der orientalisierende Stil (um 720–630 v. Chr.)

120 oben links *Diese Oinochoe mit Tierfriesen und dem typischen Horror vacui ist ein Beispiel für die reiche Produktion von Korinth im 7. Jh. v. Chr.*

120 rechts *Diese Oinochoe ist ein Meisterwerk aus Paros (Kykladen) im orientalisierenden Stil. Sie hat die Form eines Geierkopfes – eine Ikonographie nahöstlichen Ursprungs – und datiert aus der ersten Hälfte des 7. Jh. v. Chr.*

120 unten links *Das herrliche Alabastron, ein kleines korinthisches Gefäß für Salbe, ist mit der gewundenen Figur des Dämons Typhon und mit Tierfiguren verziert, die in schwarzer Farbe mit roten und Graffito-Details dargestellt sind.*

Zwischen etwa 720 und 630 v. Chr. wurden orientalische Kunstwerke in großen Mengen in den Westen importiert und führten dort zu einer weiten Verbreitung einer neuen künstlerischen, ikonographischen und besonders ideologischen „Sprache". Ihr Einfluss war im gesamten Mittelmeerraum zu sehen: sowohl in der Levante, die zunehmend geprägt war von der assyrischen Hegemonie und dem Niedergang der Ägypter und Hethiter, als auch im Westen, wo nach den Wirren der griechischen Völkerwanderung nun der griechische und phönizische Kolonialismus vorherrschte und der Handel einen starken Auftrieb erlebte. Der stärkste Einfluss war jedoch in Griechenland zu sehen, weshalb das 7. Jahrhundert v. Chr. als die orientalisierende Periode in der griechischen Kunst anzusehen ist.

Im 8. Jahrhundert hatten Griechenland und seine ältesten westlichen Kolonien die künstlerischen Kulturen des Ostens entdeckt – vom uralten und nun niedergehenden ägyptischen Reich der Pharaonen bis zu den kurzlebigen Königreichen von Mesopotamien, Syrien und Anatolien. Über die Reisewege der Phönizier, Griechen und Etrusker kamen auch kunstvoll gefertigte Waren zur Befriedigung der ständig steigenden Bedürfnisse der mediterranen Aristokratien, die von diesen phantasievoll verzierten orientalischen Kunstwerken fasziniert waren. Aufgrund der hohen Qualität dieser Werke und ihrer innovativen Merkmale im Vergleich zum strengen geometrischen Stil der Griechen, Etrusker und Iberer wurde die orientalische Kunst bald zum Vorbild.

Gegenstände von außergewöhnlicher künstlerischer Qualität kamen in den Westen: herrliches, reich verziertes und graviertes Geschirr aus Edelmetallen, Bronzekessel aus dem nördlichen Syrien und Urartu (Osttürkei), Schmuck, geschnitztes Elfenbein und

„exotische“ Gegenstände, die man als Zeichen von Macht und wirtschaftlichem Wohlergehen zur Schau stellte. Diese Gegenstände waren zweifellos Geschenke, um Handelsvereinbarungen mit westlichen Aristokratien zu besiegeln. Diese verfügten über Rohstoffe (hauptsächlich Metalle) in den von ihnen kontrollierten Gebieten, die östlichen oder griechischen Handelspartner lieferten im Gegenzug Waren. Weniger beeindruckend, aber nicht unbedeutender waren die Produkte lokaler Künstler und Kunsthandwerker, die sich von dem östlichen figurativen und naturalistischen Stil beeinflussen ließen. Auf diese Weise bekam die orientalische Kunst und Lebensweise einen bedeutenden Einfluss auf den Westen. Griechenland war die erste politisch entwickelte und kulturell stabile Zivilisation, die sich vom Osten inspirieren ließ. Es übernahm gleichzeitig mit der Kunst Ideologien, Techniken und Denkweisen der östlichen Kulturen und entwickelte sie in eigenen Abwandlungen weiter. Seine Töpferei ist das wichtigste Beispiel für diesen Prozess.

121 *Dieser große Krater mit Griffen in Säulenform ist im antiken korinthischen Stil gestaltet. Beide Seiten sind abgebildet – oben die Seite mit dem Bankett von Herakles und Eurytos, unten eine Hopliten-Kampfszene.*

Korinth hatte inzwischen die Vorherrschaft als Handelsmacht erlangt und exportierte seine hochwertigen Keramikprodukte. Die weite Verbreitung dieser Erzeugnisse beweist, dass der Mittelmeerraum keineswegs der ausschließliche Schauplatz des phönizischen Handels war. Er war vielmehr in Einflusszonen unterteilt.

Das „Feedback“ spielte für die Kunsthandwerker des Mittelmeerraums eine wichtige Rolle: Die Karthager z. B. kopierten häufig die Muster und dekorativen Motive der griechischen Töpferware von importierten Originalen. In dieser Epoche waren griechische Vasen wie die orientalischen Produkte, die als Vorbild dienten, durch eine Mischung von Formen und ikonographischen Motiven charakterisiert.

Im frühen 7. Jahrhundert v. Chr. waren die neuen Entwicklungen des ikonographischen Stils völlig akzeptiert, obwohl zwischen den verschiedenen Regionen bedeutende Unterschiede bestanden. In Gegenden wie Attika, wo alte Aristokratien sich gleichermaßen an Tradition wie Privilegien klammerten, wurde der alte geometrische Stil zögerlicher zugunsten der freieren und phantasiereicheren Muster der östlichen Kunstwerke aufgegeben. Der orientalisierende Stil setzte sich aber überall durch, ohne allerdings den fundamental rationalistischen Geist und die klare Einstel-

122 links Dieses Bronzeblech datiert aus der Mitte des 7. Jh. v. Chr. Es zeigt die Ermordung Kassandras durch Klytämnestra und wurde von Heraion von Argos gefertigt.

122 rechts Der fein gearbeitete Kopf eines Geiers schmückte u. a. einen Bronzedreifuß, der von Urartu in der ersten Hälfte des 7. Jh. v. Chr. als Geschenk für Apoll nach Delphi gebracht wurde.

lung zur Gestaltung, wie sie aus der geometrischen Periode stammten, aufzugeben. Die neuen und mannigfaltigen Motive – exotische Wesen und Monster, königliche Jagden und Prozessionen, Symbole und rein ornamentale Muster – wurden bald neu entwickelt, als die Künstler nach einem inneren Gleichgewicht suchten, einer Art Synthese zwischen Form und Inhalt, wie sie die östlichen Kunstwerke nicht aufwiesen. So behielten z. B. die Umrisse von Schiffen ihre funktionalen und praktischen Merkmale, ja sie wurden sogar hervorgehoben, während Themen und dekorative Elemente sich änderten; die Gestaltung hielt sich enger an eine geordnete Komposition; der „unrealistische Naturalismus“ der orientalischen Kunst wurde durch Versuche ersetzt, zusammenhängende Formen und einen stärkeren erzählenden Ausdruck zu schaffen. Weniger Bedeutung wurde Symbolen oder gar Ideen beigemessen – obwohl es immerhin das Jahrhundert war, in dem die griechische Philosophie in den östlichsten griechischen Siedlungen, den ionischen Kolonien in Kleinasien, ihren Anfang nahm. Die Effekte dieser Wiederbelebung zeigen sich besonders deutlich an den bemerkenswerten Keramikprodukten aus Korinth wie auch in der proto-attischen und graeco-orientalischen Töpferei.

Vor allem bei Kesseln und Dreifüßen unterscheidet sich die Arbeit westlicher Kunsthandwerker deutlich von der ihrer orientalischen Kollegen: Bis ins 9. Jahrhundert v. Chr. wurden diese großen halbkugelförmigen Gefäße aus Bronze oder Edelmetallen hauptsächlich bei üppigen Banketts der Aristokratie benutzt. Ab dem 8.

Jahrhundert v. Chr. dienten sie zunehmend als Votivgaben für Götter und Helden an kultischen Stätten. Ihre weite Verbreitung zeigt den Fortschritt der westlichen Metallverarbeitung; im 8. und 7. Jahrhundert v. Chr. wurden die Arbeitsmethoden stark von nahöstlichen Techniken beeinflusst, hauptsächlich von der syrohethitischen Gegend und von Urartu. Auch die ersten bedeutenden Plastiken der Griechen waren direkt durch ihre Beziehungen mit dem Osten beeinflusst, wie man aus der Vorliebe für imposante, steife Figuren in der konventionellen Frontalansicht ersieht.

123 links *Diese Applik in Form einer geflügelten Meerjungfrau gehörte zu einem Kessel in orientalisierendem Stil, der in Griechenland produziert wurde und ex voto dem Heiligtum von Olympia gestiftet wurde.*

123 oben rechts
Ein Meisterstück des orientalisierenden Stils, das aus Rhodos stammt, ist die berühmte „Oinochoe Lévy", die wahrscheinlich um 640 v. Chr. datiert. Sie ist üppig mit einer Sequenz aus feinsten Friesen mit wilden Ziegen sowie besonders einfallsreichen Tierornamenten und geometrischen Verzierungen geschmückt.

123 unten rechts
Die Feinheit der orientalisierenden Kunst zeigt sich auch in diesem mit Metopen verzierten Goldblatt. Beispiele des reichen und phantasievollen orientalischen Repertoires wurden im Apollonheiligtum in Delphi gefunden.

Doch lösten sich die Griechen sehr schnell von den ägyptischen und mesopotamischen Vorbildern, sowohl was die Figurendarstellung als auch kleine Bronzen betrifft. Die Frontalansicht drückte nicht mehr die menschliche Unterwerfung vor der Anwesenheit einer Gottheit aus; sie wurde vielmehr eine bequeme Lösung, mit der die Bildhauer einen größeren Realismus zu erreichen versuchten. Ihre beachtlichen Anstrengungen in dieser Hinsicht sind in der größeren Aufmerksamkeit für Proportionen zu sehen, wie sie die griechischen Statuen charakterisieren.
Die griechischen Architekten waren hingegen keinem äußeren Einfluss unterworfen, wie es aus der Tempelarchitektur ersichtlich ist, obwohl sogar hier gelegentliche Anleihen aus dem Osten vorkamen, z. B. die Verzierung von Holzgebäuden mit farbiger Terrakotta, was Monumentalbauten eine lebendige Note verlieh. In dieser Zeit kam das gesamte Konzept und die Baustruktur des griechischen Tempels zusammen mit dem dorischen und ionischen Stil auf.

Die archaische Kunst (um 700–490 v. Chr.)

Im 6. Jahrhundert v. Chr. war der Osten auf große Reiche aufgeteilt – erst die Assyrer, später die Perser –, und die kulturelle und künstlerische Überlegenheit des Ostens war inzwischen verschwunden. Sie wurde in den Modellen „versteinert“, die erfolgreich und im orientalisierenden Stil gehalten waren.
Griechenland nahm die beherrschende Stelle im kulturellen Szenario ein. Im 6. Jahrhundert v. Chr. konkurrierten die Griechen im Handel mit den Phöniziern und beugten sich nicht mehr der orientalischen Vorrangstellung in der Kunst. Diese neuen Entwicklungen rührten nicht allein von einem Geschmackswandel her. Die Griechen hatten inzwischen ihre eigene kulturelle Identität entwickelt, wie es auch die Politik und Literatur gegen Ende des 7. Jahrhunderts v. Chr. zeigen. Bald erfolgte eine Renaissance des künstlerischen Ausdrucks und die Kunstwerke überfluteten schnell die Mittelmeermärkte. Ab dieser Zeit wurde die griechische Kultur die „Referenzkultur“ für die gesamte westliche umgesetzt. Zum Nutzen der Gläubigen und der Gemeinschaft insgesamt trieben die Tyrannen einen immensen Aufwand bei der Gestaltung zahlreicher Gebäude und sonstiger Projekte, in abstrakten Entwürfen und für die kreativen Aspekte des Alltagslebens. Die Entwicklungen der griechischen Stadtarchitektur zeigten eine im Vergleich zu den orientalischen Städten reiche Vielfalt. Bereits im 9. und 8. Jahrhundert v. Chr. hatte eine Reihe von Poleis rationale Kriterien bei der städtischen Raum- und Funktionsplanung angewendet. Gegen Ende des 7. Jahrhunderts v. Chr., als die Frage

124-125 *Der Nordfries des Siphnierschatzhauses in Delphi (um 525 v. Chr.) zeigt die Gigantomachie, ein Meisterwerk eines bedeutenden archaischen Bildhauers. Das Gleichgewicht zwischen Licht und Schatten in der Darstellung der Schlacht zwischen Göttern und Giganten, die gegen deren Macht und die perfekte Ordnung der Dinge rebellierten, ist bemerkenswert. Die Götter können durch die göttlichen Merkmale erkannt werden (z. B. das Löwenfell auf der Schulter des Herakles), die Giganten sind nicht identifizierbar, da sie hinter schweren Waffen und Helmen verborgen bleiben. Schließlich ist der Versuch bemerkenswert, durch die Aufteilung der Fläche und die Graduierung des Reliefs Bewegung und Raum auszudrücken, was ein Studium der dreidimensionalen Darstellung voraussetzt.*

Zivilisation. Ihren Erfolg verdankte sie der Fähigkeit, ständig neue Formen des Ausdrucks in einem Dialog sowohl in der Heimat als auch mit der nicht-griechischen Welt zu entwickeln; sie kannte die Stadtplanung und den Städtebau in Planquadraten. Ländliche Gebiete wurden gemäß ihrer Funktion strukturiert, ohne dabei die Ästhetik zu vergessen – z. B. bei der Suche nach besonders geeigneten Stellen für die Errichtung von Tempeln. In Griechenland selbst hatte die stürmische Entwicklung großer Stadtstaaten im 9. bis 7. Jahrhundert v. Chr. jedoch die Einführung einer Stadtplanung verzögert. Während der Tyrannenherrschaft (um 560–510 v. Chr.) wurde z. B. in Athen in begrenztem Umfang ein Plan der Stadtplanung im Osten noch völlig ignoriert wurde, waren Kolonialsiedlungen wie Metapont, Megara Hyblaia, Poseidonia und Selinus wichtige Beispiele für eine künstlerische Systematik in den wichtigsten panhellenischen Heiligtümern, wenn es darum ging, kultische Zentren von monumentalen Dimensionen zu erbauen. Dieses Phänomen war besonders deutlich in den griechischen Siedlungen in der östlichen Ägäis und Kleinasien mit ihrer Perfektion des ionischen Stils und dem Einsatz großartiger Formen wie z. B. im dritten Heratempel auf Samos und im Artemistempel in Ephesos.
Zu dieser Zeit wurde von den Architekten der westlichen Kolonien der dorische Stil entwickelt. Er tauchte

zunächst in verschiedenen Varianten auf, die im Allgemeinen die gleichen imposanten Formen und die einfache Harmonie der Proportionen besaßen und oft ionische Stilelemente und lokale Traditionen integrierten. Die Heiligtümer sind in dieser Epoche von besonderem Interesse wegen der „ritualisierten Unordnung", die ihre Anlage kennzeichnete. Delphi und sein berühmtes Heiligtum und das Orakel des Apollon Pythios sind emblematisch. An diesem heiligen Ort gab es keine „städtebaulichen" Regeln, doch was den Raum innerhalb des Temenos, des Allerheiligsten, einnahm, blieb unantastbar. Hier war der Raum für Innovation und Experimente größer als anderswo, architektonische und künstlerische Ideen aus ganz Griechenland wurden umgesetzt. Dasselbe Prinzip wird auch am herrlichen Schatzhaus der Siphnier deutlich. Seine Friesverzierung wird als Höhepunkt der archaischen ionischen Bildhauerei angesehen.
Der Ausdruck „archaisch" charakterisiert hier die griechische Kunst des 6. Jahrhunderts v. Chr. und bezieht sich auf das „alte" *(archaios)* Aussehen im Vergleich mit den Kunstwerken des folgenden Jahrhunderts, das in der

125 oben *Die älteste Reiterstatue stellt vielleicht einen Sohn des Peisistratos, des Athener Tyrannen, dar (550 v. Chr.). Es handelt sich um ein schönes Beispiel archaischer ionischer Bildhauerei in kykladischem Marmor. Die feine Plastizität der Gliedmaßen, das entspannte Gesicht mit dem „archaischen Lächeln" und der Hals des Pferdes sind buchstäblich in Licht getaucht.*

125 unten *Dieser herrliche* Kuros moschophoros *(570–560 v. Chr.), die älteste antike Statue im Großformat, die auf der Athener Akropolis gefunden wurde, wurde von einem gewissen Rhombos der Schutzgöttin der Stadt gewidmet. Sie zeigt einen Mann, der auf seinen Schultern ein Kalb als Opfergabe trägt. Dieses Werk versucht mit der strengen Konvention der Frontansicht der archaischen Koroi zu brechen und eine höhere Stufe in der anatomischen Darstellung zu erreichen. Ursprünglich waren die Augen aus einem glänzenden Material. Auch die Darstellung des transparenten Effektes an dem leichten rituellen Gewand des jungen Mannes verdient Beachtung.*

Antike selbst als Höhepunkt ihrer Suche nach Perfektion angesehen wurde. Die Bedeutung dieses Ausdrucks wird klar, wenn man die Bildhauerei von jener Epoche bis zum Ende des 5. Jahrhunderts v. Chr. und ihren radikalen Bruch mit dem orientalisierenden Stil betrachtet. Die Künstler experimentierten mit Stil und Form und wählten oft heilige Stätten, die einer bestimmten Gottheit geweiht waren, als Experimentierfeld: eine Akropolis oder ein Heiligtum, manchmal Grabstätten und Monumentalgräber von Würdenträgern.

Giebel mit Relieffiguren waren ein weiteres wichtiges Element der archaischen Tempelarchitektur. Das Hauptthema dieser Skulpturen war die Mythologie – die religiöse figurative Darstellung des menschlichen Universums, mit dem die Philosophen jener Zeit sich auf eine viel rationalere Weise beschäftigten. Lebensgroße menschliche Statuen tauchten in der griechischen Kunst erstmals im 7. Jahrhundert v. Chr. auf.

Im folgenden Jahrhundert änderten sich die anfangs statischen und strengen Formen junger Frauen (Korai) und Männer (Koroi) zu einer naturalistischeren, harmonischeren und ästhetischeren Darstellungsweise. Statuen der archaischen Epoche zeigen keine persönlichen Züge oder Gefühle; sie geben in Gesichtsausdruck und der Pose keinen Aufschluss über Alter und Stellung. Während die Frauen traditionelle, elegante Gewänder tragen, sind die Männer völlig nackt; im Einklang mit der figurativen Konvention soll ihre Nacktheit die Perfektion des menschlichen Körpers hervorheben, die von den Philosophen als eine unauflösbare Kombination des Sichtbaren und Unsichtbaren, des Materiellen und des Abstrakten angesehen wurde. Die Statuen stellen oft jüngere oder auch ältere Aristokraten, Unternehmer, Krieger, Athleten, Ärzte, Politiker, Priester und Priesterinnen dar. Für die Bildhauer, ihre Auftraggeber und die Öffentlichkeit war das allerdings ohne Interesse. Es wurde lediglich beabsichtigt, den Göttern und der Nachwelt ein Bild zu vermitteln, das vom Glanz der Jugend, dem höchsten Ausdruck des durch den Menschen materialisierten Daseins, geprägt war. In der Votiv- und Begräbnisbildhauerei hatten die ersten Koroi ein strenges und ernstes Aussehen; die Korai dagegen hatten eine Zylinderform ohne jegliche Ähnlichkeit mit der natürlichen Form.

126 oben *Dieses Fragment einer Statue von der Athener Akropolis stellt eine Sphinx mit den typischen Attributen einer geflügelten Löwin und einem Frauenkopf dar und datiert aus dem 6. Jh. v. Chr. Die archaischen Gesichtszüge sind deutlich und werden betont durch das „Lächeln", die etwas scharf geschnittenen Augen und das lose auf die Schultern fallende, wellige Haar.*

126 Mitte *Eine hochinteressante Serie von bunten Tonreliefs stammt von dem bedeutenden archaischen Tempel von Thermos in Aitolien. Dieses Stück datiert aus der Mitte des 6. Jh. v. Chr. und stellt das grinsende Gesicht eines Satyrs dar, eines der halbbarbarischen Geschöpfe aus Dionysos' Gefolge. Hier wurde es zu einem grotesken Bild von großer expressiver Intensität.*

126 unten *Dieses Meisterstück attischer Keramikmalerei aus der ersten Hälfte des 6. Jh. v. Chr., die berühmte François-vase, wurde von dem großen Keramiker Ergotimos und dem griechischen Maler Klitias um 570 v. Chr. hergestellt. Der große Krater mit Voluten wurde in einem Grab von Chiusi (Etrurien) gefunden; er ist mit epischen und mythologischen Szenen mit insgesamt 270 Figuren und 121 Inschriften verziert.*

127 *Diese Korai von der Athener Akropolis, Beispiele archaischer attischer Bildhauerei (530–520 v. Chr.), besteht aus weißem Marmor. Die Statue ist mit Schmuckstücken (Diadem, Ohr-ringe mit Blumenmotiv, Armreif) ausgestattet. Die offenen wie die durch das natürlich wirkende Gewand verborgenen Formen absorbieren das Licht aufgrund der Oberflächengestaltung.*

128 links Dieses Stück von Exekias (um 550–530 v. Chr.), der berühmte Kylix mit Dionysos auf einem Schiff, ist eines der letzten Meisterwerke der schwarzen Keramikmalerei dieses Künstlers. Es spielt auf den Mythos der Entführung des Gottes durch Piraten und ihre Verwandlung in Delphine an.

128 rechts Der Krater (6. Jh. v. Chr.) zeigt am Hals ein Schmuckband mit dem Kampf zwischen Hektor und Achill.

128-129 Die Ansicht des Sockels einer Statue von Piräus (510 v. Chr.) zeigt Männer, die einen Hund und eine Katze gegeneinander hetzen.

Um 560 v. Chr. wurde verstärkt versucht, einen Schönheitstyp zu schaffen, der sowohl ideal als auch real war: Die Anatomie wurde genauer studiert, die Perspektive verbessert, die Drapierung wurde weicher und die ersten Bewegungsmerkmale tauchten auf, wenn auch noch wenig ausgeprägt. Nur die Gesichter behielten die starre Ausdruckslosigkeit, die für diese Epoche charakteristisch ist, das so genannte „archaische Lächeln". Gegen Ende des 6. Jahrhunderts v. Chr. hatten die Koroi und Korai ihre Vollendung erreicht. Das neue Jahrhundert brachte Änderungen, die die Konventionen ignorierten, wie es aus den Giebelskulpturen des dorischen Tempels der Athena Aphaia in Ägina ersichtlich ist. Die neuen Entwicklungen wurden durch regionale Stile erheblich beeinflusst; heute schenkt man dieser Wechselwirkung stärkere Aufmerksamkeit: dorisch-peloponnesisch, charakterisiert durch feste Formen, eine geschickte Verteilung der Masse und eine starke Anwendung von Chiaroscuro; ionisch (sowohl von den Inseln als auch aus Kleinasien), erfolgreich in seiner sensiblen Behandlung des Lichts und im feinen Gebrauch von Reliefs, was die natürliche Schlankheit der männlichen Figuren und die Anmut der Frauen akzentuiert; attisch, eine kühne Synthese der beiden vorigen Stilrichtungen, die ihre Exzesse mildert, ihre gewünschten Eigenschaften hervorhebt und so auch die Meisterwerke des frühen 5. Jahrhunderts v. Chr. hervorbringt. Mitte des 5. Jahrhunderts hatte die korinthische Töpferei ihren Höhepunkt überschritten und die mediterranen Märkte wurden mit Vasen aus zahlreichen Produktionsstätten überflutet. Es war die Zeit, als die Exporte figürlicher attischer Tonware die gesamte antike Welt überschwemmten: Werkstätten im Keramikerviertel von Athen, wo Töpfer und Vasenmaler eng zusammenarbeiteten, bewegten sich von den Tierfries-Motiven des orientalisierenden Stils fort zu dem unerschöpflichen Fundus griechischer Mythen und epischer Erzählungen. Die großen Maler der schwarzen figurativen Töpferei waren Klitias (dessen Signatur zusammen mit der des Keramikers Ergotimos auf der berühmten Françoisvase auftaucht), Lydos und Exekias. Doch innerhalb eines halben Jahrhunderts wurde die neuartige rote figurative Technik erfunden, die noch größere Ausdrucksfreiheit ermöglichte: Zu ihren erfolgreichsten Malern gehörte z. B. Euphronios.

Wie auch Vasen der berühmten Töpfer und Maler (die Tatsache, dass sie ihre Objekte signierten, zeigt, dass sie sich ihres Prestiges wohl bewusst waren) wurden Tonwaren mittlerer und niedriger Qualität in riesigen Mengen für den Massenbedarf produziert. Viele dieser Gegenstände zeigen einen Anklang an die jeweils herrschende Mode oder imitieren die berühmten Meister.

Der Strenge Stil (um 490–450 v. Chr.)

130 Ägina war der Sitz einer bedeutenden Bildhauerschule; einige ihrer Werke konnten identifiziert werden. Dieser herrliche Frauenkopf mit einem Helm (möglicherweise eine Athene) stammt von der Insel und datiert vermutlich aus der ersten Hälfte des 5. Jh. v. Chr. Er hat große Ähnlichkeit mit einigen Akrolithen, die in Griechenland und Süditalien gefunden wurden.

Die Entwicklung der griechischen Kunst in der ersten Hälfte des 5. Jahrhunderts v. Chr. fiel mit Änderungen des philosophischen Denkens und anderer kultureller Ausdrucksformen zusammen, wodurch sie auch inspiriert wurde. Neue Formen in Kunst und Kultur waren Ausdruck der intensiven Suche der führenden Vertreter der philosophischen Schule seit Mitte des 6. Jahrhunderts v. Chr., die sich in der ganzen hellenistischen Welt von Ionien bis Megale Hellas durchgesetzt hatte. Im Bereich der Kunst zeigte sich der Sinn für die Einheitlichkeit der Realität in der Ablehnung von Schemen und Konventionen für ihre Wiedergabe. Die griechischen Künstler suchten entschieden nach einem idealen, perfekten Ausdruck der Natur des „Seins“: Sie versuchten, eine künstlerische Form zu entwickeln, in der die Realität in ihrer Gesamtheit kohärent dargestellt wurde, über und jenseits der Beschränkungen von Zeit und Raum, die dem Alltagsleben und der Sinneswahrnehmung gesetzt waren, hinaus.

In der ersten Hälfte des 5. Jahrhunderts v. Chr. erhielt die Konzeption von äußerer als Ausdruck innerer Schönheit neue Bedeutung; man implizierte, dass die hohen geistigen und moralischen Werte in einem entsprechend schönen Äußeren ihren Ausdruck fänden. Die größten Philosophen dieser Zeit, Parmenides von Elea und Heraklit von Ephesos, sahen in der Harmonie von Formen und Werten für jeden eine Demonstration der Einheit des Seins: eine unteilbare, ewige, dynamische und vielgestaltige Realität. Die Schriftsteller der Antike verwendeten das Wort „streng“, um diese Übergangsphase in der griechischen Kunst zu beschreiben, die die erste Hälfte des 5. Jahrhunderts v. Chr. umfasst. Sie wollten mit diesem Ausdruck die Mäßigung und das Gleichgewicht eines künstlerischen Stils betonen, dessen Ziel Harmonie und Perfektion waren.

131 Der östliche Giebel des Zeustempels in Olympia zeigt die Personifizierung des Flusses Kladeos in Form eines Jünglings. Wie gerade aus tiefem Schlaf erwachend, wendet er sich dem Zentrum zu, wo gleich das Wagenrennen zwischen dem grausamen König von Pisa, Oinomaos, und dem jungen lykischen Prinzen Pelope, nach dem die Peloponnes benannt werden wird, beginnt. Die starke Drehung des Rumpfes symbolisiert sehr gut die „flüssige“ Natur des Flussgeistes, der sein Wasser mit dem des Alphios auf der grünen Ebene von Olympia vermischt.

132 ***links*** *Der berühmte Wagenlenker von Delphi, ein Meisterwerk im Strengen Stil, war eine der Votivgaben an den Tyrannen Polyzelos von Gela, den Gewinner eines Wagenrennens bei den Pythischen Spielen 478 v. Chr.*

132 rechts *Dieser feine Bronzekopf des Apoll „Chatsworth" wurde auf Zypern gefunden und stammt von etwa 460 v. Chr., als die Insel unter Athener Herrschaft stand. Der Kopf drückt eine strenge frühklassische Würde aus. Sein Blick wurde durch die Augen aus* Pâte de verre *belebt.*

In der ersten Hälfte des 5. Jahrhunderts v. Chr. entwickelte die Architektur in der gesamten griechischen Welt ein fast fiebriges Tempo. Von Sizilien bis Kampanien, von Attika bis zu den Kykladen erhielten die schnell wachsenden Städte ein neues, monumentales Aussehen. Doch gab es keine bedeutenden Änderungen nun gefestigter Modelle nach den intensiven Experimenten des vergangenen Jahrhunderts. Das einzige tatsächliche Zeichen einer Innovation ist der mächtige Tempel des olympischen Zeus, das panhellenische Heiligtum von Olympia. Die hier alle vier Jahre abgehaltenen Spiele zu Ehren des Gottes waren ein hochbedeutsames Ereignis und eine Gelegenheit für das politische Gespräch: Während der Spiele wurde ein heiliger Waffenstillstand ausgerufen mit der Absicht, eine friedliche Beilegung von Konflikten zu ermöglichen. Das Bauwerk spiegelt in mancher Hinsicht den Gigantismus ionischer Tempel wider, womit schon die Architekten experimentiert hatten, die die zurückhaltenderen Formen des dorischen Stils zwischen 530 und 480 v. Chr. anwandten. Doch ein Bereich, der bis dahin in Griechenland vernachlässigt worden war, begann sich zu entwickeln: die Stadtplanung. Hippodamos aus Milet entwickelte ein rationales Regelwerk

133 *Der stolze Kopf des berühmten bronzenen Zeus oder Poseidon, der so genannte „Gott aus dem Meer" (470–460 v. Chr.); die Statue wurde bei Kap Artemision (Euböa) im Meer gefunden, sodass die ursprüngliche Funktion (Votivgabe, Kultobjekt o. ä.) nicht bekannt ist. Die harmonische und kraftvolle Darstellung zeigt die Chiasmus-Struktur, die Polyklet oft in seinen Werken anwendete. Sie besteht in der kreuzweisen Gegenüberstellung von gespannten und entspannten Gliedmaßen. Die Statue zeigt deutlich die Absicht, von der einfachen Frontaldarstellung abzuweichen, die typisch für die Bildhauerei des vorangegangenen Jahrhunderts war. Die angewandte Technik ermöglichte eine außergewöhnliche Qualität der anatomischen Darstellung.*

134 Diese großartige Marmorstatue aus dem Atelier von Kritios in Athen (um 480 v. Chr.), der berühmte „Kritiosknabe" ist die erste Statue eines jungen Manns, deren Stil über das strenge Schema der archaischen Koroi hinausgeht und mit den Regeln der künstlichen Symmetrie der archaischen Epoche bricht. Hier kommt eine versteckte Bewegung zum Ausdruck, eine subtile innere Anspannung.

135 In diesem feinen Kopf des großen sterbenden Kriegers auf dem Ostgiebel des Tempels der Athena Aphaia in Ägina ist der Keim der „strengen" Revolution in der Bildhauerei zu erkennen. Hier gibt es keine psychologische Distanz mehr: Die Lippen sind geöffnet, die Backenknochen sind angehoben, das Gesicht ist von Ermüdung zerfurcht. Der sterbende „gottähnliche" Held erscheint hier in seiner authentischen, bereits vom Tod gezeichneten Verfassung.

für die Anlage von Städten, die inzwischen immer größer geworden waren und folglich immer komplexere Funktionen wahrzunehmen hatten. Städte wurden nun in gleichförmigen Baublöcken zwischen rechtwinklig sich kreuzenden Straßen angelegt, wobei der Raum je nach Funktion verplant wurde: Verteidigungsanlagen, Heiligtümer, Verwaltungs- und Handelsbezirke wurden je nach Lage und Gelände gestaltet. Dieses System basierte auf Experimenten, die bereits in den beiden vorangegangenen Jahrhunderten in den Kolonien von Megale Hellas durchgeführt worden waren. Es wurde erfolgreich angewandt in den Anlagen von Milet, Piräus, in der Kolonie Thurioi in Puglien und auf Rhodos.

Weitaus bedeutendere und komplexere Entwicklungen liefen in der figurativen Kunst ab. Der Ostgiebel von Ägina markierte das Aufkommen einer neuen Art formalen Ausdrucks, der weit entfernt war von den konventionellen Regeln des 6. Jahrhunderts v. Chr. Bald wurden berühmte Meisterwerke wie der „Kritiosknabe" und die Tyrannenmördergruppe in der Athener Werkstatt von Kritios und Nesiotes geschaffen. Die Bronzebildhauerei erreichte auf der Peloponnes, wo die erfolgreichen Schulen von Argos und Sicione bestanden, sowie in Megale Hellas (besonders Taras) einen Höhepunkt. Die Tyrannen des hellenisierten Italien wurden Kunstmäzene und wetteiferten mit den blühendsten Städten des griechischen Mutterlandes in der Verzierung der großen panhellenischen Heiligtümer mit herrlichen Kunstwerken von unschätzbarem Wert. Eine dieser Gaben war der berühmte Wagenlenker von Delphi.

Die den Kunstwerken zugeschriebenen Zwecke helfen oft bei der Erklärung der verschiedenen Stile – etwa bei bestimmten Arten von Produkten der Künstler und Kunsthandwerker von Megale Hellas. Beispiele sind die *pinakes* (Bilder): Tonmetopen in Lokris als Votivgaben an Demeter und Kore (Persephone). Wie auch in der Töpferei vieler westlicher griechischer Kolonien herrschten hier die ionischen Formen der späten archaischen Epoche vor. Im Bereich der Bildhauerei signalisierte die Großplastik die wichtigsten künstlerischen Entwicklungen. Der bronzene Zeus (oder Poseidon) – vor Kap Artemision gefunden –, der im Begriff ist einen Donnerkeil oder Dreizack zu schleudern, markiert die Entdeckung der Bewegung und die Aufgabe der

136-137 *Die Bronzen zweier Krieger oder Könige sind zwei hochberühmte Meisterwerke der griechischen Kunst. Sie wurden in Riace (Kalabrien) gefunden und sind im Nationalmuseum in Reggio di Calabria ausgestellt. Die Diskussion um ihre Funktion und den – sicher sehr berühmten – Künstler, der sie goss, ist noch nicht abgeschlossen. Man ist sich jedoch einig über die außergewöhnliche künstlerische Qualität der beiden Statuen und ihre Datierung zwischen 460 und 450 v. Chr.*

Frontaldarstellung bei den menschlichen Gestalten im freien Raum. Noch schönere Beispiele dieses Übergangsprozesses sind in den Werken des unbekannten Meisters von Olympia zu finden, der die Giebel und Metopen des großen Zeustempels gestaltete. Seine imposanten Figuren sind teilweise in statischen Posen dargestellt, teilweise in Bewegung. Doch die größte Errungenschaft dieses Bildhauers war sicher die subtile, aber genaue Übereinstimmung des Gesamtausdrucks der Gestalten mit ihrem am Gesicht ablesbaren geistigen Befinden oder Gemütszustand (den wir durch die Lektüre der Mythen kennen, die die Taten dieser Helden besingen).

Der Strenge Stil erreichte in der Mitte des Jahrhunderts seinen Höhepunkt mit zwei außergewöhnlichen Bildhauern. Der eine hieß Myron, dessen berühmter Diskobol – mit gespanntem Körper, um den Diskus zu werfen – und die Athena-Marsyas-Gruppe vom Strengen Stil zur Hochklassik überleiten. Der andere war der brillante Polyklet. Er war der erste Bildhauer, der eine Theorie entwickelte und ein Modell der idealen menschlichen Gestalt anwandte, wobei er vermutlich auch beabsichtigte, die Plastik vieransichtig zu gestalten. Zu den bekannten Werken Polyklets, die dem Strengen Stil noch nahe sind, zählen der Diskophoros (Diskuswerfer) und Hermes, von dem jedoch nur der Kopf des Originals in Kopie gesichert ist.

Ein weiterer interessanter Punkt dieser Epoche ist die zunehmend wichtigere Wechselbeziehung zwischen Skulptur und Malerei. Die Errungenschaften der einen wurden schnell in die andere übersetzt, wie wir durch Quellen und Schriftsteller wissen.

Aus Megale Hellas stammt ein seltenes Zeugnis der Pracht griechischer Wandmalerei, ein Medium, das wie freies Malen jahrhundertelang sehr beliebt war. Um 480 v. Chr. malte ein anonymer Maler in Poseidonia einen Freskenzyklus auf die Metopen des „Grab des Tauchers“.

138 *Die ausgezeichnete anatomische Darstellung dieser Bronzefigur von Riace, kommt in der fast rückwärts gewandten Pose hervorragend zum Ausdruck. Die Koordinierung des „Chiasmus“-Rhythmus der Gliedmaßen und der kräftigen Muskeln scheint perfekt zu sein.*

139 *In der Frontalansicht kann die stilistische Feinheit, die den bronzenen Kriegern von Riace zu eigen ist (vermutlich von einem Künstler gleichen Namens hergestellt), besser beobachtet und gewürdigt werden. Die von dichten Bärten und Haaren eingefassten Gesichter scheinen noch lebensechter zu sein, da die Augen aus Elfenbein und* Pâte de verre, *die Zähne aus Silber, Lippen und Brustwarzen aus Kupfer und die Waffen ebenfalls aus Silber hergestellt sind.*

Die hochklassische Periode (um 450–390 v. Chr.)

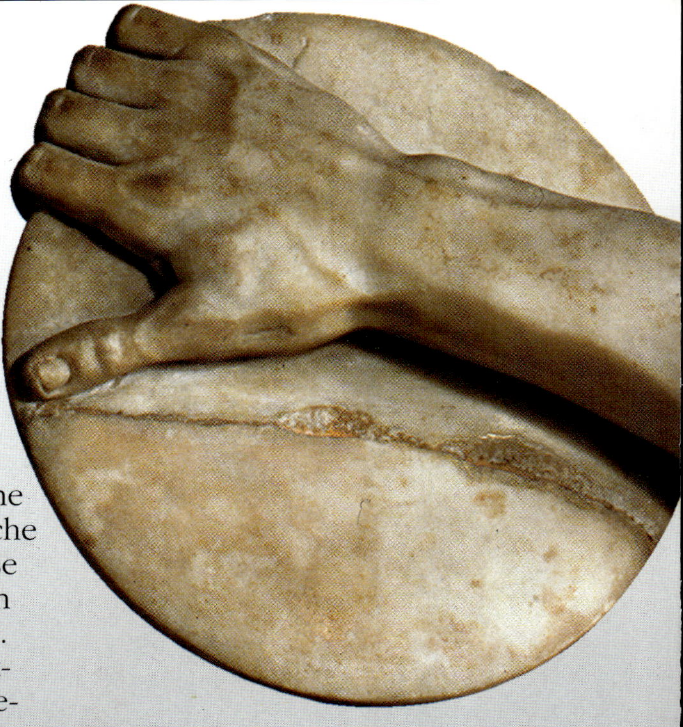

In der zweiten Hälfte des 5. Jahrhunderts v. Chr. errang Athen seine endgültige kulturelle Vorrangstellung. Die regionale Kunst vermischte sich mit innovativen theoretischen und formalen Entwicklungen attischer Architekten, Bildhauer, Künstler und Vasenmaler; die Vision der Griechen vom Universum manifestierte sich in der Kunst. Großen Anteil an diesem Prozess hatten Polyklet, Perikles und der hervorragende Architekt und Künstler Phidias.

Dies war der Anfang der hochklassischen Periode. Der Humanismus des 15. und die Renaissance des 16. Jahrhunderts erzeugten klassizistische Bewegungen, die von dem gewaltigen künstlerischen und architektonischen Erbe Roms, das seinerseits Erbe der Zivilisation des antiken Griechenland war, inspiriert wurden. Mitte des 18. Jahrhunderts löste der rationalistische Geist der Aufklärung eine neue Begeisterung für die griechische Kunst aus. Weitere wichtige Impulse entstanden aus der enthusiastischen Reaktion auf archäologische Funde. Reisen zu den archäologischen Stätten und Kunststätten in Italien, Griechenland und Kleinasien sowie das Sammeln von Antiquitäten kamen in Mode.

Der Neoklassizismus verstand sich als eine Reaktion auf die Irrationalität des Barock im 17. Jahrhundert. Sein Bild der Klassik war von einer verzerrten, „evolutionistischen" Kunstsicht bedingt, für die die Kunst der Antike einen Verlauf vernahm, der durch Geburt, Blütezeit und „Tod" gekennzeichnet war – eine Theorie,

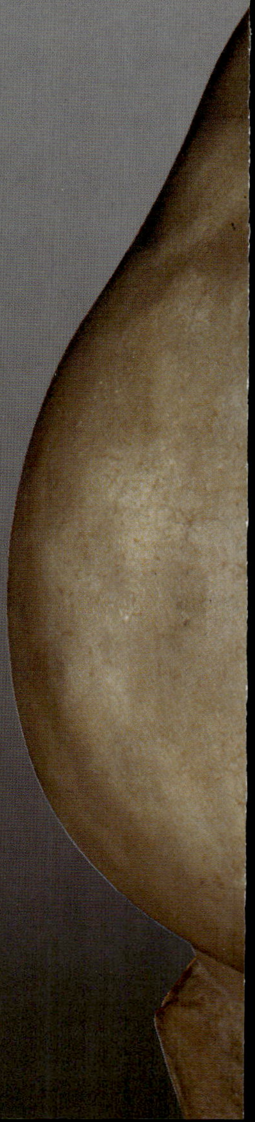

140 links *Der berühmte Doryphoros (Speerträger) von Polyklet – ein Werk, das die Idee des Kanons des großen peloponnesischen Künstlers um 450 v. Chr. verkörpert, ist uns nur in Form von Kopien aus der römischen Zeit erhalten. Die schönste ist im Archäologischen Nationalmuseum in Neapel zu besichtigen.*

140 rechts *Eine weitere Kopie aus römischer Zeit, die in Delos gefunden wurde und in Athen ausgestellt ist, zeigt die Anmut der Bewegungen des jungen Athleten Diadumenos, der sich gerade die* tainia *des Gewinners um den Kopf legt. Dies ist eines der faszinierendsten Werke von Polyklet (um 430 v. Chr.).*

140–141 *Ruhe, fast Losgelöstsein, kommt in dieser perfekten Bewegung des Diskobol (Diskuswerfers) von Myron (um 450 v. Chr.) zum Ausdruck; hier die berühmteste römische Kopie. Es ist ein beeindruckendes Beispiel, die dynamische Harmonie des menschlichen Körpers in einer Ebene auszudrücken.*

die schon die Römer aufgestellt hatten. Die klassische Kunst wurde hoch gelobt als das absolute Vorbild für westliche Kunst und Kultur. Die Schriften des herausragendsten Exponenten eines künstlerischen Neoklassizismus, des Preußen J. J. Winckelmann, beeinflussten Künstler, die von der Pracht der antiken Welt bereits „überrollt" waren: z. B. G. B. Piranesi, A. R. Mengs, B. Thorvaldsen und A. Canova. Seine Ideen wurden lange hoch geschätzt und erzeugten schließlich einen noch längerlebigen Mythos, der selbst heute noch manchmal den kritischen Geschmack moderater Kunstliebhaber beeinflusst. Erst in diesem Jahrhundert setzte sich für die Kunst der Antike allmählich eine rein historische und kritische Sichtweise durch. Nachdem er seinen hierarchischen Wert verloren hat, kann der Begriff „klassisch" wie auch „archaisch" und „streng" rein praktisch verwendet werden, um die konzeptionelle und formale Sprache der griechischen Kunst zwischen der Mitte des 5. und dem letzten Drittel des 4. Jahrhunderts v. Chr. zu charakterisieren. Aufgrund der Athener Vorherrschaft in der griechischen Kultur insgesamt, was Philosophie, Geisteswissenschaften, Wissenschaft und Kunst umfasst, trug der Prozess des künstlerischen Experiments, der bereits in früheren Jahrhunderten begonnen hatte, seine Früchte. Unter Perikles und seinen Nachfolgern kann Athen als die kulturelle Hauptstadt des „Griechentums" angesehen werden. Griechische Persönlichkeiten verließen ihre Heimatstädte und trafen sich in Athen auf der Suche nach Anerkennung und Erfolg. Sie brannten darauf, sich gegenseitig auszutauschen und von Erfahrungen zu profitieren, die sonst nur in jahrelangen Wanderungen möglich gewesen wären.

Der Kunstgeist dieser Epoche kann jedoch nicht völlig verstanden werden, wenn das wissenschaftliche Streben nach philosophischen Ideen nicht berücksichtigt wird – ein Bereich, in dem sich Anaxagoras von Klazomenai und Demokrit von Abdera betätigten. Zenon von Elea, der Nachfolger des Parmenides, hielt hingegen das Interesse an der unteilbaren Einheit des Seins aufrecht, womit er im 4. Jahrhundert v. Chr. durchaus noch Aufmerksamkeit fand.

Schließlich tauchten die Sophisten, die ersten „Praktiker des Wissens", auf: Ihre Lehren bezogen sich in erster Linie auf Sprachtheorie (Rhetorik, Grammatik, usw.) und Ethik (Theorien über Gesellschaft, Moral, Recht und Staat). Der berühmte Philosoph

__142-143__ Die Kunst der hochklassischen Periode dreht sich fast ausschließlich um Phidias. Diese herrliche Figur stellt einen personifizierten attischen Fluss dar, den Kephisos oder den Ilyssos, und stammt vom Westgiebel des Parthenon in Athen (um 435 v. Chr.). Absolute Schönheit in ihrer idealen Form ist in der vollkommenen räumlichen Freiheit und der Natürlichkeit der Pose ausgedrückt und lässt den Menschen einem Gott ähnlich werden; so soll die gesamte Realität des Universums in einem Bild gefasst werden.

Sokrates kritisierte die Lehren der Sophisten vor allem deshalb, weil er glaubte, dass sie mehr auf rhetorische Überredung als auf begründetes Wissen und Handeln gerichtet seien. Sokrates' Ideen wurden von seinem Schüler Platon aufgegriffen und erweitert, was von grundlegender Bedeutung für die gesamte Entwicklung der westlichen Denkweise war. Antrieb für das lebhafte kulturelle Leben Athens waren die wirtschaftlichen Ressourcen, die vom Staat und einflussreichen Bürgern bereitgestellt wurden. In Athen wurde die *ante litteram* Bourgeoisie auf diese Weise zum Kunstmäzen in großem Maßstab, wie es auch bei den Bourgeoisien im Europa im 13./14. und wieder ab dem 19. Jahrhundert der Fall war. Die persische Plünderung Athens im Jahr 480 v. Chr. richtete im Erscheinungsbild der archaischen Stadt gewaltigen Schaden an, und die charakteristische „Unordnung" der Stadtlandschaft wurde unter den Peisistratiden nur teilweise verändert. Eine echte Rekonstruktion kam erst unter Kimon und Perikles in Gang. Unter Kimon begannen die Arbeiten mit der monumentalen Reorganisation der Agora, und man machte Pläne für den Bau eines riesigen Tempels für Athena Parthenos („Athene die Jungfrau") auf der Akropolis als Ersatz für den archaischen Tempel, der nach den Perserkriegen relativ planlos restauriert worden war. Perikles jedoch war der Hauptinitiator einer architektonischen Verschönerung Athens: Dank diesem hochkultivierten Mann mit breitgefächerten politischen Ansichten – Athens „erster Bürger", wie Thukydides ihn beschrieb – wurden die Akropolis und die Stadt reorganisiert und durch das erste groß angelegte Städtebauprogramm in der Geschichte der westlichen Welt in einen monumentalen Rang erhoben. Perikles wollte, dass die Identität und die politischen, ethischen, religiösen und kulturellen Werte eines freien Athener Volkes ihr Pendant fänden in einer angemessenen Architektur und Kunst, in einem Ensemble von Bauwerken von bis dahin unbekanntem Glanz, um den der Rest der Welt sie beneiden würde. Wenn man von einer politischen „Protestbewegung" einer kleinen Minderheit absieht, so fanden seine Pläne Anklang bei der Athener Bevölkerung, deren Ideen sich auf eine Gesellschaft bezogen, die ein harmonisches Gleichgewicht zwischen dem Individuum und der Gemeinschaft, dem Öffentlichen und dem Privaten bilden sollte. Die Pläne wurden 449 v. Chr. in Angriff genommen, als ein dauerhafter Friede mit

den Persern erreicht werden konnte. Eine Reihe größerer Neuerungen und Verbesserungen wurde auf der Agora, in den Wohnbezirken der Stadt und in Piräus (nach einem Plan von Hippodamos aus Milet) durchgeführt, wobei gleichzeitig das Straßennetz erweitert wurde.
Doch die Hauptaufmerksamkeit widmete Perikles der Akropolis. Athen war inzwischen eine blühende Stadt, die jedem Feind widerstehen konnte und von komplexen und tiefen Wertvorstellungen durchdrungen war. Es fehlte nur noch ein monumentaler Bezirk, ein sichtbares Zeichen seines Bürgerstolzes. Also begann die Arbeit mit dem Bau einer Reihe von Gebäuden, unter der persönlichen Aufsicht Perikles' und von einem außergewöhnlich begabten und kreativen Projektleiter koordiniert: Phidias. Er beschäftigte ein Team der besten Architekten und hochbegabte Künstler. Die Hügelspitze wurde allmählich mit eleganten Marmorbauten umgeben. Der Tempel der Athena Parthenos, später als Parthenon bekannt, wurde um 460 v. Chr. nicht weitergebaut, sondern in noch größerem Maßstab von Iktinos und Kallikrates neu entworfen, die komplizierte mathematische Berechnungen anstellten und den gesamten Komplex auf der Grundlage der Harmonie seiner Proportionen planten. Kallikrates entwarf auch den kleinen ionischen Niketempel, während die Propyläen der Akropolis von Mnesikles gebaut wurden.
Schon bald waren das Erechtheion – der Originaltempel des Poseidon nach einem Plan des Philokles – und ein Komplex aus kleineren Tempeln für verschiedene Kulte erbaut. Der Bau der Akropolisdenkmäler schritt schnell voran, doch Perikles erlebte ihre Vollendung nicht mehr: Als er starb, waren nur der Parthenon und die Propyläen fertig.
Die große klassische Kunst Attikas hatte ihren Ursprung in den ehrgeizigen Projekten von Perikles und Phidias und wurde durch die Ideen und praktischen Beiträge einer Gruppe talentierter Bildhauer, bildender Künstler und Steinmetze beeinflusst. Ihre Kunst war ein Versuch, die perfekte Einheit und überlegene Schönheit des Sichtbaren und Unsichtbaren auszudrücken, das dynamische und ständig sich ändernde Gleichgewicht der sichtbaren und fühlbaren Wirklichkeit einzufangen, erfolgreich Ideen durch bedeutungsreiche Formen darzustellen. Der Parthenon ist das vollkommene Beispiel des kreativen Genius, der verschmolzen ist mit rationaler Planung und Ausführung. Doch alle räumlichen und visuellen Beziehungen zwischen dem großen Tempel und den umliegenden Gebäuden auf der Akropolis tragen ebenfalls zum Gesamteindruck einer studierten, aber trotzdem natürlichen Harmonie bei.
Auch anderswo in Athen und in anderen Teilen Attikas schossen die Monumentalbauten aus dem Boden. Am bemerkenswertesten waren der Ephesostempel auf der Agora, der Poseidontempel bei Kap Sunion, der Nemesistempel in Rhamnus sowie die Verzierungen des Heiligtums der Artemis Brauronia. Doch der Ruhm der Architekten der Akropolis breitete sich schnell über die regionalen Grenzen hinaus aus. Iktinos z. B. wurde mit Kallikrates auf die Peloponnes gerufen, um den Tempel des Apoll in Bassai (Arkadien) zu modernisieren, nachdem er in Eleusis sein Projekt eines großen Heiligtums

144 links *Einen Eindruck von der Tradition des Phidias vermitteln die Werke des Vaters von Praxiteles, Kephisodot. Eirene und Plutos sind die Personifikationen von Frieden und Reichtum als Mutter und Sohn (374 v. Chr.). Diese römische Kopie ist in München ausgestellt.*

144 rechts *Diese römische Kopie einer Statue von Polyklet – die verwundete Amazone, die von dem Künstler um 440 v. Chr. für den Wettbewerb in Ephesos geschaffen wurde – verdeutlicht den chiastischen Rhythmus der weiblichen Figur im sinnlichen Gewand.*

für den Mysterienkult fertig gestellt hatte.
Nachdem Phidias seine Arbeiten an der riesigen, aus Elfenbein und Gold bestehenden Statue der Athena Parthenos für die Cella des Parthenon beendet hatte, machte er sich an ein ebenso gewaltiges Kultbildnis des Olympischen Zeus für die Cella des Zeustempels in Olympia. In jenen Jahren dominierte Phidias die Bildhauerei. In seinem Werk wurden die strengen Proportionen, die Polyklet eingeführt hatte, durch eine außergewöhnliche Vielfalt an Linien und Rhythmen mit starkem realistischem Effekt gesteigert. In Athen konkurrierten mit Phidias große Namen wie Myron, Polyklet und Kresilas. Ebenfalls bedeutend war die Bildhauerschule, die sich um den Parthenonbau entwickelt hatte: Hier wurden der Geist und der Stil von Phidias fortgesetzt und erweitert, wobei seine distinktive Sensibilität für die menschliche Gestalt stärker akzentuiert wurde. Zu ihren prominentesten Vertretern gehörten Alkamenes, Agorakritos und Kallimachos.
Der Wettbewerb von Ephesos um 440 v. Chr. ist ein wertvolles Zeugnis des künstlerischen Wettstreits zwischen den großen Bildhauern dieser Epoche. Er ermöglicht es, die Statuen von Kresilas, Polyklet und Phidias zu vergleichen – allerdings nur anhand römischer Kopien. Der beständige Beitrag von Phidias und seinem Werk tritt auch in den feinen Grabstelen hervor, die in Attika Mitte des 5. bis Ende des 4. Jahrhunderts v. Chr. hergestellt wurden. Doch wieder einmal ist es die enge Verbindung zwischen den Trends in der Bildhauerei und der Malerei, die die Einheit der griechischen Kunstproduktion betont. In Athen wurde der wechselseitige Einfluss von Bildhauerei und Malerei in der zweiten Hälfte des 5. Jahrhunderts stärker – ein Anzeichen wechselnder Beziehungen zwischen den Künstlern und stärkerer Aufmerksamkeit auf die Experimente anderer in ihren jeweiligen Kompetenzbereichen. Es gab viele Gelegenheiten, mit den Entwicklungen Schritt zu halten: Bildhauer, bildende Künstler, Töpfer, Vasenmaler, Metallbearbeiter, Holzschnitzer, Goldschmiede usw. arbeiteten häufig an denselben Projekten zusammen und kamen oft miteinander in Kontakt, als sie für eine immer anspruchsvollere Klientel arbeiteten.
Die zweite Hälfte des Jahrhunderts sah auch große Fortschritte in der Malerei, obwohl das einzige erhaltene Zeugnis die attischen Vasen mit den roten Figuren sind. Zunehmende Bedeutung gewann auch die realistische Porträtierung von Personen. Dies geht aus den Abhandlungen über Perspektive von Anaxagoras und Demokrit hervor, achtzehn Jahrhunderte vor Filippo Brunelleschi. Phidias und Agatarchos waren Anaxagoras zu Dank verpflichtet: Sein Entwurf der Parthenonmetopen als erfolgreicher Maler und Bildhauer zeigt eine bildhafte Vision des Raumes, der in einen Rahmen eingeschlossen ist. Apollodor, Zeuxis und Parrhasios wurden hingegen von Demokrit beeinflusst. Der Gebrauch von Perspektive, Verkürzung, Schattierung und Strich, der den Figuren Fülle und Dynamik gab, ist tatsächlich auch auf einer Reihe von Meisterwerken zu finden, die die Signaturen zeitgenössischer attischer Vasenmaler tragen. Wie die Vasenmalerei ein größeres Gespür für Plastizität und Perspektive entwickelte, so wurde die Bildhauerei durch bildliche Elemente bereichert. Linien bekamen als dekoratives Element eine fundamentale Bedeutung.
Dies ist besonders evident in der Gestaltung der Kleidung – mit schleierähnlich die Gestalten umspielenden Stoffen –, ein Element der Bildhauerei, das Kallimachos bevorzugte, das aber schon von Phidias entwickelt und von Agorakritos übernommen worden war. Es ist auch sichtbar in der subtilen Anmut der „Nike“ von Paionios im Olympiaheiligtum, einer Votivgabe der Messenier und Naupaktier als Dank für ihren Sieg über die Spartaner (um 420 v. Chr.).

145 *Gegen 440 v. Chr. wurde in der ionischen Stadt Ephesos ein Wettbewerb für die schönste Bronzestatue einer verwundeten Amazone ausgetragen. Kresilas, Phidias, Polyklet und der weniger bekannte Phradmon lieferten ihre Beiträge. Kresilas' Darstellung zeigt eine schöne Frau, deren traditionelles kriegerisches Aussehen durch das kurze, in der Mitte gescheitelte Haar betont wird. Die durch eine Wunde geschwächte Frau hebt ihren rechten Arm mit Mühe über ihren Kopf, wobei das Gesicht ihre Schmerzen verrät. Gewand und Pose ihres herrlichen Körpers zeigen, nach Meinung einiger Kritiker, den Versuch an, das „göttliche“ Gleichgewicht von Phidias' Kunst zu überwinden. Polyklet gewann den Wettbewerb.*

Die Kunst in den turbulenten Jahren (400–338 v. Chr.)

Der Peloponnesische Krieg (um 431–404 v. Chr.) forderte Tausende von Toten, brachte Hunger, Epidemien, Zerrüttungen und eine Wirtschaftskrise; er war auch der historische Hintergrund für einen Wechsel in der existenziellen Sichtweise der Griechen. Die Menschen konnten nicht mehr mit dem Logos den Sinn einer Einheit des Universums begreifen, das nun durch Gewalt und ohne Sinn und Verstand umgekippt und zerstört war. Deshalb kann das 4. Jahrhundert v. Chr. im Bereich der Kultur und Kunst als das Jahrhundert des Individualismus und der Irrationalität angesehen werden. Pathos – ein Ausdruck, der üblicherweise zur Definition des inneren, existenziellen Universums verwendet wird, zu dem der Mensch aufgrund seiner Widersprüche und Vielschichtigkeit neigt – impliziert mehr als einfache Gefühle: Das Wort leitet sich her von *pascho* („ich leide") und zeigt so eine Stimmung der Passivität, der unvermeidlichen Unterwerfung des Menschen unter das „Mysterium" seiner irrationalen Gefühle. In der Entwicklung der Philosophie wurde eine Bestätigung seiner Hinwendung zu irrationalen, abstrakten, metaphysischen und absoluten Dingen gesehen. Der Erfolg von Sokrates' Dialektik fiel mit dem Niedergang der Sophisten zusammen. Ihre anfangs erzieherisch gemeinte Rhetorik war mit Optimismus gefüllt, wurde jedoch immer bevormundender und spiegelte den wachsenden egoistischen Individualismus im griechischen Geist wider – die Sophisten waren eine Art Gurus, die ihr Wissen verkauften.

Platon stellte in seinen gewaltigen Werken eine Kluft zwischen dem Menschlichen und dem Göttlichen fest und postulierte eine absolute Wahrheit, die vom „Irrtum" befreie. Er stand der menschlichen Unvollkommenheit äußerst kritisch gegenüber und schlug – z. B. in der politischen Theorie – ein unmögliches Modell vor, das den spartanischen „Nationalismus/Kommunismus", Fragmente der pythagoräischen mystischen Nummerologie und die beunruhigende Figur des Welten-

146 Das wahre Symbol von Olympia kommt in dieser Marmorstatue zum Ausdruck. Hermes versucht, mit Weintrauben die Aufmerksamkeit eines kleinen, dicken und bereits lebhaften Dionysosknaben auf sich zu lenken. Dieses unbestrittene Meisterwerk wird, nicht ohne Kontroversen, Praxiteles zugeschrieben – aufgrund einer Stelle in einer Passage des Pausanias.

147 rechts Dies ist die römische Kopie eines Originals von Praxiteles: eine wunderschöne halbnackte Aphrodite, die so genannte „Venus von Arles".

schöpfers vermischte. Dieser zeigte der desorientierten Masse „den Weg" und „die Wahrheit", wodurch er notwendigerweise seine Führerschaft durchsetzte und den freien Willen abschaffte.

Später war es Aristoteles, der Lösungen für ethische, politische oder wissenschaftliche Fragen bot. Doch bis dahin schien die Philosophie alle Betrachtungen über das Sein als ein Ganzes – wovon jeder Aspekt des Universums ein Teil ist – verbannt zu haben.

In der Religion hatten die dramatischen Ereignisse, gerade als der „Optimismus der Vernunft" blühte, den Menschen allein gelassen. Die Götter erschienen nicht mehr als eine bestätigende, logische, übermenschliche Projektion der Perfektion allen Seins; stattdessen spiegelten sie die Zerbrechlichkeit aller Dinge im Angesicht des Schicksals, wurden zum Objekt ritueller Huldigungen und fideistischen Aberglaubens oder eines zweifelnden Schreckens. In der Literatur, besonders in der Bühnenpoesie, war Menander der Autor, der diese Verwirrung am effektivsten wiedergab.

Die Polis des 4. Jahrhunderts zeigte das Interesse von Philosophen, Politikern und Stadtplanern, eine Stadt zu schaffen, die harmonisch mit Umgebung, Gemeinschaften und Individuen mit verschiedenen wirtschaftlichen, sozialen und kulturellen Bedürfnissen umgehen konnte. Man verfolgte allgemeingültige Modelle, die auf „wissenschaftlichen" Theorien basierten: Hippokrates schrieb über die Bedeutung einer gesunden Umwelt, während Platon seine Ansichten betonte, die man heute unter den Begriff „Umwelteinfluss" fassen würde. Aristoteles nutzte seine detaillierten Kenntnisse der Entwicklungen in verschiedenen griechischen Städten, um seine eigenen Theorien zu formulieren: Sein ideales Stadtmodell kombinierte den Entwurf des Hippodamos mit der sensiblen, empirischen Betrachtungsweise der Kolonien und funktionalen Attributen, die auch heute noch ihren Sinn hätten. Ein in-

147 links Gegen 360 v. Chr. schuf Praxiteles auf dem Höhepunkt seines Erfolgs eine der am meisten bewunderten Marmorstatuen der Antike, die er den enthusiastischen Bewohnern von Knidos (Kleinasien) verkaufte: eine badende Aphrodite. Indem er sie völlig nackt darstellte, brach er mit der Konvention, nur männliche Figuren nackt darzustellen. Er beschwor einen Skandal herauf, da seine Geliebte ihm dabei Modell stand.

teressantes Beispiel einer entstehenden *forma urbis* in jenem Jahrhundert ist Olynthos: Die Kolonisten, die die Stadt wieder aufbauten, folgten dabei dem Hippodamischen System, passten den Plan jedoch dem Gelände und den Örtlichkeiten an. Auch Kassope in Epirus war ursprünglich eine Ansammlung von dörflichen Siedlungen in einer schnell wachsenden Region und erhielt dann die gleichen eindrucksvollen Merkmale in seinem Stadtplan und seinen architektonischen Lösungen. Priene in Ionien mit seiner spektakulären Lage am Fluss Mäander war das erste Beispiel einer „landschaftlichen" Stadtplanung und in den folgenden Jahrhunderten äußerst beliebt.

In der Architektur gab es Verbesserungen und Neuerungen: Für Wohnhäuser wurde eine „Standardform" eingeführt, die auf rationalen und funktionalen Kriterien basierte und es ermöglichte, Häuser in Modulbauweise zu errichten (Insulae). Diese Änderung diente nicht nur der Rationalisierung des Häuserbaus im Kontext der neuen Stadtplanung, es spiegelte auch die Hinwendung der Griechen zu der bereits beschriebenen individualistischen Geisteshaltung wider. Die Theatergebäude hingegen behielten ihre öffentliche und kollektive Dimension. Sie wurden immer häufiger aus Stein erbaut und ihr Aussehen richtete sich nun nach einer Konvention, wofür Epidauros ein anschauliches Beispiel ist. Theater wurden ein konstanter Faktor in griechischen Städten, wie es zeitgenössische und spätere Beispiele in Dodona, Oiniadai, Priene und Pergamon belegen. Der Unterschied lag darin, dass man nun Stücke aufführte, die den Zuschauer als Individuum und nicht mehr als Teil einer Gemeinschaft ansprachen.

Das architektonische Szenario wurde künftig von Tendenzen geprägt, die schon in den letzten drei Dekaden des vorigen Jahrhunderts aufgekommen waren: elegantes Aussehen, anmutige Harmonien, ausgeklügelte Proportionen, Stilmischungen, die an Eklektizismus grenzten, um Leichtigkeit, „Bildlichkeit" und eine „visuelle Form" zu erzielen, die im Widerspruch zur platonischen Theorie standen, die nach Schönheit und „Wahrheit" strebte, was auch immer damit gemeint war.

Interessante Beispiele, auch im Sinn einer engen Beziehung zwischen Struktur und verzierenden Skulpturen, bieten die Tholoi in Epidauros und Delphi, das Mausoleum in Halikarnassos und der Tempel der Athena Alea in Tegea. Die Tholos in Delphi besitzt so grandiose, monumentale Ausmaße, dass die Würdigung des Individuums zum Kult wird; sie zeigt sowohl frühere orientalische Züge als auch Anklänge an die herrlichsten Tempel der griechischen Welt.

Die sichtbarsten Effekte dieser existenziellen Desorientierung der Griechen zeigen sich auch in der figurativen Sprache der Bildhauerei und Malerei. Anfang des folgenden Jahrhunderts begannen die griechischen Bildhauer, Aspekten der subjektiven Erfahrung Raum zu geben, indem sie Stimmungen, Gefühle, Empfindungen aus dem irrationalen Inneren des Menschen zu fassen versuchten. Pathos beherrschte die prächtigen Werke von Kephisodot, Praxiteles, Skopas, Timotheos und den Kunsthandwerkern, die mit ihnen in Verbindung standen; die attischen Grabstelen sind schöne Beispiele hierfür. Die Künstler lösten sich von den Traditionen des Phidias und des Polyklet und versuchten die launische Seite des menschlichen Temperaments darzustellen. Sie wollten Augenblicke einfangen, die die ephemere Natur der Dinge symbolisierten; sie gaben Verzückung und Schmerz, Zärtlichkeit und Wut in einer Welt ohne Ideale und Glauben Ausdruck; man beobachtete die Realität und griff nach der Leere, die aus Illusionen, Lichtern, Schatten und Farben bestand.

148 *Die tanzende Mänade wird dem Genius des Skopas (335–330 v. Chr.) zugeschrieben. Skopas' Stil wurde in der verkleinerten römischen Kopie wiedererkannt, die heute in Dresden ausgestellt ist. Diese Verehrerin des Dionysos ist im Zustand völliger Ekstase dargestellt, mit fiebrigen und sinnlichen Bewegungen.*

149 *Aus dem Tempel der Athena Alea in Tegea (350 v. Chr.) –, Skopas' architektonisches und bildhauerisches Meisterwerk – stammt dieser wunderbare Kopf der Göttin Hygieia, deren ausdrucksstarkes Gesicht typisch die darstellenden Künste des 4. Jh. v. Chr. ist.*

Von Philipp II. bis zu Alexander dem Grossen (359–323 v. Chr.)

Die zentrale Rolle, die Makedonien in der griechischen Geschichte in der zweiten Hälfte des 4. Jahrhunderts v. Chr. spielte, hatte für die Entwicklung der griechischen Kunst große Auswirkungen. Die Region, die von den Argoniden beherrscht wurde, brachte seit dem 6. Jahrhundert v. Chr. bedeutende Kunstwerke hervor, als die Kontakte mit Mittel- und Südgriechenland noch spärlich waren. Die engeren Verbindungen im folgenden Jahrhundert mit den nun blühenden Stadtstaaten wirkten sich positiv auf die bereits beachtliche Produktion makedonischer Künstler aus. Aigai und Pella, die beiden Hauptstädte, empfingen auch Dichter vom Rang eines Euripides am Hof des Königs Archelaos. Er schrieb die „Bakchen", die hier auch zum ersten Mal aufgeführt wurden, sowie weitere bedeutende Tragödien.
Der griechische Beitrag zur makedonischen Kultur war beachtlich – doch erst ab Philipp II. Die Bewunderung des Königs für die Kultur rührte von den Poleis zwischen dem 7. und 5. Jahrhundert v. Chr. her. Aus diesem Grund wurde der Thronerbe Alexander von Platons Schüler und größtem zeitgenössischen Philosophen, Aristoteles, unterrichtet. Es ist bezeichnend für Madekoniens bedeutende Stellung innerhalb der griechischen Kultur, dass Aristoteles die Grundlagen für die westliche Philosophie und Wissenschaft für die nächsten 2000 Jahre legte: Das menschliche Wissen basierte auf der „wissenschaftlichen" Einsicht in die Wirklichkeit und der ihr innewohnenden Dialektik zwischen Form und Gegenstand.
Schon seit dem 10. Jahrhundert v. Chr. hatte die makedonische Kunst – anders als die Literatur und Philosophie – viele Beziehungen zur griechischen Koine, der Sprache der Kultur. Ihre Unterscheidungsmerkmale lagen in der lokalen Interpretation gemeinsamer oder sowohl von Südgriechenland als auch aus der Ägäis importierter Modelle mit gelegentlichen orientalischen Beiträgen sowie von Kontakten mit dem südlichen Balkan und Thrakien. Hervorzuheben ist der feine

***150** Lysippos' berühmtestes Werk ist der Athlet Apoxyomenos (um 330 v. Chr.). Es manifestiert Komposition und rhythmische Revolution, die durch den Lieblingsporträtisten Alexanders des Großen eingeführt wurden. Der Athletenkörper zeigt nicht mehr einen Chiasmus, sondern einen Kontrast der Kräfte – z. B. die Spannung der rechten Gliedmaßen und die Entspannung der linken.*

***151** Diese herrliche römische Kopie des Silen mit dem Kind Dionysos, die nun definitiv Lysippos zugeschrieben wird, wurde lange als ein Werk aus Lysippos' Schule angesehen. Das Schema orientiert sich an Kephisodots Werk Eirene und Plutos, das von Praxiteles in Form des Hermes mit dem Kind Dionysos weiterentwickelt wurde. Deutlich sichtbar wird dabei die Neigung der Künstler der reifen klassischen Periode Pathos und Sentimentalität zum Ausdruck zu bringen.*

***152** Eine weitere berühmte Bronzestatue wird ebenfalls Lysippos zugeschrieben. Hier ist eine ausgezeichnete Kopie aus der römischen Zeit abgebildet. Hermes, der Schutzgott der Händler und der Diebe, ruht sich in einer sehr menschlichen Pose zwischen seinen Abenteuern aus. Er gleicht einem schönen sterblichen Jüngling – bis auf die geflügelten Schuhe an seinen Füßen.*

Goldschmuck aus dem 6. und 5. Jahrhundert v. Chr., der in den Nekropolen von Hagia Paraskevi und Sindos bei Thessaloniki ausgegraben wurde. Olynthos hingegen war der Ort innovativer Städteplanung bei der das griechische Haus seine endgültige Form erhielt. Unter Philipp II. und Alexander dem Großen wetteiferte Makedonien mit den führenden Kunstzentren des Südens.

Die in der Region geplanten Städte zeigen den Einfluss der Prinzipien des Hippodamos. Lokale Künstler, die durch die herrschende Dynastie ermutigt wurden, trugen dagegen zu einer Wiederbelebung der Palastsiedlung als Sitz der monarchischen Herrschaft bei, eines architektonischen Modells, das von der Poleiszivilisation lange vergessen war. Der Palast von Aigai zeigt die ganze Pracht, die mit Macht und Prestige assoziiert wird. Doch gab es auch Zeichen einer rationalen und methodischen Planung, wie öffentliche und private städtische Bauwerke jener Zeit bestätigen. In der Nähe des heutigen Vergina wurde kürzlich die königliche Grabstätte von Aigai ausgegraben, die das herrliche Grab Philipps II. enthält. Es ist ein vollkommenes Beispiel für die Grabarchitektur, wie sie auch bei etwa 70 ähnlichen Gräbern im Dreieck Edessa/Thessaloniki/Katerini anzutreffen ist. Zu den völlig neuartigen architektonischen Merkmalen dieser Bauten mit Einzel- oder Doppelkammern gehören Tonnengewölbe und Wandmalereien im Außenbereich. Das monumentale Grab selbst sieht wie ein kleiner Tempel aus, in dem architektonische Verzierung, Bildhauerei und Malerei, dorische und ionische Elemente harmonisch zusammenwirken und so den Geschmack jener Epoche betonen. Die kostbaren Gegenstände und die Einrichtung im Grab Philipps II. umfassen bemerkenswert schöne, modern wirkende Verzierungen, aus dickem Goldblech getrieben, sowie figürliche und abstrakte Kompositionen von äußerster Eleganz und Feinheit. Das Meisterwerk der makedonischen Metallbearbeitung, das der Zeit Alexanders des Großen zugeordnet werden kann, ist aber der Bronzekrater von Derveni, auf dem ein klassischer Mythos wiedergegeben ist.

Im 4. Jahrhundert v. Chr. – von Archelaos bis Alexander dem Großen – arbeiteten Zeuxis und Apelles, die beiden berühmtesten Maler jener Zeit, auch in Makedonien: Ihre Gemälde, die Zeuxis' lebhaften Realismus und Apelles' Vorliebe für den gefühlsbetonten, visionären Geist, wie er für die Kunst des 4. Jahrhunderts typisch war, kennzeichnen, sind leider verloren gegangen; doch die feinen vielfarbigen Kieselmosaiken, die einige Gebäude in Pella schmückten, sind ein Zeugnis ihres Einflusses.

Die größte künstlerische Persönlichkeit am Hof der Argeaden im 4. Jahrhundert war der Bildhauer Lysippos, dessen Name mit den berühmtesten Skulpturen in Pella und anderen Zentren der griechischen Welt in Verbindung gebracht wird. Sein Stil – der uns leider fast nur durch römische Kopien seines Werks bekannt ist – kombinierte erfolgreich Pathos und die Feier der „heroischen" Qualitäten des Menschen mit den harmonischen polykletischen Proportionen. Deutliche Spuren seiner Errungenschaften sind im Werk von Zeitgenossen wie Silanion zu sehen. Das Bild Alexanders des Großen, das Lysippos geschaffen hatte, wurde nach dem frühen Tod des Herrschers die erste „weltliche Ikone" der westlichen Welt: der archetypische, vergöttlichte, zum Helden erhobene Mann.

153 *Diese herrliche Bronzestatue wurde im Meer vor Antikythera entdeckt, einer kleinen Insel zwischen Kythera und Kreta. Sie stellt eine reichere und „barocke" Version des in der zweiten Hälfte des 4. Jh. v. Chr. modischen sentimentalen Ausdrucks dar. Sie zeigt vermutlich Perseus, der das abgeschlagene Haupt der Medusa hält. Die Pose der Figur drückt eine akzentuierte Biegung aus und „bricht" den umgebenden Raum mit ihrem nach vorn gestreckten rechten Arm. Der intensive Blick folgt dem Arm mit einem pathetischen Ausdruck.*

Die hellenistische Kunst (320–1. Jh. v. Chr)

Der Ausdruck „Hellenismus" bezeichnet die historische und kulturelle Periode zwischen dem Tod Alexanders des Großen (323 v. Chr.) und der römischen Eroberung Ägyptens (31 v. Chr.), dem ältesten der Königreiche, die aus dem zerstückelten makedonischen Reich entstanden. Sie umfasst auch den griechischen Einfluss, den Philipp II. in den weiten eroberten Gebieten in Afrika und dem Osten inne hatte. Eingeführt wurde der Ausdruck „Hellenismus" im zweiten Viertel des 19. Jahrhunderts durch den deutschen Historiker J. G. Droysen, der diese Periode als eine Zeit verstand, in der griechische Sprache, Religion, politische Modelle, Sitten, Kultur und Kunst sich nach Makedonien ausbreiteten und in sämtlichen Regionen des makedonischen Einflussbereichs assimiliert wurden. Vom kunsthistorischen Standpunkt aus bezeichnet dieser Ausdruck den formaler Stil dieser Periode. Sie hatte auch Auswirkungen auf die Kunst und Architektur des antiken Rom.
Nach dem Tod Alexanders des Großen unterlagen Griechen und Nicht-Griechen demselben historischen Prozess und wurden Teil einer universellen Kultur, deren theoretischer, logischer und materieller Mittelpunkt das Griechentum war. Die *koine dialektos*, eine „gemeinsame Sprache", entwickelte sich. Diese brachte verschiedene Traditionen in Kontakt, wobei deren kulturelle Entwicklungen miteinander verschmolzen, ohne ihre originalen „regionalen" Eigenschaften zu zerstören. Wie bei der Wirtschaft, Gesellschaft und Politik gingen die kulturellen Grundlagen nicht mehr willkürlich auf einen ethnischen Ursprung, eine Religion oder politische Geographie zurück. Auch bestand nicht mehr das Vorurteil, dass ein Modell anderen überlegen sein musste oder dass die Verbreitung der Kultur notwendigerweise nur in eine Richtung verlaufen konn-

154 und 155 rechts *Die für ihre Anmut und künstlerische Perfektion berühmte „Venus von Milo" (heute im Louvre) wurde in der zweiten Hälfte des 2. Jh. v. Chr. von einem großen Künstler geschaffen, vielleicht von einem Griechen, der mit Stil und Komposition der besten Werke von Lysippos vertraut war. Die Skulptur besteht aus sechs Marmorblöcken, die jeweils getrennt behauen wurden; heute fehlen ihr die Arme, die vermutlich den herrlichen nackten Torso bedeckt hatten. Der Kopf und der Körper zeigen stilistische Züge, die an Praxiteles und Lysippos erinnern. Doch Rhythmus und Bewegung sind komplexer, als ob ein Beben vom Heben des linken Fußes eine Welle von Ruhelosigkeit über die ganze Figur gesandt hat, die sich dem Betrachter in einer suggestiven natürlichen Asymmetrie zeigt.*

155 unten links *Die herrliche Aphrodite (Museum von Rhodos, um 100 v. Chr.), die sich gerade erhebt. Dieses berühmte Werk des Doidalsas zeigt das lebhafte Detail der Hände, die das Haar auswringen, was den Chiaroscuro-Effekt des Gesichts betont.*

156 *Diese römische Kopie eines Originals von Eubulides zeigt den stoischen Philosophen Krisippos in Gedanken versunken und in ein schlichtes Gewand gehüllt (in Übereinstimmung mit der von den Stoikern gepredigten Enthaltsamkeit). Das Werk wurde Ende des 3. Jh. v. Chr. geschaffen. Der intensive Gesichtsausdruck, der durch den geschlossenen Rhythmus der Komposition und einen sentimentalen Naturalismus charakterisiert ist, zeigt eine in der attischen hellenistischen Bildhauerei des 3. Jh. v. Chr. weit verbreitete Tendenz.*

te. Ihre funktionalen Varianten wurden voll akzeptiert, man wandte die Aufmerksamkeit monumentalen Qualitäten, dem Schauspiel und szenischen Effekten zu: Ausdruck der neuen politischen Ordnung, die durch die im Anschluss an das makedonische Reich entstandenen Monarchien verkörpert wurde. Die Herrscher waren genügend aufgeklärt, um die Bedeutung der Popularität zu ermessen, und nützten dies in demagogischer Weise aus. Die mit solcher Aufmerksamkeit bedachten Bürger waren von einer Größe, die aus Provinzstädten Hauptstädte der Kunst und Kultur machte, bis zur Verblendung beeindruckt. Die hellenistischen Städte waren gekennzeichnet durch eine gewaltige, ostentative Architektur mit oft überdimensionierten Mauern, einer Überfülle an öffentlichen Plätzen sowie monumentalen und künstlerischen Bauten im Rang von antiken Weltwundern: der Pharos von Alexandria (Wiege der universellen Bibliothek, von der Borges träumte), der bronzene Koloss von Rhodos, der große Zeusaltar in Pergamon, die Nike von Samothrake. Auch in privaten Wohnhäusern wurde der einfach-funktionale Stil, der jahrhundertelang für die Poleis charakteristisch gewesen war, durch ansprechendere Raumgestaltung ersetzt, die sowohl den geistigen wie den materiellen Bedürfnissen entsprach. Sie besaßen Mosaikböden, Wandmalereien und andere, teils elegante, teils aus billiger Massenproduktion stammende Ausstattungsgegenstände.

Die Handwerker experimentierten mit den ersten „Fabrik"-Produktionsmethoden, während bestimmte kleinere Kunstrichtungen, vor allem die Goldschmiedekunst, bislang unbekannte technische und stilistische Qualitäten erreichten. Zentral geplante Häuser, die um einen Hof mit oder ohne Peristyl angeordnet waren, wurden in der ganzen hellenistischen Welt üblich.

In der Bildhauerei und Malerei verschmolzen die Schulen, die mit den Hauptzentren des einstigen Reichs Alexanders verbunden waren – Pella, Athen, Pergamon, Alexandria, Antiochien, Seleukeia, Rhodos –, ihre Erfahrungen mit dem polymorphen Geschmack der Öffentlichkeit und Mäzene, denen die Künstler gehorchten, ohne jedoch ihre Ideen zu teilen. Größere Bedeutung wurde technischer Raffinesse beigemessen. Alle Aufmerksamkeit wurde der Realität gewidmet, „gefrorenen" Augenblicken des Dramas oder der Tragikomödie der Existenz, einem unerreichbaren Reich der Träume: ein magisches Lächeln, der rasche Flug einer Göttin oder eines Tänzers. Von hier war es nicht weit zur Wiederbelebung des klassischen Mythos und zur Entwicklung einer herrlichen, farbigen Sprache in Makedonien.

In Athen entstanden Werke unemotionaler Gelassenheit, Alexandria glänzte mit unterhaltsamer Schreibkunst, Pergamon mit dramatischem und sinnlichem „Barock". Ein rauschender Sinn für Farben und Bewegung – wie er für die Schule von Rhodos typisch war –, wie auch Goldschmiedekunst und Terrakotten aus Taras entsprachen dieser neuen Haltung. Sie war auch der Schlüssel für anscheinend sehr verschiedene Werke wie der äußerst grotesken „betrunkenen alten Frau" und der Nike von Samothrake. Sie hilft uns auch die künstlerische Revolution unter den Völkern der nicht-griechischen Welt im 3. und 2. Jahrhundert v. Chr. zu verstehen: Von den Römern bis zu den Etruskern, von den Dauni, deren bemalte Gräber in Arpi entdeckt wurden, bis zu den Lukaniern des südlichen Apennin, von den Keltiberern von Numantia und den Iberern von Arse (Sagunt) bis zum Indus.

157 Ein Künstler der späthellenistischen Periode von Rhodos scheint der Urheber dieses Porträts gewesen zu sein. Es zeigt den ganz aus seiner Vorstellung porträtierten Homer, wie er durch römische Kopien bekannt ist: Der alte, blinde Poet, Mythos und Sinnbild der griechischen Kultur, wurde jedoch nach formalen Stereotypen gestaltet, wodurch er eine Art Ikone ohne authentische innere Spannung wurde. Es sind die negativen Einflüsse dieses „Barockismus“, der einige Bildhauerschulen der hellenistischen Kunst beeinflusste.

Archäologische Forschung im klassischen Griechenland und in Kleinasien

158-159 Nordwestecke des Parthenon in herrlicher Nahansicht; am Giebel war eine Szene aus dem Kampf zwischen Athene und Poseidon um den Besitz von Attika dargestellt. Die Göttin der Weisheit trifft das Pferd, ein Geschenk des Meeresgottes, mit einem Olivenbaum, dem Symbol für dauerhaften Frieden und Wohlstand. Dieser Giebel wurde von dem großen Phidias zwischen 438 und 432 v. Chr. entworfen – in einer Zeit, als die meisten Ausschmückungen der Akropolis in Athen durch die demokratische Regierung des Perikles in Auftrag gegeben wurden.

Die Suche nach antiken Gemäuern 160

Athen, die Stadt der Göttin 168

Ägina, der Tempel der Insel 182

Mykene, der Hof der achaiischen Löwen 184

Epidauros, Heiligtum des Asklepios 190

Messene, die Festung 192

Olympia, Stadt des Friedens und des Sports 194

Pella, Hauptstadt von Makedonien 200

Dodona, die Orakelstätte 204

Delphi, der Nabel der Erde 206

Naxos, der Tempel auf dem Fels 214

Delos, Insel der Götter und Händler 216

Lindos, Heiligtum der Athene 226

Samos, Wiege der Hera 228

Pergamon, Akropolis des Windes 230

Priene, die vorbildlich geplante Stadt 236

Knossos, das Labyrinth ohne Minotauros 240

Die Suche nach antiken Gemäuern

***160** Die überdachte Galerie des mykenischen Palasts von Tirinto (13. Jh. v. Chr.) ist ein Beispiel für die megalithische Technik des „falschen Bogens“, die im Belagerungsfall eine schnelle Bewegung ermöglichte.*

***160-161** Diese herrliche Ansicht des minoischen Palasts von Knossos zeigt den restaurierten Zustand. Zu sehen sind der Nordeingang und die verschiedenen Ebenen des gewaltigen Komplexes (17.–15. Jh. v. Chr.).*

***161 oben links** Eine andere bedeutende minoische Stätte aus der gleichen Zeit wie Knossos wurde in Phaistos nahe der kretischen Südküste entdeckt. Auf dem Foto ist die große Treppenflucht im südwestlichen Bereich zu sehen.*

***161 oben rechts** Ansicht der Treppen, die zwischen den Häuserresten und dem Palast von Mykene gefunden wurden; Entdeckung durch Heinrich Schliemann, heute ein beliebtes Touristenmotiv.*

Es wird nun Zeit, den schönsten archäologischen Stätten des antiken Griechenland einen Besuch abzustatten. Viele werden in diesem Buch nicht vorgestellt, weil sie kaum vorzeigbar sind oder weil einfach der Platz nicht ausreicht. Etliche sind bis heute vernachlässigt oder die Zeit hat aus ihnen eher traurige Zeugnisse der Geschichte und Kultur gemacht, die eine Restaurierung dringend nötig hätten. Trotzdem sollte man die Bedeutung dieser Stätten nicht vergessen, wenn man die Glanzpunkte der antiken Welt besucht. Der Besucher Attikas – der zentralen Region des antiken Griechenland – kann mehr bestaunen als nur Athen: Er sollte die Ruinen des Mysterienheiligtums bei Eleusis besuchen, er kann in den Bergen von Hymettos, Pentelikon, Parnes und Kytheronas wandern, wo Steinbrüche zu finden sind, die den Marmor für große Meisterwerke lieferten; er kann auf Wiesen rasten, die bereits die Schriftsteller der Antike inspirierten; Wege und Grotten sind mit Gottheiten oder Musen assoziiert. Der Besucher kann einen Sonnenuntergang hinter den spektakulären Überresten des Poseidontempels bei Kap Sunion erleben, die Heiligtümer von Brauron, Rhamnus, Oropos besichtigten, auf dem Feld von Marathon im Geist den Schlachtenlärm hören oder zu den unbezwingbaren Festungen von Eleutherai und Phyle hinaufklettern. Auf dem Weg nach Korinth sollte er die herrliche Bucht von Perahora mit den kaum noch identifizierbaren Überresten zweier Heraheiligtümer besuchen. Auf der anderen Seite des Kanals nahe bei der Ägäis befindet sich das Poseidonheiligtum von Isthmia, dem Austragungsort der im Abstand von zwei Jahren stattfindenden Isthmischen Spiele, den zweitwichtigsten nach der Olympiade.

Der Besucher folgt dem Weg links vom *diolkos.* Auf dieser Straße wurden über tausend Jahre lang die Schiffe von riesigen Karren von der Ägäis ins Ionische Meer geschafft. Auch Korinth ist keine Enttäuschung, besonders nicht der Akrokorinth, der hoch oben über dem Golf thront. Die Stadt selbst ist ebenfalls reich an Zeugnissen der Antike: Am berühmtesten sind die imposanten Überreste des dorischen Apollontempels, und die Agora, die in römischer Zeit ein wichtiges Forum wurde. Ganz in der Nähe befindet sich die Peirenequelle mit ihrem großen Hof und der eleganten Fassade. Weiter südlich, in Nemea, stehen die Ruinen des großen panhellenischen Zeusheiligtums, wo in der Antike ebenfalls Spiele abgehalten wurden. Hinter Nemea führt eine reizvolle Bergstraße zu der grünen Senke des mythischen Stimfalischen Sees, der von bewaldeten Gipfeln und den steilen grasigen Hängen des Oligyrtos umgeben ist. Von hier geht es weiter in Richtung Küste durch ein Weinbaugebiet nach Sikyon mit seinen Terrassen, der beeindruckenden hellenistischen Agora und dem gut erhaltenen Theater.

In der dramatischen, kargen Landschaft der Argolis liegen nicht nur Mykene und Epidauros, sondern auch über hundert kleine Akropolissiedlungen der frühen Griechen – Lerna, Assine, Medea –, ferner die Palastsiedlung von Tiryns mit ihren massiven

162-163 Herrliche Ansicht der Heiligen Straße in Delphi, aufgenommen bei der ionischen Stoa der Athener (478 v. Chr.; rechts im Bild). Im Hintergrund ist das Schatzhaus der Athener, ein anmutiger kleiner Tempel im dorischen Stil, zu sehen, dessen Metopen heute im örtlichen Museum ausgestellt sind.

162 Das kleine Theater von Oropos (322 v. Chr.) in Attika nahe der Küste von Euböa war Teil des Heiligtums des Amphiaraos, eines Traumdeuters und chtonischen Heilgottes. Hier wurden vermutlich Feiern und Aufführungen nach dem Muster der Dionysosfeste zu seinen Ehren abgehalten.

Mauern. Im Heiligtum der Hera Argiva kann man sich vorstellen, wie Herodot die Legende von Kleobis und Biton erzählte. Das Chaos des modernen Argos ist keine schöne Kulisse für das bedeutende Theater der Stadt mit einem fächerförmigen Auditorium mit Dutzenden von Sitzreihen, die aus dem steilen Felsen gehauen wurden.
Im gebirgigen Arkadien, wo Dionysos die ausgelassenen Prozessionen der Bacchantinnen (Mänaden) anführte, befinden sich: Orchomenos mit einem Theater und bedeutenden Ruinen innerhalb seiner Mauern mit Wehrtürmen; Mantineia, das für seine polygonalen Verteidigungswälle bekannt ist; Tegea, wo der große Skopas beachtliche Skulpturen im heute zerstörten Tempel der Athena Alea schuf; Megalopolis, die stolze Rivalin von Sparta und Geburtsort des Historikers Polybios, eine „große Stadt" und in jeder Hinsicht grandios – von dem Theater für 20 000 Zuschauer und einer beweglichen Bühne bis zum „Thersileion", dem Vorläufer der Parlamentsgebäude. Das durch die Bergketten des Taygetos- und Parnon-Gebirges abgelegene Lakonien hatte Sparta als Hauptstadt, die einfache Stadt von Menelaos, Lykurgos und Leonidas – die Region blieb aufgrund der Gleichgültigkeit der Spartaner gegenüber der Kunst sehr schlicht. An der Akropolis haben nur einige kaum erkennbare Ruinen die Zerstörungen in der späteren Antike und der heutigen Bauträger überstanden.
Messenien bietet herrliche Landschaften, Spuren der orientalischen Seefahrer und die phantastische „Bucht der Phönizier", Phinikounta. Besuchen sollte man auch die palastartige Burg von Pylos, vermutlich die Heimat des Nestor, wie von Homer beschrieben.
In Elis wechseln sich fruchtbare Ebenen mit sanften Hügeln ab, nur im Süden gibt es hohe Berge und enge Täler. Die flachen Sandstrände am Ionischen Meer besitzen weite Buchten, Lagunen und Sumpfland bis hin zur Mündung des Nedas. Hier findet man die spärlichen Ruinen von Helis, das der Region den Namen gab, und entlang der Küste, bei Haghios Andreas, die überschwemmten Reste von Pheia. Weiter südlich befindet sich die Grotte von Kaiaphas mit schwefelhaltigem Wasser, in dem Nessos der Zentaur seine tödlichen Wunden wusch.
Wenn man Olympia verlässt und sich den Andhritsena-Bergen zuwendet, kann man den spektakulären Tempel des Apoll in Bassai bewundern, der nach literarischen Quellen von Iktinos erbaut worden ist (Ende 5 Jh. v. Chr.). Weiter nördlich in Achaia findet man Felsenklippen und Kiesstrände, zerklüftete Berge und tiefe Täler mit Koniferenwäldern, mediterraner Macchia, Zitrusplantagen, Oleander und Eukalyptus.
Nach Patras mit seinem römischen Odeion geht es über den Golf nach Akarnanien-Aitolien. Hier, nahe bei dem Mäander des mythischen Acheloos, liegt das malerische Theater von Oiniadai mit seinem durch einen langen Mauerring geschützten Hafen. Inmitten weiter Tabakfelder verstreut liegen die Ruinen des Zeustempels und die imposanten Befestigungen von Stratos, der alten Hauptstadt dieser Region. Am Fuß des Arakynthos findet man mit etwas Geduld die interessanten Stätten von Pleuron und Nea Pleuron. Entlang der Straße nach Delphi lohnt sich ein Zwischenstopp an der herrlichen Akropolis von Kalydon, um nach Spuren der Legenden von Meleagros und der langen Blütezeit der Stadt zu suchen. Im Herzen von Aitolien bietet Thermos am Ufer des Trikhonis-

163 oben *Das Nemesisheiligtum bei Rhamnus in Attika war in der zweiten Hälfte des 5. Jh. v. Chr. Objekt von Verschönerungen durch die besten Architekten und Künstler. Außer einem der Göttin der Rache geweihten Tempel befand sich hier auch der – allerdings viel kleinere – Themistempel.*

163 Mitte *Das Asklepiosheiligtum auf Kos (Dodekanes) erstreckte sich über eine Reihe von monumentalen Terrassen (erbaut zwischen dem 4. und 2. Jh. v. Chr.).*

163 unten *Zum Artemisheiligtum gehört die Portikus der Bären, wie die Priesterinnen der Göttin genannt wurden (5. Jh. v. Chr.).*

164 oben links *Die Überreste dieser mächtigen Peristasis des archaischen Apollontempels in Korinth (550–540 v. Chr.) erheben sich noch immer auf dem kleinen Hügel über der tief liegenden Stadt, die in römischer Zeit wiederaufgebaut wurde.*

164 oben rechts *Die Löwenterrasse auf Delos ist einer der faszinierendsten Plätze der ganzen Insel: Die gut erhaltenen Löwenskulpturen entstanden im 7. Jh. v. Chr. im orientalisierenden Stil.*

Sees einige Überraschungen, darunter einen archaischen Tempel. Böotien, das vornehme Land der tragischen Mythen des Dionysos und der Musen, besitzt weite, sonnige Felder und niedrige Hügel. Seine antike Hauptstadt Theben, die nur kurz eine dominierende Stellung unter den griechischen Stadtstaaten einnahm, hat heute kaum Interessantes zu bieten. Weitaus sehenswerter sind das „Ptoion"-Heiligtum des Apoll; Gla, vermutlich die mykenische Siedlung Arne, das reizvoll auf einer Insel im heute trocken gelegten Kopaissee liegt; Thespiai; Orchomenos mit einem herrlichen Kuppelgrab; Chaironeia, wo die Unabhängigkeit der Poleis ein Ende fand. Nach einem Halt in Thermopylai, wo 300 Spartaner unter der Führung von Leonidas die Perser aufhielt, gelangt man nach Thessalien mit seinen weiten Ebenen von der Ägäis bis zum Pindos. Die faszinierende Aussicht von den berühmten befestigten neolithischen Siedlungen von Sesklo und Dimini und den bewehrten Mauern von Alos sind einen weiteren Halt wert, bevor man Volos erreicht. Unweit liegen die Ruinen von Demetrias.

Die Suche führt weiter durch das grüne Tempetal nach Makedonien zum Fuß des Olymp, dem Wohnort der Götter, der fast immer wolkenverhangen ist. Eine ständig sich ändernde Landschaft bildet den Hintergrund für ein außergewöhnliches archäologisches Erbe. Außer Pella und Vergina-Aigai gibt es weitere bedeutende Stätten: die Ruinen von Dion und von Lefkadia, die von Weingärten umgeben

164 und 164-165 *Auf einstmals heiligem Boden am Kap Sunion befinden sich die Überreste eines befestigten Heiligtums, das Poseidon gewidmet war. Nach seiner Zerstörung durch die Perser 490 v. Chr. wurde der Tempel 444 v. Chr. wieder aufgebaut – vermutlich das Werk desselben Architekten wie des Theseions in Athen und des Nemesistempel bei Rhamnus. Es ist sicher keine Übertreibung zu behaupten, dass an dieser Stelle einer der schönsten Sonnenuntergänge der Erde zu beobachten ist.*

165 oben *Dieses Fragment einer attischen Votivstele im Strengen Stil zeigt einen nackten Jüngling, vielleicht einen Athleten, der sich gerade eine Krone oder einen Kranz aufs Haupt setzt. Die Stele stammt von Kap Sunion (um 470 v. Chr.)*

165 unten *Die schlanke Peristasis des Poseidontempels bei Kap Sunion offenbart die Herkunft ihres Künstlers von den Ionischen Inseln. Die Effekte von Licht und Schatten sind gewollt.*

166 Dieses Foto zeigt eine herrliche Ansicht der antiken Akropolis von Assos in Phrygien (heutige Türkei), wo sich der gut restaurierte dorische Apollontempel befindet. Hier entstand eine der bedeutendsten philosophischen Schulen durch Aristoteles.

166-167 Diese Rekonstruktion zeigt Assos in seiner Blütezeit zwischen dem 4. und 1. Jh. v. Chr. mit seiner riesigen trapezförmigen Agora, die vom Buleuterion, dem „Stadtparlament", abgeschlossen wird. Thermalbäder, Tempel und luxuriöse Wohnhäuser wurden an dieser Stätte gefunden. Sehr gut erhaltene prächtige Mauern vervollständigten die urbane Landschaft und integrierten sie in die Akropolis, den Kultsitz für den Gott der Stadt.

sind, mit ihren herrlichen Königsgräbern wie z. B. dem „Großen Grab". Nordgriechenland bietet aber noch weitere erwähnenswerte archäologische Stätten: Edessa, Olynthos, Philippi, Thassos und Abdera.
Die archäologischen Vorzüge von Epirus beschränken sich nicht auf Dodona: Eine unerwartet faszinierende Stätte ist das „Nekromanteion", unterhalb dessen die Flüsse Acheron, Kokytos und Styx, die mythischen Flüsse der Unterwelt, zusammenströmen. Die Pilger erhielten bei diesem Orakel Antworten von den Seelen der Toten. Ein Stück weiter südlich liegt Kassope, ein hervorragendes Beispiel für die Anwendung des Hippodamischen Systems auf einem relativ beengten Raum in unebenem Gelände.
Der Besuch aller landschaftlichen und archäologischen Sehenswürdigkeiten in der Ägäis und dem Ionischen Meer würde endlose Zeit beanspruchen. Die wichtigsten Ionischen Inseln – Korfu, Paxos, Lefkas, Ithaka, Kefallonia und Zakynthos – liegen in einer nordsüdlichen Kette von der Höhe des antiken Bouthroton im heutigen Albanien bis hinunter nach Elis. In jedem Winkel dieser Inseln – entlang der Küsten aus schroffen Kalksteinklippen, die hin und wieder durch kleine Kieselstrände mit Olivenhainen, Macchia und steilen Abhängen unterbrochen sind und im Inselinnern verschlafene Dörfer aufweisen – entdeckt man Spuren der Vergangenheit: von der mykenischen Bronzezeit bis zur blühenden archaischen Epoche

des Kolonialismus und des Handels sowie den späteren Zeiten als blühende Provinzen unter römischer Herrschaft.
Auf Korfu gehört der berühmte archaische Giebel des Artemistempels zu den Exponaten des Archäologischen Museums. Eine sehr schöne Stelle auf Lefkas ist der Leukadische Felsen, eine spektakuläre Kalksteinklippe, von der sich gemäß der Legende die Lyrikerin Sappho ins Meer stürzte. Kefallonia besitzt außer zahlreichen Natursehenswürdigkeiten mehrere interessante archäologische Stätten, die leider oft schwer erreichbar sind: Die schöne mykenische Felsennekropole von Mazarakata liegt sehr isoliert, die massiven Mauern, die einst Krane umgaben, erheben sich hoch an einem steilen Hang. Auf Ithaka, der Heimat des Odysseus, haben Ausgrabungen die Bedeutung der Insel in der mykenischen und geometrischen Periode gezeigt.
Die Ägäis besitzt Hunderte von Inseln. Einigen ist ein eigenes Kapitel in diesem Buch gewidmet, doch auch viele andere sind erwähnenswert: Euböa mit den interessanten Ausgrabungen von Eretria; Chios mit seiner archäologischen Zone Emborios; Samothrake, wo die berühmte Nike – heute im Louvre – ausgegraben wurde (der Sockel steht noch in einem herrlichen Heiligtum); Syros; Melos mit der Ausgrabungsstätte von Phylakopi. Die Insel Kos hat enge Verbindungen mit Asklepios, dem Gott der Medizin, wie es archäologische Stätten belegen. Hier fehlt der Platz, um ausführlich auf die faszinierenden Überreste seiner römischen Stadt einzugehen, die zu den schönsten in Griechenland gehört, oder die hellenistischen Bauten zu beschreiben, die sich in der Hafengegend mit römischen/frühchristlichen Ruinen vermischen. Auch das Archäologische Museum in Kos verdient einen Besuch. Doch die interessanteste Stätte der Insel ist das zwischen dem 4. und 2. Jahrhundert v. Chr. erbaute Asklepiosheiligtum. Nach einem Aufstieg entlang römischer Bäder, hellenistischer Portiken, Treppen, Altäre, kleinerer Tempel und einem korinthischen Tempel römischen Ursprungs erreicht der Besucher auf dem Hügel die Ruinen des berühmten Asklepieion, eines Tempels, der über vier Terrassen entlang des Hügels thront.
Doch war Griechenland früher ausgedehnter als heute: Es gab das asiatische Griechenland – Smyrna und Milet, Didyma und Ephesos – und hundert weitere Städte, die die griechische Zivilisation von Agamemnon bis Alexander weit nach West und Ost verbreiteten.

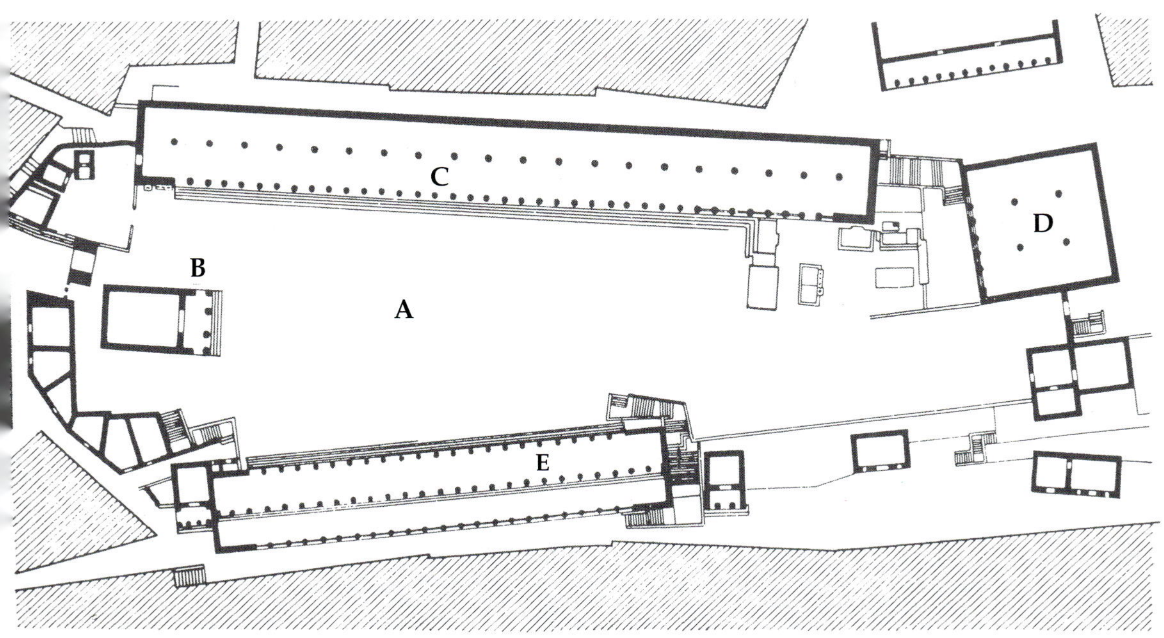

A Agora
B Dionysostempel
C Säulenhalle
D Buleuterion
E Thermalbad

168-169 *Die phantastische Ansicht der Athener Akropolis vom nahe gelegenen Hügel Philopappos steigert noch den Eindruck der Harmonie des Parthenons.*

168 unten links *Phidias' Götter und Helden findet man überall in den Ruinen der Athener Akropolis.*

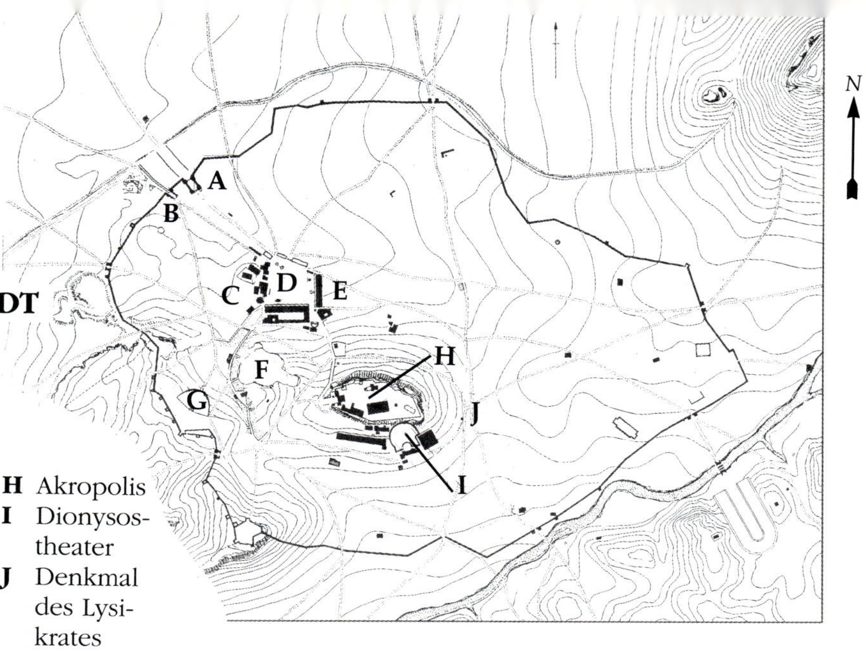

ATHEN, DIE STADT DER GÖTTIN

A Dipylon
B Heiliges Tor
C Hephaistostempel
D Agora
E Stoa des Attalos
F Areopag
G Pnyx
H Akropolis
I Dionysostheater
J Denkmal des Lysikrates

Athenreisende haben meist die Qual der Wahl, was sie in der Kulturhauptstadt der Antike besichtigen möchten. Doch ist die Akropolis sicher der Hauptanziehungspunkt für jeden Besucher. Jede archäologische Besichtigungstour beginnt am Parthenon, dem Tempel, der die griechische Architektur symbolisiert und in seiner Bauweise und Gestaltung den Geist der griechischen Zivilisation verkörpert. Der 447–432 v. Chr. nach Plänen von Phidias, Iktinos und Kallikrates erbaute Tempel ist ein klassisches Beispiel für den dorischen Stil. Alle seine strukturellen und dekorativen Elemente basierten auf komplexen mathematischen Berechnungen – ein erfolgreicher Versuch, die Harmonie der Proportionen darzustellen, womit schon Polyklet bei seinen Skulpturen experimentiert hatte: Die Prinzipien, die dieser Suche zugrunde liegen, sind höchstwahrscheinlich in den philosophischen Darlegungen der Pythagoreer und des Anaxagoras zu finden, die eine universelle Harmonie postulierten. (Ein halbes Jahrhundert nach dem Bau des Tempels bestätigen Passagen in Platons „Timaios" und „Theaitetos" diese mathematischen Analogien.)

Der Parthenon ist ein dorischer Peripteros mit 8 x 17 Säulen, einer Länge von 69,5 Metern und einer Breite von 30,9 Metern. Im Innern scheint die Tiefe des Pronaos und des Opisthodomos auf ein Minimum reduziert zu sein, was die Cella auf der Ostseite und die kleinere „Halle der Jungfrauen" – das eigentliche Heiligtum – auf der Westseite betont. In der Cella umrahmte eine Doppelreihe von dorischen Säulen in Pi-Form die Kultfigur der Athene Parthenos, das gut 11 Meter hohe Meisterwerk des Phidias. In der anderen Halle, wo die antike hölzerne Skulptur der Göttin aufbewahrt wurde, standen vier ionische Säulen. Es war das erste Beispiel einer „non-konformistischen" Verbindung von dorischem und ionischem Stil in einem Gebäude. Alle Teile des Tempels sind nach einem Grundmaß von zehn attischen Daktylen (19,24 Zentimeter) und seinen Vielfachen, je nach den geometrischen Proportionen, in allen Dimensionen bemessen. Die Kolonnade z. B. ist ungewöhnlich nah an der Cellawand (und ihre Säulen liegen auch näher beieinander).

Iktinos wandte auch eine Reihe von architektonischen Finessen an, um dem Parthenon seine metrische und harmonische Perfektion zu geben, was gut zu erkennen war, wenn man sich von den Propyläen her näherte. Je nach Perspektive, Licht, Chiaroscuro-Effekten etc. sieht das menschliche Auge die Realität leicht verschieden. Darauf gründete Iktinos seine erstaunlichen „optischen Korrekturen": z. B. eine aufwärts gerichtete „Kurvatur" des Stylobats von 6 Zentimetern und eine kaum wahrnehmbare Entasis der Säulen – besonders der Ecksäulen –, die zur Cella hin leicht geneigt sind, was dem Bauwerk seine Geschlossenheit gibt. Auch für den

168 unten rechts *Diese Peristasis des Parthenons erscheint fließend und kompakt dank verschiedener optischer Korrekturen, die Iktinos und Kallikrates beim Entwurf und Bau vornahmen.*

169 unten *Die so genannte „Stele der nachdenklichen Athene" ist ein Votivrelief, das vermutlich mit einem sportlichen Wettkampf zu tun hatte: Die Göttin wartet an dem Stein, der die Ziellinie markiert, auf ihren Schützling. Die Stele datiert um 460 v. Chr. und ist ein gutes Beispiel des Strengen Stils.*

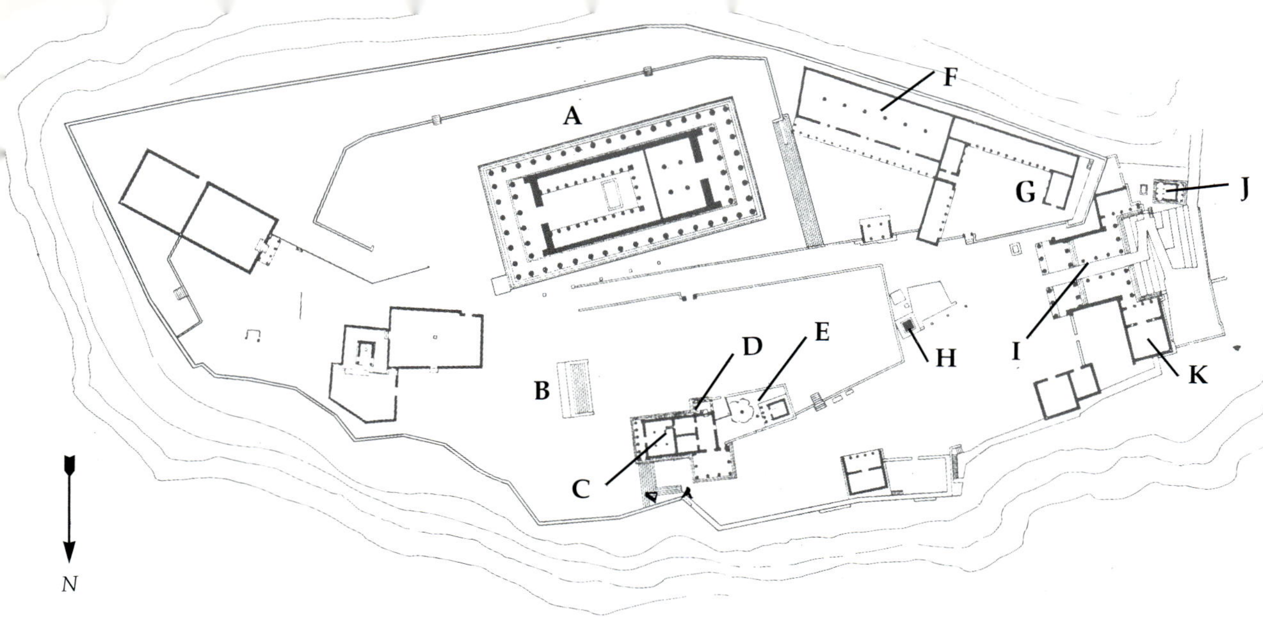

A Parthenon
B Athenaaltar
C Erechteion
D Kariatidenhalle
E Olivenbaum der Athene
F Chalkothek (Waffenlager)
G Bezirk der Artemis Brauronia
H Statue der Athena Promachos
I Propyläen
J Niketempel

__170-171__ Ein weiterer herrlicher Anblick des Parthenons von der Nordostseite der Stadt. Der Tempel der Göttin war bereits entworfen, und um 460 v. Chr. begannen die Bauarbeiten unter der Leitung von Kallikrates. Sie wurden jedoch wegen der verworrenen innenpolitischen Lage zwischen den Perserkriegen und dem Frieden von Callia für längere Zeit unterbrochen. Perikles verlangte ein neues Projekt, dessen Ergebnis wir heute sehen – das Resultat einer fruchtbaren Zusammenarbeit der Architekten Iktinos und Kallikrates mit Phidias, der die Oberaufsicht innehatte.

172-173 *Diese Rekonstruktion der Akropolis des späten 5. Jh. v. Chr. soll eine Vorstellung vermitteln, wie die Besucher der Antike über den panathenäischen Weg durch die herrlichen Propyläen des Mnesikles den Tempel der Göttin erreichten, und gibt einen Eindruck von den wunderbaren Bau- und Kunstwerken, die Phidias und seine Schüler schufen.*

170 *Der dorische Fries am Parthenon war vermutlich die erste Verzierung durch Phidias; manche glauben, dass der Meister seinen Schülern nur seine Anweisungen gab, andere meinen hingegen deutliche Anzeichen seiner persönlichen nüchternen Ausdrucksweise zu erkennen.*

heutigen Besucher ist die traditionelle Schwere des dorischen Stils durch die strenge Eleganz und Harmonie der Formen und Proportionen gemildert, während der weiße Marmor das Zusammenspiel von Licht und Schatten in den hochragenden Tempelstrukturen betont.
Die ornamentalen Merkmale des 432 v. Chr. fertig gestellten Parthenons haben auch eine politische und religiöse Bedeutung. Die Skulpturen wurden ausschließlich von Phidias entworfen und meist auch von ihm geschaffen, wobei ihm einige der größten Künstlertalente Attikas zur Seite standen. Werke, die die Zerstörung durch christliche Fundamentalisten nach dem Edikt des Theodosius (395 n. Chr.), den moslemischen Bildersturm nach der osmanischen Eroberung 1456 und das Kanonenfeuer der Venetianer 1687 überdauerten, sind am Parthenon selbst, im Akropolis-Museum, im Britischen Museum in London und im Louvre in Paris zu besichtigen. Die Giebelgruppen (über 4 Meter hoch) zeigten an der Ostseite die Geburt der Athene aus dem Schädel des Zeus in Anwesenheit aller Götter des Olymp, an der Westseite den mythischen Wettkampf zwischen Athene und Poseidon um die Herrschaft über Attika, der von Kekrops beobachtet wurde. Die 92 Metopen des dorischen Frieses – auf dem noch schwache Spuren der einst sehr lebhaften Farben zu sehen sind – stellten eine Sequenz von vier Versionen des Kampfes zwischen dem Guten und dem Bösen, der Gerechtigkeit und der Ungerechtigkeit, der Zivilisation und der Barbarei dar, wobei die mythologische bzw. epische Bildersprache den griechischen Emotionen entsprach. An der Ostseite war die Schlacht zwischen den Göttern und den Giganten dargestellt, im Süden zwischen den Laphithen und den Kentauren, im Westen die Schlacht von Marathon (früher als Kampf der Athener mit den Amazonen gedeutet).
Auf dem ionischen Fries entlang der Cellamauer wurden die Panathenäen, die alle vier Jahre zu Ehren der Göttin Athene stattfanden, dargestellt. Zum ersten Mal vermischte sich der Symbolismus mit Mythen und Epen sowohl in Bildern als auch in ihrer religiösen, ethischen und politischen Botschaft. Neben den Göttern und Helden waren Menschen und ihre Stadt abgebildet, glorifiziert als eine sterbliche Manifestation der Werte der ewigen Gottheiten und der unsterblichen Helden: Das homerische Adjektiv *isotheos* („gottähnlich") hätte nicht besser als auf diese spezielle Vision der menschlichen Dimension angewendet werden können.
437 v. Chr. begann der Architekt Mnesikles sein Projekt der Propyläen, die als repräsentative Durchgangshalle ausgebildet sind, und zwar an der Stelle eines vorher viel bescheideneren Baus aus der Zeit Peisistratos'. Nach fünf Jahren Bauzeit wurden die Propyläen der Abschluss des heiligen Wegs und Eingang zur marmornen

171 *Diese Miniaturkopie aus römischer Zeit ist der einzige Hinweis auf die Pracht der aus Gold und Elfenbein gefertigten Athene Parthenos, die Phidias für die Cella des Parthenons fertigte. Die Figur datiert aus dem Zeitalter des Kaisers Hadrian (2. Jh. n. Chr.).*

__174 oben__ Die Platte eines ionischen Frieses, der die Cella des Parthenons verzierte, zeigt einige junge Athener. Sie tragen während der Panathenäen mit Wasser gefüllte hydriai *in einer Prozession als Gabe an die Göttin. Dieses Meisterwerk der griechischen Kunst spiegelt Phidias' Talent und seine einzigartigen erzählerischen und stilistischen Fähigkeiten wider.*

__174 unten__ Auf der Platte des ionischen Frieses des Parthenons, auf dem die Abreise der Krieger dargestellt ist, zeigt Phidias sein kompositorisches Geschick: Die Unsicherheit und Verwirrung, die dieses Ereignis mit sich brachte, sind hervorragend wiedergegeben. Der Naturalismus erreicht hier seinen Höhepunkt in der Darstellung der Körper und Gesichter.

175 Der Schrecken der Kühe, die der Göttin geopfert werden sollten und die von jungen Priestern geführt wurden, ist eine der besten Demonstrationen von Phidias' feinem Naturalismus. Besonders stark wirkt der Kontrast zwischen der Ruhelosigkeit der Tiere und den ruhigen jungen Männern.

„Schatzkammer", dem der Athene gewidmeten Hügel. Mit dem Parthenon als Maßstab waren Eleganz und Würde hier keine leichte Aufgabe. Der Platz war asymmetrisch und begrenzt, das Gelände uneben; bestehende Monumente und heilige Bezirke mussten berücksichtigt werden. Mnesikles entwarf einen Marmorbau, der oben an den steil ansteigenden Stufen über einem Felsrücken thronte und an das zerklüftete Gelände sowohl angepasst war als es auch kaschierte. Die Proportionen und Dimensionen jedes Gebäudeteils wurden sorgfältig studiert, um das Gebäude in seiner Lage und Funktion voll zur Geltung zu bringen.

Ein dorischer Pronaos mit sechs dorischen Frontsäulen bildete den eigentlichen Eingang zum Atheneheiligtum. Das Vestibül war durch eine Doppelreihe von je drei schlanken ionischen Säulen in drei Schiffe unterteilt. Die Wand des Pronaos hat fünf Türen, oben an einer Flucht von fünf Stufen in der Mitte durch einen Gang für Prozessionswagen und Tiere unterbrochen. Die Stufen folgen der Neigung des Hügels, eine raffinierte Lösung des Problems der Steigung. Hinter den Türen überblickte ein anderer, mit dem ersten identischer dorischer Pronaos den heiligen Bezirk und bildete einen herrlichen Rahmen für Phidias' große Bronzestatue der Athene Promachos und eine Aussicht auf den Parthenon. Im Westen und Osten der Propyläen ist eine Säulenhalle mit je sechs Säulen vorgelagert, und seitlich befindet sich je eine vorgezogene kleine Säulenhalle mit je drei Säulen. Nur im Norden entstand ein Raum in entsprechender Breite, die Pinakothek, die berühmte Gemälde enthielt. Der hübsche ionische Niketempel stand an der Seite der Propyläen am Südwestturm, der über mehrere Jahrzehnte in pentelischem Marmor verkleidet wurde. Der Tempel wurde 425–421 v. Chr. erbaut. Der Plan stammte von Kallikrates und diente auch zum Bau des Demeter-und-Koretempels am Ufer des Flusses Ilisos (hiervon sind jedoch nur noch einige Skizzen aus dem 18. Jahrhundert erhalten). Das wirklich innovative Merkmal des Gebäudes war der originale Amphiprostylplan mit seinen harmonischen Proportionen. Der Tempel war ganz aus pentelischem Marmor und wurde von schlanken ionischen Säulen an der Vorder- und Rückseite gesäumt, am Gebälk befand sich ein Relieffries, das Göttergruppen und Kämpfe gegen die Perser darstellte. Der Felsvorsprung, genannt „Nikepyrgos", auf dem der Tempel stand, wurde von einer „Nikebalustrade" umgeben, die aus Marmorplatten bestand. Auf den Reliefs dieser Platten waren Niken beim Vorbereiten von Dankopfern dargestellt. Die außergewöhnliche Qualität der Ausführung verrät klar Phidias' Einfluss. Sie zeigt aber auch, dass man das subtile Zusammenspiel von Licht und Schatten in der Kleidung und den dynamischen Posen der Personen herausarbeiten konnte. Man schreibt das Werk Kallimachos zu, einem der talentiertesten Schüler des Athener Meisters.

Ein interessantes Detail ist die Änderung der politischen und propagandistischen Botschaft des Bauwerks. Als es um 450 v. Chr. geplant wurde, sollte es Athens endgültigen Sieg über die Perser feiern; als der Tempel viel später während des Peloponnesischen Kriegs fertig gestellt wurde, wurde er zum Symbol des Sieges der Athener über den neuen Feind, die Spartaner.

Das letzte Bauwerk auf der Akropolis im 5. Jahrhundert v. Chr. war das Erechtheion, benannt nach der attischen Bezeichnung für Poseidon. Es wurde 421–414 und 409–406 v. Chr. nördlich des Parthenons erbaut und war vermutlich von Philokles, Kallikrates oder Mnesikles entworfen.

176 *Die elegante Form des kleinen Niketempels, der zu optimistisch gebaut wurde, als der Peloponnesische Krieg den Athenern arg zu schaffen machte, erhebt sich auf dem südwestlichen Turm der Propyläen und ist vollkommen mit Marmor verkleidet.*

__176-177__ Malerische Ansicht der Propyläen, des Werks von Mnesikles (437–432 v. Chr.). Die Propyläen bildeten eine architektonische Grenze zwischen der Stadt und dem Heiligtum. Das Bauwerk war mit der berühmten Bildergalerie kombiniert, in der Gemälde der großen zeitgenössischen Maler aufbewahrt wurden.

__177__ Der östliche Teil der Propyläen auf der Innenseite zum Heiligtum ist gut erhalten und dokumentiert, wie sich der dorische Stil zu eleganteren Formen entwickelte, obwohl die typischen und traditionellen Merkmale – Einfachheit und Strenge – erhalten sind.

178 Die Ostseite des Erechtheion hatte eine hohe und helle ionische Vorhalle, an die sich die Cella anschloss. Dort wurde die antike hölzerne Kultstatue der Athena Polias, der Beschützerin der Polis, aufbewahrt und angebetet. Die weite Nordhalle enthält das Dreizackmal des Poseidon und einen Zugang zum Bezirk der Pandrosos (erste Athenepriesterin), in dem der heilige Olivenbaum der Athene stand.

178-179 Das Erechtheion – hier eine Gesamtansicht von Südwesten her, auf der man die Korenhalle, deren Decke von Karyatiden getragen wird, sehr gut erkennt. Das Erechtheion wurde 421–414 und 409–406 v. Chr. an der Stelle errichtet, an der nach der Sage der Wettstreit zwischen Athene und Poseidon um die Vorherrschaft in Attika ausgetragen wurde.

179 oben Die berühmte Korenhalle über dem legendären Kekropsgrab. Die sechs herrlichen Karyatiden in ionischen Gewändern waren vielleicht das Werk eines der besten Schüler von Phidias, des Alkamenes.

179 unten Der Grundriss des Erechtheions ist zweifellos untypisch: Hier trafen sich verschiedene sehr alte Kulte, auch der des Erechtheus. Das Bild zeigt den Abkömmling des legendären Olivenbaums, eines Geschenks der Athene.

Sein ungewöhnlicher Plan erwuchs aus der Notwendigkeit, die rituellen Traditionen und die archaische Heiligkeit des Ortes mit verschiedenen uralten Kulten in einem Gebäude zu verbinden. Durch die ionische Vorhalle an der Ostseite ist die Cella zu erreichen, wo das hölzerne Kultbild der Athena Polias scharf bewacht wurde. An der Westseite befanden sich auf verschiedenen Ebenen Räume für die heiligen Kulte des Erechtheus, Hephaistos, des Helden Bute und des Schlangenjungen Erichthonios, eines Lieblings der Athene. Außerhalb des Gebäudes wuchs auf dieser Seite der heilige Olivenbaum, der traditionell für das mythische Geschenk der Athene in ihrem Streit mit Poseidon gehalten wird. Die Nordhalle enthält das Dreizackmal des Poseidon, das der Sage nach entstand, als der Gott seinen Dreizack in die Erde schleuderte, um dort eine Meerwasserquelle sprudeln zu lassen. Das einzige dekorative Merkmal des ganzen Tempels war der Fries der Nordhalle aus schwarzem Stein, auf dem Hochrelieffiguren aus Marmor angebracht waren, die Szenen aus attischen Zeremonien und Episoden von Erichthonios zeigten. Wie vom Architekten beabsichtigt, wird der Blick des Betrachters sofort auf die Südseite und die herrliche Korenhalle gelenkt, die das Grab des mythischen Königs Kekrops barg. Die Vorhalle wird anstelle von Säulen durch die berühmten Karyatiden gestützt, sechs herrliche Statuen junger Frauen in ionischem Gewand, ein architektonischer Kunstgriff, der die feine ionische Eleganz mit der formalen Perfektion der Architektur von Phidias verknüpfte. Es ist wahrscheinlich, dass der Entwurf der Karyatiden, deren erzwungene Bewegungslosigkeit der ihnen innewohnenden Vitalität keinen Abbruch tut, von Alkamenes stammt, einem Schüler des Phidias. Doch liegt bei aller Faszination für Einzelheiten das

Gesamtinteresse in der schichtenartigen Struktur der Bauwerke, deren verschiedene Niveaus durch das unebene, felsige Terrain der Akropolis bedingt sind. Auch gibt es Anzeichen einer fast zwanghaften Präzision, damit die Gebäude sowohl den heiligen Stätten als auch übernatürlichen Manifestationen genügten. Die konzeptuelle Asymmetrie, die durch Anwendung des graziösen, dekorativen ionischen Stils bei einem unkonventionellen Bau entsteht – besonders bei einem Bau, der antiken Kulten und Kultgegenständen vorbehalten ist –, ist ein weiteres Beispiel der Bestrebungen der griechischen Kultur zur Synthese.
Nahe der Nordmauer, beim Erechtheion, liegen die kaum erhaltenen Überreste des Hauses der Arrephoren

(5. Jahrhundert v. Chr.), wo die jungen Frauen, die die Gewänder der Athene woben, ihre Freizeit verbrachten. Das berühmte Dionysostheater liegt am Südhang der Akropolis im Bereich des Heiligtums des Gottes, der die Dramen schützte, die bei den großen Dionysosfesten aufgeführt wurden. Die noch sichtbaren Überreste stammen von 330 v. Chr. und wurden in römischer Zeit erweitert. Hier befinden sich auch die Reste einer hellenistischen Portikus, die als öffentlicher Weg benutzt wurde, zahlreiche Monumente und das Odeion des Perikles (445 v. Chr.), ein großes Auditorium, das in römischer Zeit wieder aufgebaut wurde.

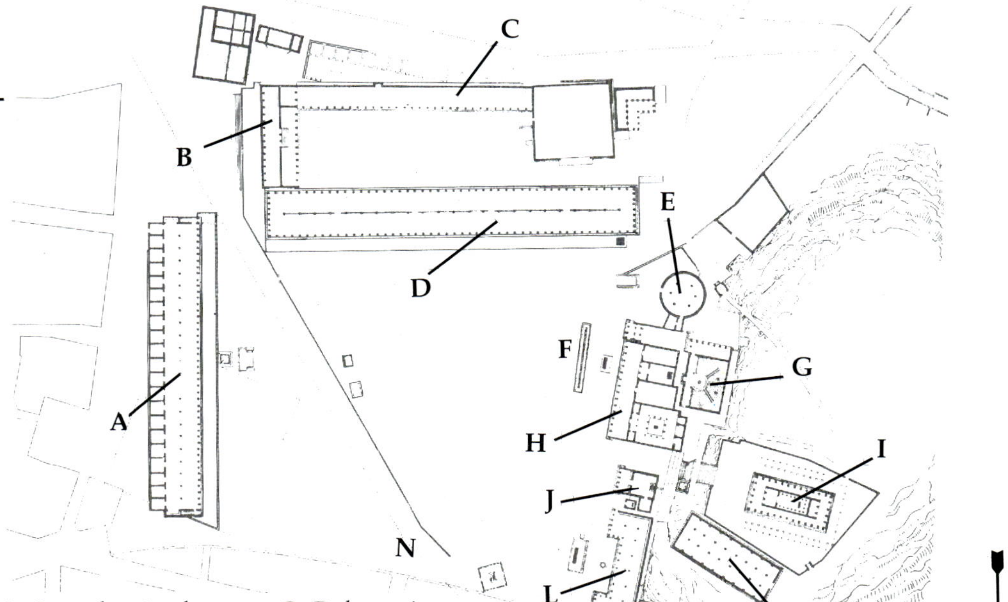

A Stoa des Attalos
B Östliche Säulenhalle
C Südliche Säulenhalle
D Mittlere Säulenhalle
E Tholos des Prytaneis
F Peribolos (Bezirk) der Eponymos-Helden
G Buleuterion
H Metroon
I Hephaistostempel
J Tempel des Apollon Patros
K Arsenal
L Stoa des Zeus Eleutherios
M Tempel der Aphrodite Urania
N Heilige Straße (panathenäischer Weg)

Die Agora mit dem nahe gelegenen Hügel Areopag ist die andere archäologisch bedeutende Stätte in Athen. Ihre bekanntesten Bauten sind die moderne Rekonstruktion der großen Stoa, die von Attalos II. Philadelphos im 2. Jahrhundert v. Chr. errichtet wurde und heute das Agoramuseum mit lokalen archäologischen Funden aus der archaischen, klassischen und hellenistischen Zeit beherbergt, sowie der dorische Peripteros des Hephaistos (um 450–440), der erstaunlich gut erhalten ist. Er steht auf dem Kolonos Agoraios, einem kleinen Hügel im Westen der Agora, wo einst Metallbearbeiter ihre Werkstätten hatten. Er wurde zur gleichen Zeit wie der Parthenon aus pentelischem Marmor gebaut und ist noch immer ein Wahrzeichen Athens. Er ist etwa 32 Meter lang, 14 Meter breit und besitzt eine Peristasis aus 6 x 13 Säulen. Der Stil ist am dorischen Tempel mit tiefem Pronaos und Opisthodomos orientiert, die Cella hat jedoch größere Ähnlichkeit mit der größeren im Parthenon. Die Struktur des Tempels und besonders seine Proportionen sind deutlich vom Parthenon inspiriert, der Schmuck hingegen schwankt zwischen phidianischen Modellen und den Innovationen auf der Akropolis. Die wenigen erhaltenen Fragmente der Giebel und Akroterien erinnern stark an das Werk von Alkamenes. Die Metopen mit nur 18 Reliefverzierungen tendieren zum archaischen Stil, während der ionische Fries des Pronaos und Opisthodomos klar den Einfluss des Parthenons erkennen lassen. Interessant ist an dem Bauwerk seine kultische Verbindung mit einem Teil der Stadt, wo seit langem Metallbearbeiter ihre Werkstätten hatten. Es ist nicht klar, ob der Tempel deshalb dort gebaut wurde; es gab nämlich auch zahlreiche großzügige Spenden von Gilden und Privatleuten, die zur Verschönerung Athens beitragen und von dem so erworbenen Prestige profitieren wollten. Es gilt aber als sicher, dass die gesamte Gegend, die vorher mit keinem Kult in Verbindung gebracht worden war, als Garten angelegt wurde. Vielleicht wurde beabsichtigt, ein altes, kaum sehr ansehnliches „Industriegebiet“ mit dem Rauch, Lärm und Gestank der Schmieden und Gießerwerkstätten aufzuwerten, besonders weil es in Sichtweite der Akropolis mit ihrem leuchtenden Marmor lag.
Ein weiterer Ort von Interesse ist das nahe gelegene Kerameikos (Töpferviertel) mit der Dipylonnekropole und den Resten von Töpferwerkstätten. Schließlich bietet sich dem Besucher eine herrliche Übersicht über das Athen der Antike im Archäologischen Nationalmuseum.

180 *Der Bau des Hephaisteions, des Tempels des Gottes Hephaistos und der Athena, steht über dem Westrand der Agora. Seine eleganten Proportionen sind an den Parthenon angelehnt.*

181 *Das Dionysostheater, wo tragische und komische Dichterfeste stattfanden, ist heute in seiner aus römischer Zeit stammenden Form sichtbar.*

180-181 *Diese Zeichnung der Athener Agora, wie sie vermutlich in hellenistischer Zeit aussah, zeigt deutlich, wie der nördliche Abhang der Akropolis und die Höhenunterschiede des Geländes eine zweckmäßigere Entwicklung der Anlage trotz mehrerer Verbesserungen begrenzten.*

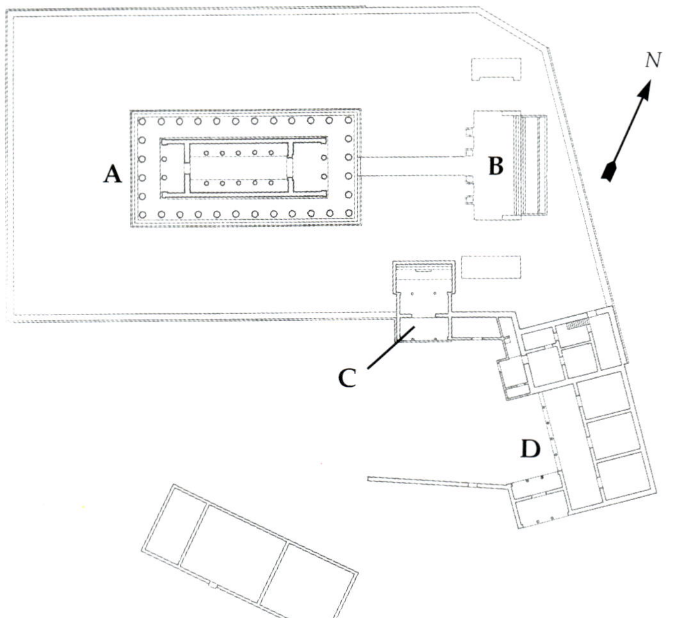

Ägina, der Tempel der Insel

A Aphaiatempel
B Altar
C Propyläen
D Priesterwohnungen

In der archaischen Epoche forderte die Insel Ägina, die im Saronischen Golf liegt, die wirtschaftlich überlegenen Rivalen Athen und Korinth heraus. Um 500 v. Chr. feierte es seine Macht und sein Prestige mit dem Bau eines großartigen Tempels zu Ehren der Göttin Aphaia. Der dorische Peripteraltempel ist noch ausgezeichnet erhalten. In seiner Struktur und den Proportionen stellte er den ersten Schritt zu einem Gleichgewicht dar, wie es für die klassische Architektur typisch war. Die schlanken Säulen des Tempels zeigen einen völlig neuen Sinn für Leichtigkeit und Helle. Ein anderes originales Merkmal ist in der Anordnung der Cella zu sehen: Die kleinen Schiffe sind durch zwei Reihen von doppelstöckigen dorischen Säulen getrennt, die einen First mit Akroterien und anderen architektonischen Marmorverzierungen tragen. Seine bedeutende Stellung in der griechischen Kunstgeschichte verdankt der Tempel jedoch seinen herrlichen Giebelskulpturen, den so genannten „Ägineten" (heute in der Glyptothek in München), die den Übergang von der archaischen Kunst zum Strengen Stil markieren. Die Giebel stellen die Kämpfe der äginetischen Heroen Telamon und Aias vor Troja dar, wobei Athene jeweils in der Mitte steht. Die Giebel erlitten Schäden bei einem Erdbeben, das die Insel im 5. Jahrhundert v. Chr. erschütterte; der westliche Giebel blieb fast unversehrt, während der östliche, der in Trümmern lag, um 490 v. Chr. oder kurz darauf von einem anderen Bildhauer mit denselben Motiven rekonstruiert wurde. In dieser kurzen Zeit hatten die Künstler jedoch begonnen, sich von den archaischen Konventionen zu lösen.

Auf beiden Giebeln erscheint Athene bekleidet und bewaffnet mit Lanze, Schild und Brustharnisch, der mit einem schrecklichen Gorgonenkopf mit Schlangenhaar verziert ist. Die farbigen Teile wurden leider im frühen 19. Jahrhundert durch den dänischen Bildhauer Bertel Thorvaldsen „restauriert". Viele weitere Details aus Bronze waren ursprünglich angebracht, wie man an den Befestigungslöchern an den Statuen erkennt.
Die stilistische Entwicklung, die diese beiden Giebel unterscheidet, zeigt sich im Großen und in vielen Details. Der jüngere östliche Giebel unterscheidet sich vom westlichen nicht nur durch die aktuelle Komposition, auch die künstlerische Ausdrucksweise deutet klar auf den aufkommenden Strengen Stil hin. Wenn man z. B. die Göttin Athene betrachtet, so hat das Gesicht auf dem spätarchaischen westlichen Giebel noch den zu festen Ausdruck und im wesentlichen frontale Züge mit einem Lächeln, das die Loslösung der Menschen und Götter von irdischen Dingen markiert.
Die Athene am Ostgiebel hingegen zeigt kein Lächeln. Ihr Gesicht trägt einen ernsten Ausdruck, der die Überlegenheit der Göttin bei Ereignissen vermittelt, in die die Sterblichen um sie herum verwickelt sind. Die feine Reliefarbeit – manchmal flacher, manchmal tiefer – zeigt das Gesicht der weisen Tochter des Zeus sehr glaubwürdig. Es spiegelt die Suche nach einem neuen künstlerischen Ausdruck wider, der besser den Geist und den inneren Zustand zeigt, in dem Lebenskraft, Bewusstsein und Unbewusstes vermischt sind.

182 *Die zwei schönen Ansichten des dorischen Aphaiatempels in Ägina zeigen die harmonische Kolonnade und die von der Struktur her neue doppelte Säulenreihe der Kultcella, was ein Satteldach ermöglichte.*

182-183 *Spektakuläre Ansicht des Aphaiatempels mit den Ostgiebeln, die von zwei Künstlern aus verschiedenen Jahren stammen. Ihre Werke – heute in der Glyptothek in München – zeigen den Übergang vom archaischen zum Strengen Stil.*

183 *Diese Ansicht des Aphaiatempels betont die schönen Proportionen des Bauwerks – eine künstlerische Attraktion der größten Insel des Golfs, die Ziel vieler Touristen und bekannt für ihre vorzüglichen Pistazien und ihre hervorragende Töpferware ist.*

Mykene, der Hof der Achaiischen Löwen

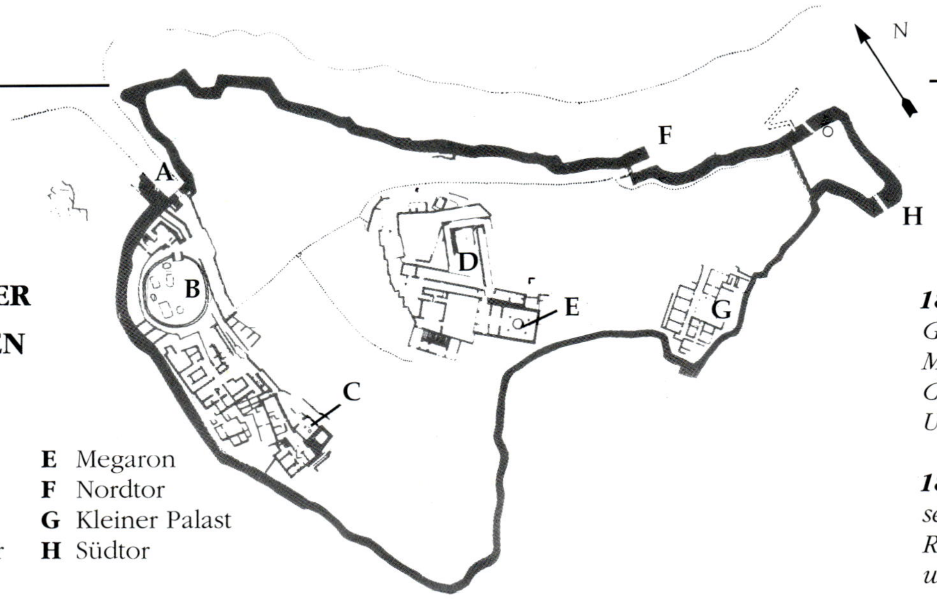

A Löwentor
B Gräberrund
C Kultzentrum
D Hellenistischer Athenatempel
E Megaron
F Nordtor
G Kleiner Palast
H Südtor

184 oben links *Das Gräberrund A von Mykene (16. Jh. v. Chr.) liegt an der Umfassungsmauer.*

184 unten links *Dieses Bild zeigt die Rampe, die zum Löwentor hinaufführt.*

184 rechts *Das Nordtor, ein geheimes Tor zwischen den Steinblöcken der Umfassungsmauer, ist ein gutes Beispiel für einen „falschen Bogen" in der polygonalen Megalithtechnik.*

Die Argolis umfasst den nordöstlichen Teil der Peloponnes. Eine endlose Reihe von Kalksteinhügeln und -bergen, die durch die Erosion abgeschliffen und durch jahrtausendelange Überweidung und Abholzung unfruchtbar wurden, erstreckt sich bis zu der herrlichen Küste mit ihren zahllosen geschützten Buchten. Wasser ist knapp, doch wo möglich, wird das Land kultiviert und bringt verschiedene Zitrusfrüchte, Oliven, Weintrauben und einige Getreidearten hervor.
Die Region birgt umfangreiche archäologische Schätze. Hier wurde der erste Beweis für die Existenz von Menschengruppen auf der Halbinsel gefunden – aus dem Jungpaläolithikum datierend –, außerdem Hinweise auf eine ausgedehnte menschliche Besiedlung von der Jungsteinzeit bis zum Ende der Bronzezeit sowie frühe Anzeichen einer Erholung nach den Wirren der Völkerwanderung.
Mykene ist die bekannteste archäologische Stätte der Gegend, die mit einigen der bemerkenswertesten Mythen der griechischen Epen und Tragödien verknüpft ist. Ihr schneller Verfall und ihre Aufgabe gegen Ende des 2. Jahrtausends v. Chr. begünstigten die Erhaltung vieler Dinge bis in unsere Tage.
Von besonderer Bedeutung ist die topographische Lage. Mykene befindet sich auf einem steilen Hügel in Sichtweite der fruchtbaren Ebene von Argos und des Golfs von Nauplia, nach hinten gut geschützt durch zwei Berge und tiefe Täler: eine typische Wahl für einen Siedlungsort kriegerischer Menschen.
Das dreieckige Areal des Burgbergs wird von einer kyklopischen Mauer begrenzt, durch die im Nordwesten das Löwentor führt. Dieses Haupttor ist Teil der um 1350–1330 v. Chr. erweiterten Mauer, welche auch die berühmte Schachtgräberanlage, die 1876 von Heinrich Schliemann freigelegt wurde, umfasst. Neben dem Löwentor (auf dem tatsächlich zwei

185 *Durch das Löwentor gelangt man in das Areal des Burgbergs. Dieses Haupttor wurde nach dem Relief über dem Türsturz benannt, das zwei Löwinnen an einer Säule zeigt, die einen Altar oder ein Heiligtum repräsentiert.*

184-185 *Diese Luftansicht der Ruinen von Mykene zeigt die dominierende Lage des königlichen Palasts über die anderen Bauwerke. Man erkennt, dass es noch keine Stadtplanung gab.*

186-187 *Das Aussehen von Mykene während seiner Blütezeit (14.–13. Jh. v. Chr.) entsprach weitgehend dieser Rekonstruktionszeichnung. Man erkennt, dass die Architektur durchaus nicht ländlich und schwerfällig war. Sie zeigte bereits viele Lösungen auf, die bei den kretischen Palästen zur Anwendung kamen.*

Löwinnen abgebildet sind) gab es noch einen weiteren Eingang, das Nordtor. Nebentüren ermöglichten den Zugang entlang der nordöstlichen Mauerabschnitte zum Berg hin. Sie waren für die Einwohner deutlich sichtbar, von außerhalb aber praktisch nicht zu erkennen.

Unweit der nördlichen Nebentür befindet sich Mykenes überzeugendstes Beispiel der Ingenieurskunst: Eine über 90 Meter lange Galerie mit aus dem Fels gehauenen Stufen führt hinab zu einem riesigen unterirdischen Tank, der eine konstante Wasserversorgung garantierte und im Belagerungsfall, ohne dass der Feind es merkte, erreicht werden konnte.

Das Löwentor ist heute praktisch ein Symbol für dieses Land und seine Vergangenheit. Der monumentale Eingang ist eines der vielen Beispiele für das Können der mykenischen Architekten. Es wurde in der antiken trilithischen Technik errichtet; seine beiden gewaltigen Torpfosten unterstützen einen massiven Sturz, der zur Mitte hin leicht konvex zuläuft. Anstatt ihr gesamtes Gewicht auf den Sturz zu lagern, sind die großen Steinblöcke darüber in einer schräg nach unten verlaufenden Linie angeordnet, sodass das oben lastende Gewicht auf die Enden des Sturzes und somit auf die Pfosten einwirkt. Das so entstehende Entlastungsdreieck ist mit reliefartigen Verzierungen ausgeformt. Das Tor bezeugt auch die beachtlichen figürlichen Fähigkeiten der mykenischen Bildhauer: In ihrer Auffassung des Naturalismus ist der ausgeprägte Sinn für Farben und Chiaroscuro-Effekte der Kreter durch einen Expressionismus ersetzt, der viel stärker von symbolischen und ideellen Werten beeinflusst ist.

Besucher der Stätte kommen über einen Aufweg an der Nekropole vorbei, wo große Grabhügel die Kuppelgräber bedecken (viele davon können besichtigt werden), die den Figuren aus Homers Epen (Atreus, Klytämnestra, Ägisth) zugeordnet werden. Hier erblickt man das beeindruckende Löwentor und die daneben liegenden Bollwerke. Die reliefartigen Verzierungen über dem gewaltigen monolithischen Sturz zeigen deutlich den stilistischen Einfluss des Nahen Ostens und sind ein Beispiel für die ganze symbolische Kraft in der Kunst dieser Krieger-Monokratie. Die bemerkenswertesten Abschnitte innerhalb der Mauerwälle sind: das Rund von Schachtgräbern „A" mit seiner starken Umfassungsmauer, den von Heinrich Schliemann freigelegten Königsgräbern und den faszinierenden, doppelkreisförmig angeordneten Steinplatten; der hellenistische Athenatempel, wovon der gesamte Mittelteil und wenigstens zwei Stockwerke identifiziert sind; und der Kleine Palast. Das „Schatzhaus des Atreus" zeigt hingegen alle Charakteristika der imposanten mykenischen Kuppelgräber: Es wird über einen 36 Meter langen und 6 Meter breiten Dromos erreicht, nach oben offen und von schräg abfallenden Mauern flankiert, die aus riesigen Steinblöcken in regelmäßigen Reihen bestehen. Die vermutlich originale Verzierung mit ihrem minoischen Einfluss wurde vollständig neu rekonstruiert. Über dem Türsturz befindet sich ebenfalls ein Entlastungsdreieck. Die große kreisförmige Grabkammer ist über 13 Meter hoch und hat einen Durchmesser von 14,5 Meter. Sie besteht aus übereinander vorkragenden Steinringen, die so geformt sind, dass die Wölbung der Kuppel völlig sanft erscheint und sich langsam und regelmäßig zum Abschlussstein verjüngt. Die großen Steinblöcke werden dadurch an ihrem Platz gehalten, dass sie in einem Mauerverband angelegt sind und ihr Gewicht in der Gesamtkonstruktion aufgefangen wird. Die kleine seitliche Grabkammer ist aus dem Fels gehauen; von außen ist nur ihre mit Erde bedeckte Kuppel sichtbar. Beim so genannten „Ägisthgrab" ist der Zugang als Teil der runden Grabkammer aus dem Fels gehauen und besteht nicht aus großen Steinblöcken in der sonst verbreiteten Technik.

Vom technischen Standpunkt her sind die Kuppelgräber eine der interessantesten mykenischen Entwicklungen in der Architektur. Sowohl von der Vorstellung als auch von der Form her sind sie in der Mitte der langen Tradition der europäischen und indoeuropäischen Megalithkultur und dem tektonischen Gigantismus der Architekturen des Nahen Ostens und Ägyptens einzuordnen. Sie kamen im 16. Jahrhundert v. Chr. zunächst in einer unverwechselbaren lokalen Form auf Kreta auf und erreichten die Peloponnes in der Zeit nach der mykenischen Eroberung der Insel des Minos.

188 oben *Der gewaltige Grabkörper des berühmtesten mykenischen Kuppelgrabs, das „Schatzhaus des Atreus", besitzt am Ende des langen Zugangswegs ein „falsches Gewölbe".*

188 unten *Das Innere des „Schatzhauses des Atreus" hat eine Mauerdekoration, die die regelmäßige Krümmung der Mauern betont.*

189 *Diese zwei von insgesamt sechs goldenen Begräbnismasken, die in den reichen Gräbern von Mykene gefunden wurden, bestätigen eindeutig die Verbreitung einer Tradition, die ihresgleichen nirgends in der minoisch-mykenischen Welt hatte – trotz vieler Versuche, innere (genetische Verbindungen zwischen den dargestellten Personen) oder äußere Ähnlichkeiten zu finden. Erstaunlicherweise haben diese Objekte weder Vorläufer noch abgeleitete Formen, als ob der Brauch, das Gesicht eines Toten mit einer goldenen Maske zu bedecken, allein bei den mykenischen Königen zwischen dem 16. und 15. Jh. v. Chr. bestand.*

Epidauros, Heiligtum des Asklepios

190 Der ganze Charme der griechischen Kunst des 4. Jh. v. Chr. liegt in dieser wunderbaren Statue der fliegenden Nike, die den Giebel des Asklepiostempels verzierte – vielleicht ein Werk von Timotheos.

191 Diese Luftaufnahme zeigt die Ruinen des Gymnasions (2. Jh. v. Chr.) und des römischen Odeion im Innenhof (1. Jh. v. Chr.). Etwas abseits befinden sich die Ruinen der Bäder für die Athleten des Gymnasions.

Ein anderer Hafen der Argolis ist Epidauros, wo sich das antike Asklepiosheiligtum befindet. Die Blütezeit der Stadt dauerte vom späten 5. Jahrhundert v. Chr. bis zum Ende der Römerzeit. Das herrliche Theater, das noch fast intakt ist, liegt in einer bewaldeten Senke auf einem Hügel unweit des Archäologischen Museums. Dahinter finden sich die ausgedehnten Ruinen des Xenon, eines Gästehauses mit nicht weniger als 160 Zimmern auf zwei Stockwerken, das im 4. Jahrhundert v. Chr. erbaut wurde, um die Besucher des Heiligtums zu beherbergen. Zu erkennen sind seine vier Höfe mit Peristylen und Springbrunnen. Die Bäder und das Gymnasion wurden in der hellenistischen Zeit gebaut. Sie waren rein funktional und hingen mit dem Stadion zusammen, das in einer Bodensenke liegt, in der der Boden nivelliert wurde, damit lange Sitzreihen entstehen konnten. Auch die Reste der nördlichen Propyläen stammen aus hellenistischer Zeit.

Der interessanteste Teil jedoch, der durch Ausgrabungen freigelegt wurde, liegt innerhalb des Temenos des Gottes im heiligen Wald, wo weder Geburt noch Tod sich ereignen durften. Hier führt eine Rampe zum Asklepiostempel. Er wurde nach Plänen des Theodotos um 380 v. Chr. als dorischer Peripteros erbaut. Weitere Bestandteile des Asklepieions sind der heilige Brunnen, der Asklepiosaltar, die Tholos, Inkubationsräume, ein Gästehaus und Stoen.

Im Süden liegen einige Überreste des Artemistempels (330 v. Chr.), ein kleiner dorischer Prostylos, der innen durch eine ionische Kolonnade verziert ist.

Doch das unbestrittene architektonische Meisterwerk von Epidauros ist die Tholos, die vermutlich von Polyklet dem Jüngeren als Heroon des Asklepios errichtet wurde. (Sein einziges früheres vergleichbares Werk ist das Heiligtum der Athena Pronaia in Delphi). Die Tholos in Epidauros besaß außen 26 dorische Säulen und innen 14 korinthische Säulen. Sie ist ein Zeugnis einer der bedeutendsten Übergangsphasen der griechischen Kunst im 4. Jahrhundert v. Chr.: Der Hinwendung zu reicher, eleganter Verzierung und anmutigen, tragenden Strukturen, die mehr zu leuchtender Schönheit z. B. in Form von fließenden, malerischen Chiaroscuro-Effekten der gemeißelten Flächen beitragen sollten.

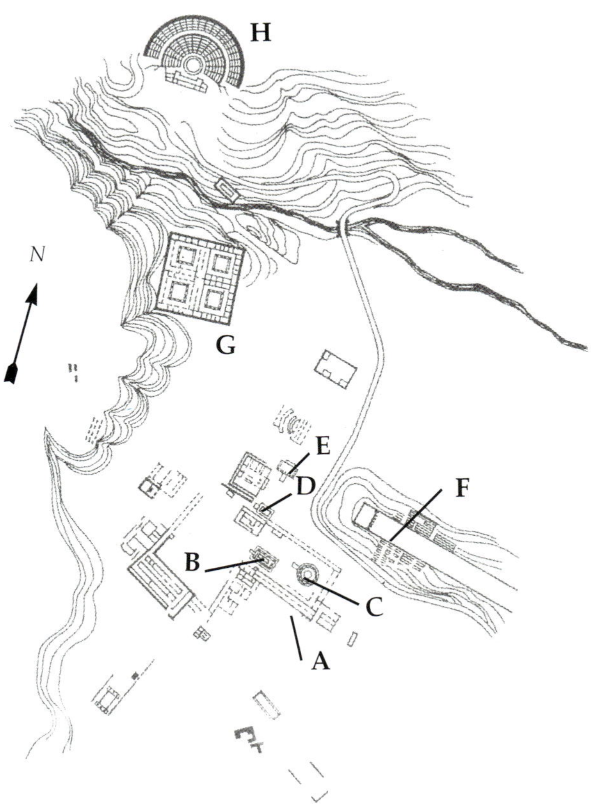

A Inkubationsstoa
B Asklepiostempel
C Tholos
D Artemistempel
E Propyläen
F Stadion
G Katagogion (Gästehaus)
H Theater

190-191 *Diese herrliche Luftaufnahme des Asklepieions verdeutlicht seine gute Lage in dem welligen, mit Kiefern bewachsenen Gelände unweit der Ägäisküste der Argolis und an den mykenischen Straßen (eine mykenische Brücke wenige Kilometer entfernt ist noch gut erhalten). Epidauros ist Ziel großer Touristenströme, für die das Theater und die dort aufgeführten klassischen Werke eine Hauptattraktion darstellen.*

MESSENE, DIE FESTUNG

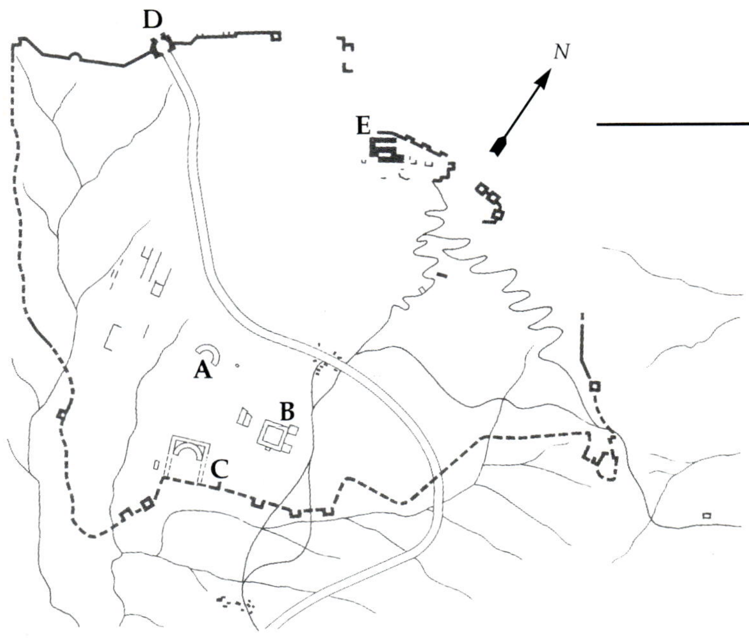

A Theater
B Asklepieion
C Heroon
D Arkadisches Tor
E Akropolis

Die Küstenlandschaft von Messenien ist zerklüftet, die Hügel sind wild. Nur die begrenzte Ebene von Pamisos im Süden unterbricht kurz die Abfolge von Erhebungen, die schließlich in die steilen Gipfel des legendären Taygetos-Gebirges im Grenzgebiet zu Lakonien übergehen. Im Herzen dieser Landschaft liegt die antike Stadt Messene am Westabhang des Bergs Ithome in der Nähe des heutigen Dorfs Mavrommati. Messene wurde 369 v. Chr. durch Epameinondas gegründet.
Die gesamte Stadt wurde mit einem gewaltigen Mauerring umgeben, der 9 Kilometer lang, 2,5 Meter dick und 4,5 Meter hoch war. Er ist noch in seiner ganzen Länge vorhanden, und ein Teil der Nordseite mit dem gut erhaltenen „arkadischen Tor" kann begangen werden. Dieses Tor ist das schönste Beispiel für ein Festungstor, das die griechische Architektur bietet: Es wird von zwei über 6 Meter breiten Türmen flankiert, sein äußeres und inneres Tor führen auf einen völlig runden Hof von fast 20 Meter Durchmesser. In regelmäßigen Abständen befinden sich an der Mauer halbrunde und quadratische Türme; früher war sie auf ihrer gesamten Länge begehbar. In verschiedenen Teilen der großen Stadtfläche – wo immer noch Ausgrabungen durchgeführt werden – verlaufen gut erhaltene Abschnitte von antiken gepflasterten Straßen, in denen noch die Spurrillen von Karrenrädern sichtbar sind.
Nahe bei der Agora befindet sich das spektakuläre späthellenistische Asklepieion. Noch sichtbar sind die Spuren der nahezu quadratischen Hofanlage, die von Stoen, Heilräumen und anderen Einrichtungen umgeben ist. Außerdem kann man in Messene die Überreste eines Artemisheiligtums, eines Theaters und eines Stadions besichtigen.

192 und 193 *Messene ist für viele Griechenlandbesucher etwas Neues: An den Hängen des Bergs Ithome erstreckt sich eine herrliche antike Umfassungsmauer. Grabungen in der Gegend des ausgedehnten Asklepieions haben einen großen Tempel im Zentrum des weiträumigen Areals sowie ein kleines Theater zutage gebracht. Weiterhin ist das „arkadische Tor" sehenswert. Auch sollte man einen Spaziergang entlang der Umfassungsmauer (4. Jh. v. Chr.) machen und vielleicht an der Arsinoequelle rasten.*

Olympia, Stadt des Friedens und des Sports

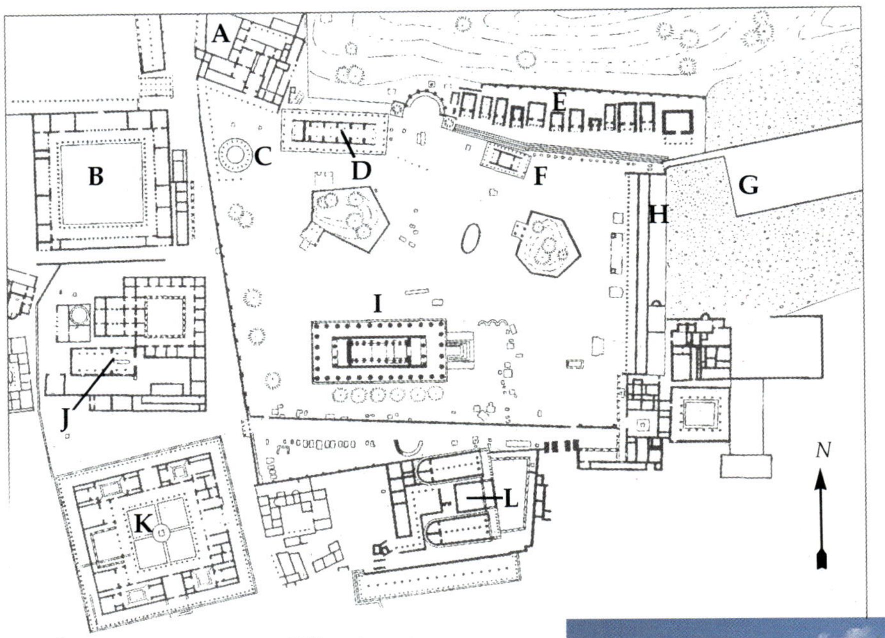

A Prytaneion
B Palästra
C Philippeion
D Heratempel
E Schatzhäuser
F Metroon
G Stadion
H Echohalle
I Zeustempel
J Werkstatt des Phidias
K Leonidaion
L Buleuterion

194 links *Olympia aus der Luft betrachtet. Die Kultstätte des Zeus und der Hera liegt in der Landschaft Elis (Nordwest-Peloponnes).*

194 rechts *Ein ungewöhnlicher Anblick der Startblöcke im Stadion von Olympia. Hier fanden von 776 v. Chr. bis 393 n. Chr. die Olympischen Spiele zu Ehren des Zeus statt. Der Legende nach wurden sie von Herakles begründet, als er vom nördlichsten Teil der Erde zurückgekehrt war.*

195 *Diese weite, spektakuläre Ansicht der heiligen Stätte von Olympia zeigt vor allem den harmonischen Grundriss des Leonidaion, des Gästehauses mit einem großen Innenhof mit Springbrunnen (4. Jh. v. Chr.). Hier wohnten die Athleten und Ehrengäste. Weiterhin gab es Trainingseinrichtungen (Gymnasion, Sportplatz) und Erholungsstätten, etwa das Thermalbad, und für die damalige Zeit gut ausgerüstete Sanitäreinrichtungen).*

Tief im Herzen von Elis, in einem friedlichen, fruchtbaren Tal am Zusammenfluss des Alphios und des Kladeos, erstreckt sich die archäologische Stätte von Olympia.
Das antike Zeusheiligtum war der Ort, wo alle Griechen der Antike die politischen Streitigkeiten ihrer Stadtstaaten beiseite ließen, zusammen ihre Götter anbeteten und ihre gemeinsame ethnische und kulturelle Herkunft feierten. Alle vier Jahre kamen Griechen aus allen Teilen der griechischen Welt in Olympia zusammen, um an den Olympischen Spielen teilzunehmen. Eine heilige Waffenruhe herrschte unmittelbar vor, während und nach der Austragung der Spiele, und man versuchte, Kriege und Konflikte zwischen den Poleis unter der Inspiration von Zeus auf vernünftige Weise zu regeln, anstatt die mystischen und unbestimmten Antworten von Apoll zu befolgen, die von der Priesterin in Delphi übermittelt wurden.
Die Ursprünge von Olympia als kultisches Zentrum datieren aus dem Ende des 2. Jahrtausends v. Chr., obwohl Ausgrabungen zeigten, dass der Hügel Kronos und die Altis – der heilige Wald, der die früheste Kultstätte darstellte – bereits seit 2800 v. Chr. permanent besiedelt waren. Aufgrund seiner frühen Entstehung ist Olympia wie viele Heiligtümer ein Ort, um den sich Kulte und Mythen ranken. Herakles brachte angeblich den heiligen Olivenbaum aus der mythischen Region der Hyperboreer hierher und begründete die Olympischen Spiele zu Ehren des Zeus und um die große Heldentat des Pelops zu feiern. Die Rolle, die der Flussgott Alphios, bekannt für seine Liebesgeschichte mit der Nymphe Arethusa in Syrakus, spielte, bezeugt die ideale Verbindung mit den westlichen Griechen. Die Tatsache, dass der Held Pelops aus dem Osten stammte, betonte die nicht weniger wichtigen Bande zwischen dem Heiligtum und den fernen Landen, die von den Griechen vor den Küsten Italiens und Siziliens kolonisiert worden waren.

Durch seinen Sieg über König Oinomaos in dem legendären Wagenrennen gewann Pelops dessen Tochter Hippodameia. Die Peloponnes (Insel des Pelops) ist nach ihm benannt. Hera, der Gattin des Zeus, wurde ebenfalls ein Tempel gewidmet wurde.
Die Stätte selbst mit ihren heiligen Gebäuden und dem umliegenden Gebäudekomplex zur Beherbergung von Athleten und Besuchern, Pilgern und Gruppen, die außerhalb der Olympischen Spiele hierher kamen, besaß nicht die herrliche Lage des Apollonheiligtums in Delphi. Der Ruf Olympias rührte vielmehr von seiner Größe und der Prächtigkeit seiner Gebäude und Kunstwerke her. Von 776 v. Chr. bis 393 n. Chr., als Kaiser Theodosius I. die Olympischen Spiele verbot, wurden in dem gesamten Gelände 12 Schatzhäuser zur Unterbringung der Weihegeschenke und andere Gebäude errichtet. Man kann einen Eindruck von ihrer Pracht durch das maßstäbliche Reliefmodell gewinnen, das im kürzlich reorganisierten Archäologischen Museum gezeigt wird. Unweit davon befinden sich die Ruinen des Gymnasions: ein großes, einst von vier Portikusflügeln

196 oben links *Die annähernde Gesamtansicht des Zeustempels vermittelt einen Eindruck seiner gewaltigen Größe. Die Ruinen der breiten Zufahrtsrampe zum Pronaos und die Überreste der Cella sind deutlich erkennbar. In der Cella wurde das berühmte Sitzbild des Zeus aus Gold und Elfenbein, ein Meisterwerk des großen Phidias, aufbewahrt.*

196 unten links *Eine andere Ansicht aus der Vogelperspektive zeigt das Buleuterion, das aus zwei Apsidenhäusern bestand, gemäß einer rituellen archaischen Tradition. In einem dritten Gebäude dazwischen (vielleicht auch einem Hof) befand sich der Altar des Zeus Horchios. Hier leisteten die Athleten vor dem Beginn der Wettkämpfe ihren Eid.*

umgebenes Rechteck. Hier – wie auch in der nahe gelegenen Ringkampfschule – trainierten die Wettbewerber vor dem Kampf.

Vor allem anderen bietet jedoch ein Besuch Olympias einen außergewöhnlichen Eindruck der Chronologie der Kunst und Architektur. Die Schätze dieser Stätte reichen von der orientalisierenden Periode des Archaismus über die klassische Periode – mit hervorragenden Werken von Libon, dem Architekten des Zeustempels; von Phidias, dem Bildhauer der kolossalen Statue des olympischen Zeus, die in der Cella des Tempels stand; der beiden hervorragenden Bildhauer Praxiteles und Paionios – bis in die Zeit unter den hellenistischen Königen und schließlich den römischen Herrschern.

Der Zeustempel, erbaut als dorischer Peripteros mit 6 x 13 Säulen wurde um 460 v. Chr. in stuckiertem hellem Kalkstein erbaut. Die Giebelskulpturen ebenso wie die Metopenreliefs von der Stirnseite der Cella sind Meisterleistungen im Strengen Stil. Die Metopen stellen in 12 Feldern die Taten des Herakles dar. Die Verzierungen auf den Giebelfriesen, die heute im Museum ausgestellt sind, übertreffen wahrscheinlich jeden anderen Tempel der griechischen Welt, was die Intensität des ethischen/religiösen Inhalts und den Reichtum des Ausdrucks in lebhafter Farbigkeit betrifft.

Am Ostgiebel ist der Mythos des Pelops in einem Moment dargestellt, als alle Figuren mit Spannung das nahende Schicksal erwarten, das nun in Zeus' Händen liegt, der über der Szene thront. (Pelops besiegt Oinomaos, den König von Pisa in Elis im Wagenrennen durch eine List und heiratet dessen Tochter Hippodameia.)

Nur der arrogante Oinomaos, blind vor Hochmut, sieht die sich anbahnende Tragödie nicht. Die Posen der anderen Figuren sind nur scheinbar statisch; tatsächlich verkörpern sie ein fast spürbares Gefühl der Beunruhigung (z. B. erkennbar an dem alten Wahrsager, der seinen Bart dreht, während er Oinomaos anstarrt, dessen Ende er bereits „sieht"). Diese Vorahnung wird durch den Gott geweckt. Hippodameia zeigt sich in einer rituellen Haltung, die typisch für die Hochzeitszeremonie ist. Die Unruhe der einfachen Seelen ist an einem Stalljungen zu spüren, der mit

seinem Daumen spielt und das Gesicht gesenkt hält.

Die Szene auf dem Westgiebel ist dagegen dynamisch; hier wird die erbitterte Schlacht zwischen Lapithen und Kentauren ausgetragen, die von Apoll beobachtet wird: eine imposante symbolische Darstellung des ewigen Konfliktes zwischen Gut und Böse, Gerechtigkeit und Ungerechtigkeit, Vernunft und niedrigen Instinkten.

Nördlich des Zeustempels befindet sich das älteste Gebäude der Altis, der Heratempel (Mitte 7. Jahrhundert v. Chr.), der noch im Sockelbau erhalten ist. Er wurde um 600 v. Chr. als dorischer Peripteros mit 6 x 15 Säulen erneuert. Ursprünglich wurde

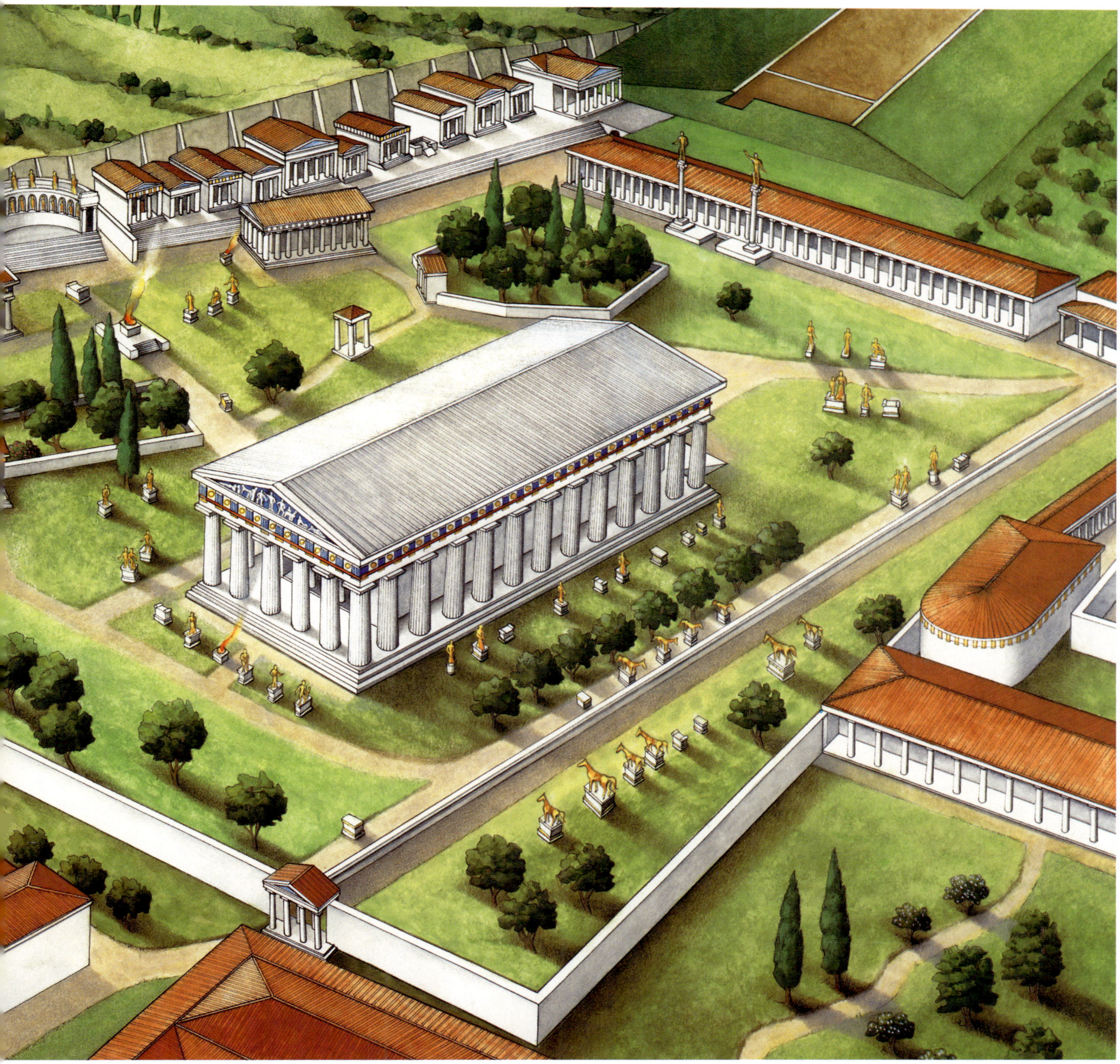

der Heratempel zur Unterbringung der kostbaren Votivgaben benutzt, nach der Einweihung des größeren Tempels wurde er jedoch eine Art Museum sakraler Kunst innerhalb des Heiligtums, das selbst ein großes und immer prächtigeres „Freilichtmuseum" wurde. Immer mehr Statuen stellte man auf, wie aus den zahlreichen Steinsockeln verschiedener Stilrichtungen ersichtlich ist. Helden, siegreiche Athleten, Gottheiten und politische Persönlichkeiten standen überall verstreut – mit einer Mischung aus Exhibitionismus und Verehrung. Unter den hier gefundenen Statuen (heute im Museum) befindet sich die berühmte Gruppe mit Hermes und dem Dionysosknaben, die Praxiteles zugeschrieben wird.
Es gab noch weitere außergewöhnliche Bauten in der Altis. Noch heute befinden sich auf einer vorstehenden Terrasse am Fuß des Hügels Kronos in einer Reihe die staatlichen Schatzhäuser, die von den Bewohnern berühmter Städte wie Sikyon, Sybaris, Kyrene, Selinus, Megara, Gela, Byzanz, Metapont, Syrakus, Epidamnos und weiteren nicht identifizierten Orten erbaut worden waren. Im Lauf der Jahrhunderte lagerten die Städte hier die Votivgaben für die Gottheit als dauerhaftes Zeichen ihrer Dankbarkeit und Macht. Am Fuß der Terrasse befinden sich die „Zanes" mit

196-197 *So sah vermutlich das Olympiaheiligtum des Zeus aus: Es war von der Altismauer umgeben, darin befanden sich die religiösen Bauten und Hunderte von Kunstwerken, die im Lauf der Jahrhunderte dem Gott gewidmet wurden – ein wahres Freilichtmuseum. Der Komplex wurde dominiert vom gewaltigen Zeustempel mit seinen eleganten Arkaden. Im Hintergrund ist die Schatzhausterrasse zu sehen. Olympia ist eines der wichtigsten touristischen Reiseziele Griechenlands. Außer den beeindruckenden Ruinen gibt es hier ein Archäologisches Museum, das eine Reihe wichtiger und imposanter Werke zeigt, vor allem die Giebel des Zeustempels und die herrliche Statue von Hermes mit Dionysos, die Praxiteles zugeschrieben wird.*

198 *Die herrliche, heute leider stark beschädigte Statue der Nike des Paionios von Mende stand auf einer hohen Säule zur Feier des Siegs der Messenier und der Bewohner von Naupaktos über Sparta im Jahr 425 v. Chr. während des Peloponnesischen Kriegs.*

199 *Prachtvolles Detail – der Kopf des Gottes Apoll – vom westlichen Giebeldreieck des Zeustempels. Dieses Werk aus weißem griechischem Marmor war ein Ersatz für das Original, das bei einem Erdbeben zerstört wurde; die Rekonstruktion erfolgte im 1. Jh. v. Chr.*

einer etwas kuriosen Geschichte: Diese Reihe von 16 Zeusstatuen wurde durch die hohen Geldstrafen finanziert, die die Olympiarichter Athleten auferlegten, die sich absprachen oder gegenseitig bestachen. Die Figuren dienten als unmissverständliche Warnung, da sie den Tunnel flankierten, durch den die Wettkämpfer und Zuschauer das am Hang liegende Stadion mit 45 000 Sitzplätzen erreichten.

Ein weiteres hochinteressantes Bauwerk ist das Philippeion, ein kleiner, ionischer Rundbau, den Philipp II. nach der Schlacht von Chaeronia (338 v. Chr.) erbauen ließ und der unter Alexander dem Großen vollendet wurde. Das Äußere zeigt einen ionischen Säulengang, innen befinden sich korinthische Säulen.

Einst standen in dem Gebäude fünf Statuen aus Gold und Elfenbein, die den makedonischen Eroberer mit seinen Eltern und Vorfahren zeigten – ein verloren gegangenes Meisterwerk des Leochares. Vielleicht kann man eine Ahnung dieses hervorragenden Kunstwerks von den fünf Elfenbeinminiaturköpfen bekommen, die im Grab Philipps II. in Vergina gefunden wurden.

Andere wegen ihrer Funktion oder Eleganz erwähnenswerte Bauten in Olympia sind: das Leonidaion, eine Art Luxusgästehaus mit Gärten und Springbrunnen; verschiedene Sporteinrichtungen, darunter die Ringkampfschule, das Gymnasion und Bäder; die große Werkstatt des Phidias, die er während seiner Arbeiten in Olympia benutzte.

Pella, Hauptstadt von Makedonien

200-201 *Dieses außergewöhnliche Mosaik aus Flusskieseln (spätes 4. Jh. v. Chr.) wurde in Pella gefunden. Es stellt Alexander und Hephaistion dar – einen makedonischen Heerführer und Vertrauten des Königs –, die an einer Löwenjagd teilnehmen. Die beiden Männer sind in einem dramatischen Moment in plastischer Bewegung dargestellt, nackt wie die Helden des Homer. Zwischen den Männern steht der Löwe, den Rachen drohend aufgerissen und unschlüssig, welchen der Feinde er angreifen soll.*

Ein Besuch von Pella, der Hauptstadt des makedonischen Königreichs seit etwa 410 v. Chr., ist ein Muss für jeden, der sich für die archäologischen Schätze der Region interessiert, in der das erste Weltreich Alexanders des Großen seinen Ursprung hatte. Man weiß nur wenig über die Geschichte der Stadt, bevor sie Hauptstadt wurde; es ist aber sicher, dass nach der römischen Eroberung 168 v. Chr. und der Rückstufung von Pella zur Distrikthauptstadt die Hauptstadtfunktion allmählich von Thessaloniki übernommen wurde.
Pella bietet ein schönes Beispiel für einen schachbrettförmigen Grundriss. Es besaß ein kompliziertes Wasserversorgungs- und Kanalisationssystem, gut platzierte, vermutlich teilweise zweigeschossige Häuser mit Säulengängen und Mosaikfußböden im

Erdgeschoss. Das prächtigste Gebäude war der Palast. Hier legten Archäologen Mosaiken aus Kieselsteinen mit schwarzen und weißen geometrischen Mustern und farbigen figürlichen Motiven von ca. 300 v. Chr. frei. Besonders bemerkenswert sind Alexander und Hephaistion bei der Löwenjagd, eine Wildjagd, die Schlacht der Amazonen und Dionysos' Ritt auf einem Panther. Unweit von Pella und gleichermaßen sehenswert sind die stattlichen Gräber von Vergina.

Die Überreste des Palasts mit dem respektablen Grundriss von 105 x 89 Meter stehen am Rand eines kleinen Hügels über dem breiten Tal des Flusses Aliakmon, der scheinbar die Zitadelle und die Stadt selbst verbindet. Ein großer quadratischer Arkadenhof mit 16 dorischen Säulen auf jeder Seite war von Gebäuden umgeben, die nach außen durch hohe Mauern geschützt waren. Man konnte den Bau nur über eine breite Einfahrt betreten. Das Gebäude besaß große, unterschiedlich gestaltete Innenräume mit verschiedenen Funktionen. Der Bau war auch das erste Beispiel in Makedonien für die spektakuläre Herangehensweise, die dann auch in der Stadtarchitektur von Kassope und Priene und schließlich in der gesamten hellenistischen Architektur anzutreffen war.

Die qualitativ hochwertigen Materialien des Palasts zeugen von einem Geschmack für Luxus wie auch von einer Vorliebe für weite Räume, Farbe und Licht. Man entwarf vielfarbige Steinpflaster, feine farbige Kieselmosaike und verbaute Harthölzer, die zum Teil kühne Dachkonstruktionen erlaubten.

201 *Viele vornehme Häuser von Pella waren mit Mosaiken verziert. Mosaiken waren damals die Umsetzung geschätzter zeitgenössischer Gemälde in Stein. Diese Böden verewigten den Ruhm mancher griechischer Künstler.*

202-203 *Der herrliche Kopf des Hephaistion; ein lebhaftes und realistisches Detail aus dem Kieselmosaik auf der vorhergehenden Doppelseite, das eine Löwenjagd darstellt.*

204-205 Diese grandiose Ansicht des Theaters offenbart die ganze Schönheit von Dodona und seiner Landschaft. Der unzugängliche Epirus erhebt sich hinter der grünen Ebene, wo einst das Zeusheiligtum stand. Das Theater wird noch heute für die Aufführung klassischer Werke benutzt.

204 Die imposante Außenmauer des Theaters von Dodona scheint fast zu einer Festung zu gehören. Dieser Eindruck wird durch den groben Stil erreicht, der einen interessanten Kontrast zu der regelmäßigen Harmonie des Bauwerks darstellt.

Dodona, die Orakelstätte

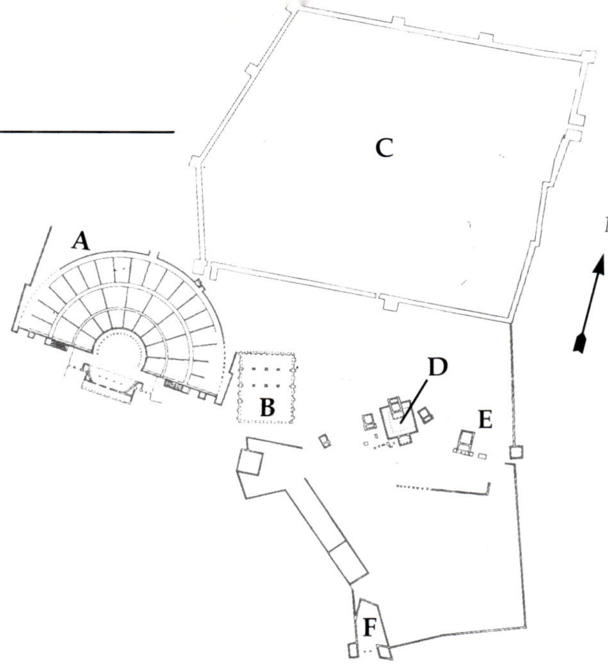

A Theater
B Buleuterion
C Akropolis
D Temenos des Zeus Naios
E Tempel
F Propyläen

Epirus bietet eine abwechslungsreiche Landschaft von den Gipfeln des Pindos-Gebirges zu den sanfteren Hügeln an der ionischen Küste und dem sonnigen Golf von Arta. Zeitweise ist die ganze Landschaft in das üppige Grün der Vegetation getaucht. Anderswo ist die Landschaft wieder steinig und karg, das spärliche Gras von Schafen im Lauf der Jahrtausende überweidet, die Bäume gerodet.
Der günstigste Ausgangspunkt für eine Reise durch Epirus ist der Hügel bei Dodona mit den faszinierenden Überresten des Zeusorakels. Das Heiligtum aus sehr frühen Zeiten hatte seine Blütezeit im 4. und 3. Jahrhundert v. Chr. und war lange das wichtigste religiöse Zentrum in dieser etwas abgelegenen Region Griechenlands.
Das Orakel vernahm man im Rauschen der heiligen Eiche des Zeus, die auf dem Gelände des Heiligtums wuchs. Die Geräusche wurden durch Tempelpriester interpretiert. Dies waren Mystiker einer kleinen Gruppe von Familien alter Herkunft, die die Riten der Vorfahren befolgten, z. B. auf der nackten Erde schliefen und sich nie die Füße wuschen. Die Antworten auf Fragen an das Orakel basierten nicht nur auf der Kunst der Weissagung, sondern auch auf dem Gurren und Flug der heiligen Tauben, dem Plätschern einer Quelle, Würfeln und dem Klang eines Bronzekessels. Zwischen dem 7. Jahrhundert v. Chr. und der römischen Zeit wurde der Tempel oft zerstört und in derselben Form, Größe und Position wieder aufgebaut. Er bestand aus riesigen Steinblöcken, die in regelmäßigen Reihen angeordnet waren, und die Struktur des Baus von 219 v. Chr. ist noch deutlich erkennbar. Man gelangte über die Propyläen zum Temenos. Gegenüber lag ein kleiner Tempel, flankiert von einer ionischen Kolonnade.
Was Dodona so sehenswert macht, ist sein prächtiges Theater. Es entstand in seiner jetzigen Form unter dem berühmten König Pyrrhos I. Anfang des 3. Jahrhunderts v. Chr. und wurde unter Philipp V. gegen Ende dieses Jahrhunderts vergrößert. Sein gewaltiger halbkreisförmiger Koilon, der direkt unterhalb der Stadtbefestigungen aus dem Hügel geschnitten wurde, ist größer als das Theater von Epidauros. Er konnte 18 000 Zuschauer aufnehmen. Die massiven Mauern aus dem örtlichen Kalkstein stehen noch heute 20 Meter hoch.
Hinter den wenigen Überresten des steinernen Proszeniums liegen die Ruinen des Stadions, direkt am Westteil des Theaters und von 20 Sitzreihen umgeben. Auf der gegenüberliegenden Seite hingegen befinden sich die Ruinen des Buleuterion, des „Rathauses“ von Epirus, das aus einer großen Halle mit ionischen Säulen und einer dorischen Portikus davor bestand.

205 oben *Der heilige Ring des Zeusheiligtums in Dodona umschloss die heilige Eiche, deren Rauschen den Willen des Gottes prophezeien sollte.*

205 unten *Die Bühne des Theaters von Dodona zeigt deutlich eine hellenistische Architektur. Man konnte bisher nicht feststellen, ob dieses Theater – wie das Megalopolistheater in Arkadien – mit einem System zum Wechseln des Bühnenbildes ausgestattet war.*

206 Ansicht des Apollontempels in Delphi (369–323 v. Chr.), mit hohen dorischen Säulen aus übereinander gesetzten zylindrischen Blöcken. In seinem Adyton vermittelte die Pythia den Willen des Gottes.

206-207 Die berühmte Tholos von Delphi ist ein wahres Schmuckstück (5./4. Jh. v. Chr.). Sie wurde von Theodoros von Phokeia geschaffen und steht im heiligen Bezirk der Athena Pronaia. Ihre Eleganz wird hervorgehoben durch die feinen Proportionen, das Streben nach überlegten Farbkontrasten zwischen den Materialien der Cella und die architektonische Verzierung, von der noch Reste auf der Peristasis sichtbar sind.

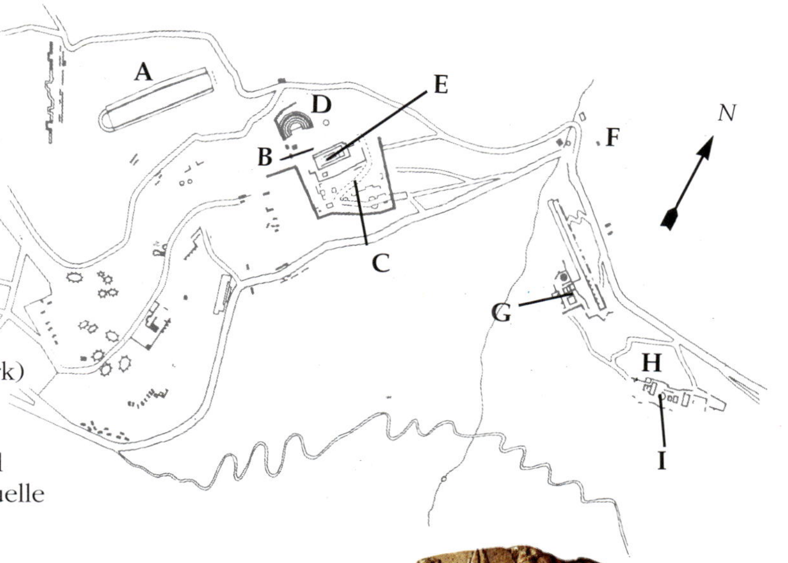

Delphi, der Nabel der Erde

A Stadion
B Hieron (Heiliger Bezirk)
C Heilige Straße
D Theater
E Apollontempel
F Kastalische Quelle
G Gymnasion
H Marmaria
I Tholos

Delphi liegt in Phokis, Mittelgriechenland. Dieser faszinierende Ort fügt sich mitten zwischen den „glänzenden“ Phädriadenfelsen und den weiten Olivenhainen, die dem Tal unten einen silbrigen Glanz verleihen, in die Landschaft. Das berühmte Apollonheiligtum wurde im 9.–8. Jahrhundert v. Chr. errichtet, während der kleinere Tempel der Athena Pronaia später auf einer künstlichen Terrasse unterhalb hinzugefügt wurde. Zuvor war der Ort von den Mykenern für ihre chthonischen Kulte benutzt worden. Wie auch in vielen anderen prähellenistischen religiösen Zentren ist die neue Bevorzugung eines Kults für einen olympischen Gott anstelle der früheren Gottheiten ein Zeichen der letzten umfangreichen Migration von Indoeuropäern nach Griechenland. Doch die Legende von Apolls Sieg über Python, den Drachen, Sohn von Gaia (der großen Mutter Erde), der über eine Felsschlucht wachte, deren Nebel die Menschen berauschte und ihnen die Fähigkeit zu prophetischen Äußerungen verlieh, hatte eine tiefere Bedeutung als andere. Apolls Triumph basiert auf einem „notwendigen Akt der Gewalt“ über die Primitivität und Wildheit, die durch Python symbolisiert wurden. Seine Sühnetat war so wichtig wegen der Entschlossenheit, die Barbarei der vergangenen Wirren zu beseitigen und stattdessen zivilisiertem Benehmen, Recht und Gesetz Geltung zu verschaffen und Vernunft, Ausgewogenheit, Wissen und kreative Fähigkeiten als göttliches Geschenk zu fördern.
Der Legende nach war Apoll der Beschützer der geheimnisvollen, primordialen Naturkraft, die von der Felskluft ausging. Ebenso war er mit ihren Kräften versehen. Die Offenbarung der Prophezeiungen erfolgte hingegen durch die Priesterin Pythia, deren Äußerungen von den anwesenden Priestern interpretiert wurden. Die Gründe für die Vorrangstellung von Delphi in religiösen und politischen Angelegenheiten, besonders im 7. und 6. Jahrhundert v. Chr., ist daher nicht schwer zu erklären.

207 oben *Kopie des berühmten Omphalos, des „Nabels der Erde“ (5. Jh. v. Chr.). Dieser heilige Stein von bienenkorbförmiger Form wurde als Mittelpunkt der Erde gedeutet. Auch war der Stein Grabsymbol des Gottes Python, des Sohnes von Gaia, der Erde, der von Apoll getötet wurde, um das kostbare Orakel zu erben.*

207 unten *Diese ungewöhnliche Ansicht des Heiligtums von Delphi vom Schatzhaus der Athener aus zeigt die Geländeneigung der Kultstätte, die auf einer vorher existierenden mykenischen Siedlung erbaut wurde. Delphi ist eine der spektakulärsten und faszinierendsten Sehenswürdigkeiten Griechenlands. In der Nähe liegt das berühmte byzantinische Kloster Osios Lukas.*

Hier wurden alle Initiativen der Griechen – von der Gründung von Kolonien bis zu Kriegen zwischen den Stadtstaaten – von der Gottheit durch die Antworten des Orakels befürwortet bzw. abgelehnt.
Der Beweis für die Bedeutung Delphis und seiner Funktion liegt in den imposanten Ruinen des Apollon- und des Atheneheiligtums mit ihren eindrucksvollen Bauten (Stadion, Theater, Gymnasion, Gästehäuser) für die Abhaltung der Pythischen Spiele als „Meisterschaften“ der Künste und des Sports zu Ehren des Gottes.
Von noch größerer Bedeutung ist die Überfülle an reinen Zierbauten, Kunstwerken, Altären und Schatzhäusern. Insbesondere die hier von vie-

208 *Die romantische Lage am Felsen der Kastalischen Quelle zieht viele Besucher auf dem Weg vom Atheneheiligtum zum Apollonheiligtum an.*

208-209 *Das gut erhaltene Auditorium des Theaters von Delphi befindet sich oben am Hügel des Heiligtums in der Nähe des Stadions.*

209 links *Das weite Gymnasion, das auf einer Terrasse östlich des Heiligtums der Athena Pronaia liegt, diente den Athleten zum Training vor den Pythischen Spielen zu Ehren Apolls.*

209 rechts *Das Stadion für die Pythischen Spiele, von den Startblöcken her gesehen, ist eine großartige Anlage, die auf einer Seite von langen Sitzreihen flankiert ist.*

len Städten der griechischen Welt – vom asiatischen Ionien bis zu den Kykladen, von den Kolonien bis Attika und der Peloponnes – erbauten Schatzhäuser in Form von Tempeln nahmen die Opfergaben auf und stellten Reichtum und Prestige zur Schau.

Keine anderen griechischen archäologischen Stätten können besser als Heiligtümer die Kunst- und Architekturgeschichte an einem Ort konzentriert dokumentieren. Vom 6. bis ins 4. Jahrhundert v. Chr. wurden auf Veranlassung von Regierungen, Tyrannen oder später Monarchen und mächtigen Magistraten Hunderte von Bauprojekten in dem riesigen Gelände von Delphi auf beiden Seiten der Heiligen Straße den Hügel hinauf durchgeführt. Es gibt keinerlei Hinweise auf eine systematische Bebauungsplanung: Gebäude verschiedener Epochen stehen benachbart, ohne einen „Flächennutzungsplan“. In Delphi wurden wie bei anderen Heiligtümern neue Bauten hinzugefügt, ohne alte abzureißen, während bei Naturkatastrophen oder durch den Zahn der Zeit zerstörte Bauten repariert oder originalgetreu wieder aufgebaut wurden.

Der im 6. und 5. Jahrhundert v. Chr. aus polygonalen, manchmal parallelepipedalen gewaltigen Steinblöcken erbaute Heilige Bezirk hat neun Eingänge – den größten auf der Südostseite, wo sich eine antike römische Agora befindet. Sie ist von Portiken flankiert, an denen Votivgaben verkauft wurden. Hier beginnt die Heilige Straße. Sie ist gesäumt von zahllosen Statuen, die im 5. und 4. Jahrhundert v. Chr. von griechischen Städten als Denkmäler für bedeutende Ereignisse errichtet wurden. Heute erhält man nur noch eine schwache Vorstellung von der einst beeindruckenden Aufreihung von Opfergaben, oft aus Bronze, die den Bereich von der ersten Rampe bis hinter den Eingang verzierten. Dieses ehrfurchtgebietende Arrangement stammte nicht von den gemeinsamen Anstrengungen talentierter Architekten und Stadtplaner wie auf den Akropolen der griechischen Welt – es war einfach das Ergebnis zufälliger Gemeinsamkeiten oder vielleicht Kontraste zwischen Bauwerken, die die eine oder andere griechische Polis verherrlichen sollten.

Weiter aufwärts steht an der Straße das erste einer Reihe von Schatzhäusern, die zu Ehren des Apoll von den Stadtstaaten der griechischen Welt erbaut wurden: Sikyon, Theben, Megara, Syrakus, Knidos, Korinth und viele andere nicht identifizierte. Von ihnen sind heute nur noch Spuren zu sehen, mit gelegentlichen Skulptur- und Verzierungsfragmenten. Die beiden Schatzhäuser der Siphnier und Athener sind hingegen außergewöhnliche Zeugnisse der Architektur und Bildhauerei der archaischen Periode und des Strengen Stils. Vom Schatzhaus der Siphnier sind nur noch die Fundamente an Ort und Stelle, der erhaltene Rest befindet sich heute im reich ausgestatteten Museum nahe der Ausgrabungsstätte. Es war ein schönes Beispiel für ein ionisches Schatzhaus mit zwei eleganten Karyatiden als originalem Ersatz der Säulen zwischen den Seitenwänden des Pronaos. Es wurde 530–525 v. Chr. erbaut und ist typisch für den spät-archaischen Stil. Besonders erwähnenswert sind die Nord- und Ostseite seines Frieses, auf dem die Schlacht zwischen den Göttern und

210 *Die fast intakte Statue des Agias von Pharsalos, von Daochos II. dem Gewinner des Pancratium (Boxkampfs) gewidmet, ist ein Meisterwerk von Lysippos (337–336 v. Chr.); sie wurde aus schönem rosa-bräunlichem Marmor aus Paros gehauen. Der Athlet steht im für diesen Künstler typischen antithetischen Rhythmus auf seinen langen Beinen. Sein Blick verliert sich in die Ferne. Er verkörpert damit den Typus des antiken mythischen Helden.*

211 links *Ein weiteres Detail des spätarchaischen ionischen Frieses des Siphnier-Schatzhauses in Delphi zeigt den dramatischen Kampf zwischen den Göttern und den Giganten. Über die Heilige Straße, an der das Schatzhaus steht, pilgerten Menschen, die auf eine Antwort des Gottes der Weisheit und der Künste hofften.*

211 rechts *Dieses Oberteil einer Votivsäule, ein viel beachteter Kunstfund, ist heute im Archäologischen Museum in Delphi ausgestellt. Die Säule aus weißem griechischem Marmor war über 13 m hoch und wurde von den Athenern 335–325 v. Chr. gestiftet. Das Werk stellt drei reizende tanzende Korai oben auf einem breiten Kapitell dar, das mit Akanthusblättern verziert ist. Es handelt sich um eines der schönsten Kunstwerke des späten 4. Jh. v. Chr. aus Athen.*

den Giganten sowie die Beratung der Götter auf dem Olymp mit außergewöhnlichem Schwung, Plastizität und einer kühnen, innovativen Raumaufteilung dargestellt sind.
Das Schatzhaus der Athener wurde hingegen nach der Schlacht von Marathon (490 v. Chr.) erbaut, um einige von den Persern erbeutete Stücke auszustellen. Nach einer ausgezeichneten Restaurierung steht es heute fast intakt an seiner ursprünglichen Stelle. Es ist ein Antentempel mit zwei Säulen (wie das Schatzhaus der Siphnier, nur etwas größer), jedoch im dorischen Stil. Seine charakteristischsten Merkmale sind die einfache Harmonie seiner Proportionen und ein Fries mit abwechselnden Triglyphen und Metopen, die die Schlacht zwischen den Griechen und den Amazonen, die Abenteuer des Theseus und die Taten des Herakles darstellen, im Strengen Stil mit spätarchaischen Elementen. Einst vermittelten die Bauten auch eine mächtige politische Botschaft: Syrakus z. B. erbaute nach seinem überwältigenden Sieg über die Athener im Peloponnesischen Krieg sein Schatzhaus direkt gegenüber dem Schatzhaus der Athener, was zu einem Symbol der griechischen Unabhängigkeit wurde.
Das wichtigste Bauwerk war jedoch der Apollontempel (369–323 v. Chr). Die heute sichtbaren Reste stammen aus der sechsten Bauphase, die die Dimensionen des vorangegangenen archaischen Tempels berücksichtigt. Er war ein klassisches Beispiel für einen dorischen Peripteros (ca. 60 x 23 Meter) aus Kalkstein und Tuff mit stuckierten Tuffsäulen. Auf der künstlichen Basis ruhte ein zellenförmiger Stylobat mit drei Stufen. Cella, Peristasis, Pronaos und Opisthodomos waren Kunstwerke und Objekte von kultischer und geschichtlicher Bedeutung.
Im Vergleich zu dem riesigen Tempel müssen die umliegenden Gebäude winzig ausgesehen haben, die Menschen blickten automatisch zum „Haus des Gottes“ auf halbem Weg zwischen zwei Quellen und der Schlucht, die traditionell mit dem pythischen Orakel und seinen Riten assoziiert wurden. Hoch oben über der Tempelterrasse liegt das ausgezeichnet erhaltene Theater (nur das Bühnengebäude fehlt). Gemäß griechischem Brauch wurde es an einem Berghang gebaut und vervollständig-

te so das Panorama der außerhalb des Heiligtums gelegenen Bauten. Man konnte es über einen eleganten Halbkreis von Portiken erreichen, die mit Fresken, Skulpturen und Geschenken aus Bronze verziert waren. Besonders berühmt ist der herrliche „Wagenlenker", der im Museum ausgestellt ist.
Außerhalb des Temenos lag das Stadion, wo Athletenwettkämpfe und die Pferderennen der Pythischen Spiele stattfanden, die von 7000 Zuschauern verfolgt werden konnten. Es war teilweise aus dem Berghang geschnitten, etwa 180 Meter lang und besaß Sitzreihen auf einem hohen Podium, vielleicht durch Umzäunung geschützt.
In malerischer Lage an der Straße zum Heiligtum der Athena Pronaia befinden sich die kaum erkennbaren Überreste der heiligen Kastalischen Quelle, wo Priester und Pilger sich reinigten, bevor sie das Heiligtum betraten. Obwohl das Atheneheiligtum kleiner ist, befinden sich hier die Ruinen zweier archaischer Athenetempel. Der eine gilt als Meilenstein in der Entwicklung des dorischen Kapitells; hier sind noch Spuren eines katastrophalen Erdrutsches zu sehen, der den Bau großteils zerstörte. In der Nähe befinden sich die Reste des einst wohl sehr prächtigen Schatzhauses von Marseille (530 v. Chr.), ein ionischer Tempel mit selten vorkommenden äolischen Kapitellen (heute im Museum).
Das faszinierendste Bauwerk ist jedoch der Athenerundtempel im heiligen Bezirk der Athena Pronaios (5./4. Jahrhundert v. Chr.), ein Meisterwerk des Theodoros von Phokeia. Die Ursprünge seiner recht ungewöhnlichen Rotunden-ähnlichen Form könnten in prähistorischen Traditionen liegen. Attischer Einfluss ist bei den charakteristischen Elementen

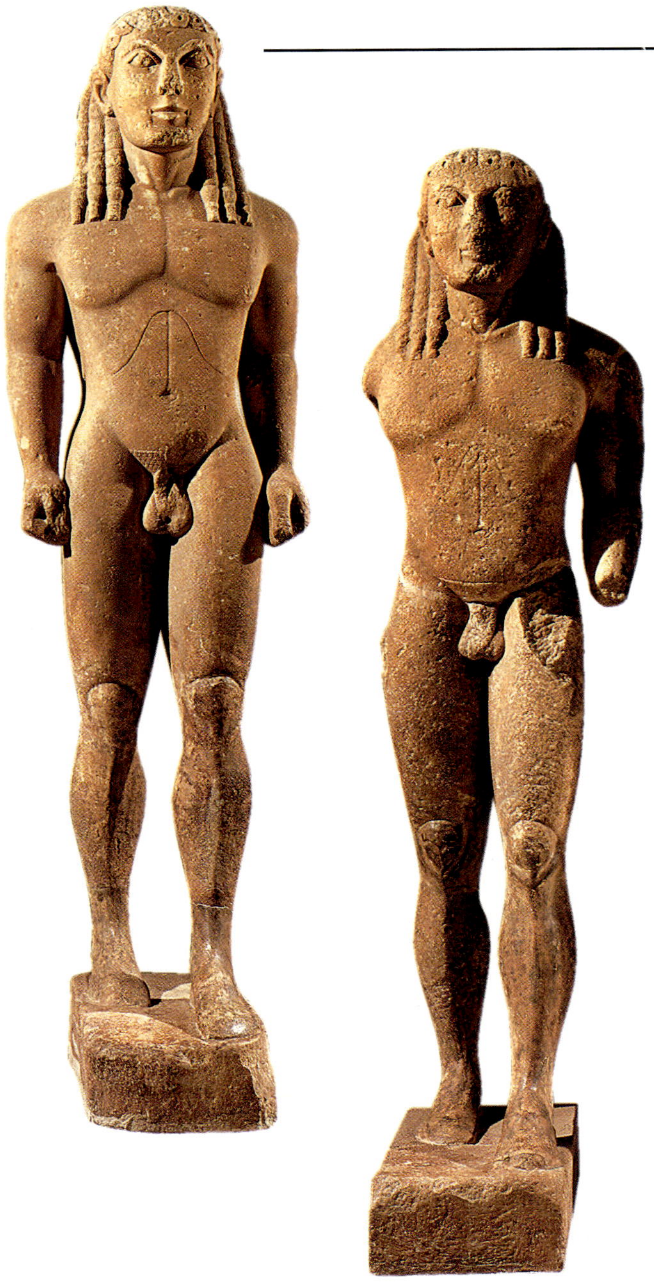

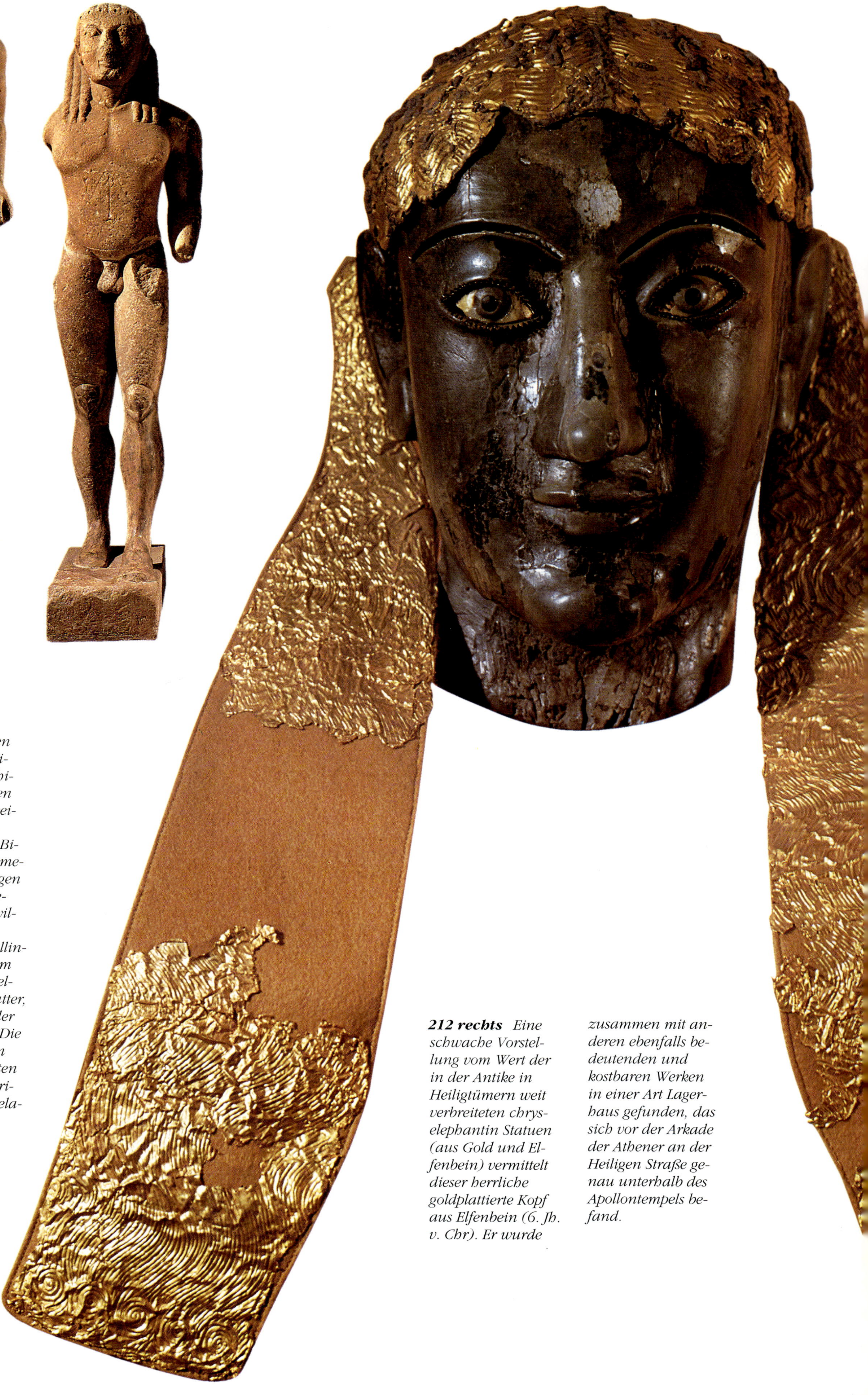

212 links *Zu den berühmtesten Beispielen der griechischen archaischen Kunst zählen zweifellos die Statuen von Kleobis und Biton, die von Polymedes von Argos gegen 580 v. Chr. hergestellt und den Zwillingen gewidmet wurden. Die Zwillinge opferten sich im Heiligtum von Delphi, um ihrer Mutter, einer Priesterin der Hera, zu helfen. Die schweren Formen und die markanten Merkmale des dorischen Stils sind relativ auffällig.*

212 rechts *Eine schwache Vorstellung vom Wert der in der Antike in Heiligtümern weit verbreiteten chryselephantin Statuen (aus Gold und Elfenbein) vermittelt dieser herrliche goldplattierte Kopf aus Elfenbein (6. Jh. v. Chr). Er wurde zusammen mit anderen ebenfalls bedeutenden und kostbaren Werken in einer Art Lagerhaus gefunden, das sich vor der Arkade der Athener an der Heiligen Straße genau unterhalb des Apollontempels befand.*

des Gebäudes sichtbar – Proportionen, Befolgung mathematischer Regeln, Stil –, wie es anschaulich durch den äußeren Peribolos mit zwanzig dorischen Säulen erkennbar ist, die in der klassischen, von Iktinos eingeführten Anordnung gruppiert sind. Doch gab es auch neue Elemente: eine innovative Anordnung innerhalb des begrenzten Innenraums und die Anwendung des korinthischen Stils bei den zehn Säulen der Cella, die direkt an der Mauer auf hohen Sockeln aus dunklem eleusischem Kalkstein ruhen und mit ihrem weißen pentelischen Marmor dazu einen starken Kontrast bilden. Der dorische Fries, die Peristasisdecke mit ihrer Kassettierung und die Fallrohre zeigen eine geänderte Art der Dekoration, die über die genau definierten Grenzen hinausgeht und die Koine sowie Formen von architektonischem und künstlerischem Eklektizismus einführt, die der Hellenismus später absorbierte.
Die Kunstwerke im Archäologischen Museum von Delphi belegen eine fast dreitausend Jahre lange Geschichte; sie wurden von französischen Archäologen ans Tageslicht gebracht, die hier 1892 ihre Ausgrabungen begannen. Leider besteht – wie in vielen griechischen Museen – die Tendenz, Exponate nach Typen oder Kunstgattungen anstatt in rein chronologischer Reihenfolge zu arrangieren, so sind z. B. die frühesten Spuren des Menschen in dieser Region in Raum XIII (dem letzten) zu sehen, zusammen mit Töpferware aus verschiedenen Epochen, Grabbeigaben, Votivgaben und Haushaltsgegenständen. Einige Räume enthalten außergewöhnlich interessante Funde. In Raum II befinden sich mehrere herrliche Bronzedreifüße, Votivgaben an Apoll, mit reichen Verzierungen im geometrischen oder orientalisierenden Stil. In Raum III stehen zwei hohe Koroi, die Kleobis und Biton darstellen (590–580 v. Chr.); um seine Mauern verlaufen die Reste des herrlich geschnittenen Frieses (560 v. Chr.) des Schatzhauses der Sikyonier. Die vom Schatzhaus der Siphnier erhaltenen Schmuckelemente befinden sich in Raum V. Dort ist auch die archaische Sphinx zu sehen, die Apoll von den Naxiern gewidmet wurde (570–560 v. Chr.) und einst auf einer über 12 Meter hohen Säule stand. Raum VI zeigt die 24 Metopen des Schatzhauses der Athener. Die Statuen des spätarchaischen Giebels am Apollontempel (510 v. Chr.) befinden sich in Raum VII; sie werden Antenor zugeschrieben und sind zweifellos die schönsten Werke des großen Athener Bildhauers. In einsamer Pracht befindet sich in Raum XII der berühmte „Wagenlenker“ des Polyzalos von Gela (um 475 v. Chr.), ein Meisterwerk des Strengen Stils, das einen jungen Mann in der Tunika, die bei Wagenrennen getragen wurde, zeigt. Seine Augen aus Elfenbein und *Pâte de verre* strahlen noch heute Leben aus.
Etwas weiter befindet sich das letzte künstlerische Meisterwerk des Heiligtums von Delphi: die Reihe von Statuen, die ein Geschenk von Daochos II. sind, vermutlich zeitgenössische Kopien von Bronzeoriginalen des Lysippos (um 360 v. Chr.), die einst einen auffallenden Platz nordwestlich des Tempels einnahmen.

213 *Das aufwühlende Bild der Sphinx, das die Bürger von Naxos (Kykladen) um 570–560 v. Chr. dem Gott Apoll opferten, zeigt die typischen ikonographischen und stilistischen Merkmale der frühen archaischen Kunst. Es stand auf einer über 12 m hohen Votivsäule und blickte auf den Tempel des Gottes. Das Kapitell darunter zeigt ionischen Stil. Naxos war im 7. und 6. Jh. v. Chr. ein bedeutendes Bildhauerzentrum; Werke der Künstler von Naxos sind über die ganzen Kykladen verbreitet, was ein Zeichen der politischen und wirtschaftlichen Macht dieser Insel über die mittlere Ägäis in jener Epoche ist.*

NAXOS, DER TEMPEL AUF DEM FELS

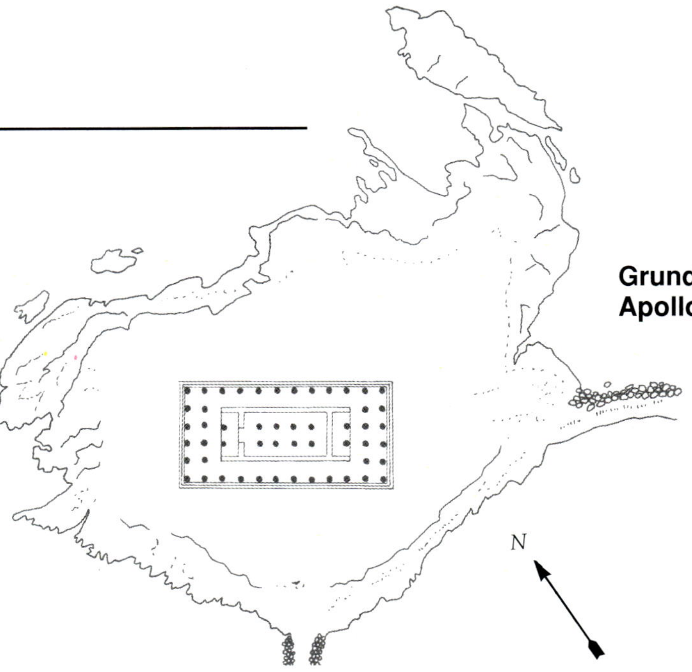

Grundriss des Apollontempels

214 Reisende auf dem Weg von Naxos nach Apollonia, dem malerischen Dorf im Nordosten der Insel, sind von dem 10 m hohen Kuros überrascht, einem unvollendeten Werk aus der zweiten Hälfte des 6. Jh. v. Chr., das noch in dem antiken Marmorbruch liegt.

214-215 Das Marmortor der Cella des ionischen Apollontempels ist ebenfalls ein unvollendetes Werk aus dem 6. Jh. v. Chr. und eine Art Symbol des antiken Naxos. Es steht auf einem kleinen Felseneiland gegenüber dem Hafen der heutigen Stadt Naxos.

Von den Hunderten von Inseln in der Ägäis waren in der Antike sehr viele besiedelt. Sie zeigen oft sehr bedeutende Spuren der Zivilisationen, die hier von der Vorgeschichte bis zum Ende der Antike kamen und gingen. Auf einigen Inseln befanden sich Städte oder religiöse Zentren von so großer archäologischer Bedeutung, dass sie für jeden ernsthaft an Kultur interessierten Touristen ein Muss darstellen.
Doch können wir nur wenige dieser Stätten auf unserer Reise durch Homers „weinfarbenes Meer" aufsuchen, dessen purpurner Schimmer Griechenlands lebhafte Morgendämmerungen und Sonnenuntergänge beleuchtet und den Beschreibungen des Dichters voll gerecht wird. Manche Inseln müssen unverdientermaßen übergangen werden: Euböa mit Eretria; Chios; Thassos; Samothrake, einst die Heimat der berühmten Nike (heute im Louvre), deren Sockel noch in einem herrlichen Heiligtum steht; Syros; Melos mit dem antiken Phylakopi; Thera mit dem minoischen Dorf Akrotiri, von dessen prächtigen Wandgemälden einige in diesem Buch zu sehen sind.
Im Herzen der Kykladen liegt Naxos, die größte Insel dieser Gruppe, Exil der Ariadne, die, nachdem Theseus sie verlassen hatte, von Dionysos getröstet wurde. Naxos war Geburtsort aufgeklärter Tyrannen wie Lygdamis und talentierter Bildhauer, die ihre eigene Variante einer insel-ionischen archaischen Kunst schufen, wozu der feine örtliche Marmor zweifellos beitrug.
Die Stelle der antiken Stadt befindet sich nicht weit von der heutigen Stadt. Ausdrucksvolle Beispiele der hier entdeckten klassischen Bildhauerei befinden sich heute im Archäologischen Museum, dessen Sammlungen auch kykladische Idole und mykenische Töpferware umfassen.
Auf der kleinen Insel Strongyli – Ort einer kykladischen Siedlung im 3. und 2. Jahrtausend v. Chr. und mit Naxos durch einen schmalen Damm verbunden – befand sich der wichtigste Monumentalbau der Insel: der unvollendete archaische ionische Apollontempel (540–530 v. Chr.), einer der ältesten in diesem architektonischen Stil. Er hatte eine Cella, die durch zwei Säulenreihen dreigeteilt war, Pronaos und Opisthodomos sowie eine Kammer auf der Westseite zwischen Cella und Opisthodomos. Das hohe Marmorportal ist noch erhalten; sein Rahmen ist mit typischen insel-ionischen Motiven verziert. Dahinter erstreckt sich die tiefblaue Ägäis, so weit das Auge reicht.
Bei Apollonia kann man die antiken Marmorbrüche besichtigen; in einem davon liegt eine riesige, 10 Meter hohe, unvollendete Kurosstatue aus der zweiten Hälfte des 6. Jahrhunderts v. Chr. sowie die Figur des Dionysos, die ebenfalls nicht fertig gestellt wurde.

Delos, Insel der Götter und Händler

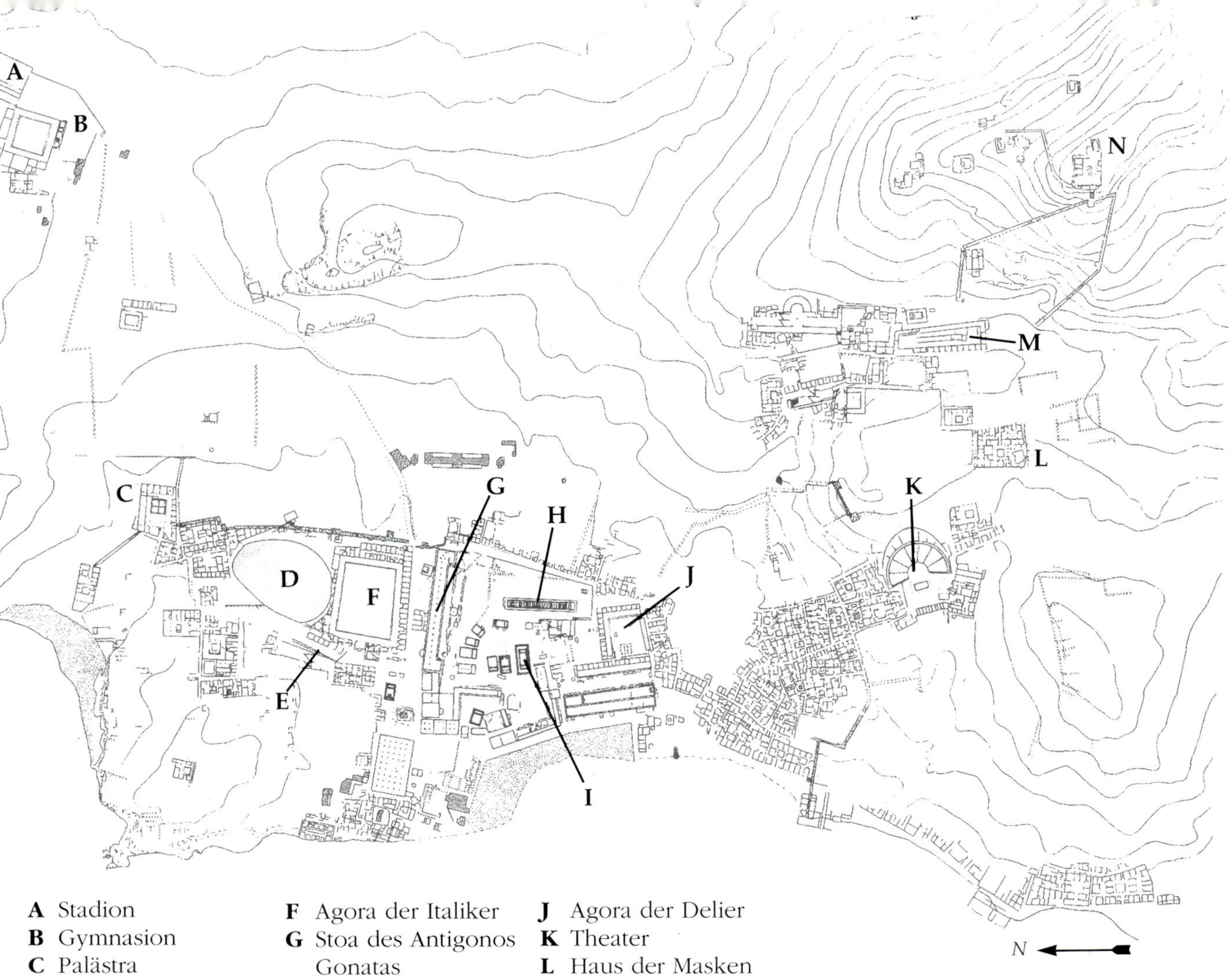

217 oben links *Blick über die Insel vom Gipfel des Kynthos, der dem Apoll geweihte Berg. Nach dem Mythos wurde Apoll zusammen mit seiner Schwester Artemis auf Delos geboren. Der Gott wurde auch Kynthios genannt.*

217 unten links *Die prächtige Löwenterrasse (spätes 7. Jh. v. Chr.). Nur noch fünf Originalstatuen sind erhalten.*

A Stadion
B Gymnasion
C Palästra
D Heiliger See
E Löwenterrasse
F Agora der Italiker
G Stoa des Antigonos Gonatas
H Schiffshalle
I Apollonheiligtum
J Agora der Delier
K Theater
L Haus der Masken
M Serapeion
N Kynthos

216 *Detail der Löwenterrasse: Die Tierfiguren blicken alle auf die Stelle, wo Apoll geboren wurde: auf den heiligen See, der heute aus Sicherheitsgründen trockengelegt ist.*

217 rechts *Zwei riesige Phalli – die Symbole des Dionysos – stehen an den Seiten der Votivkapelle für den Gott. Dionysosthemen sind auch auf den Seiten der hohen Phallussockel zu sehen.*

Delos war das religiöse Zentrum der Kykladen und besaß eines der größten Heiligtümer Griechenlands. Die kleine Insel, nur wenige Seemeilen von Mykonos entfernt, ist der legendäre Geburtsort von Apoll, der hier jahrhundertelang angebetet wurde – sogar zu römischen Zeiten (166 v. Chr. wurde Delos von den Römern zum Zollfreihafen erklärt). Die archäologische Stätte ist in vier verschiedene Bereiche unterteilt – Heiligtum, Stadt mit Wohn- und Geschäftsvierteln, Terrasse mit den Tempeln der fremden Götter und Sportzentrum (Gymnasion, Palästra, Stadion). Alles zu besichtigen würde mehrere Tage dauern.
Hinter dem antiken Hafen und der römischen Agora, wo die Händlergilden ansässig waren, beginnt die heilige Straße. In der Nähe liegen die Reste der Säulenhalle, die um die Mitte des 3. Jahrhunderts v. Chr. von den Attaliden gebaut wurde, und die der Portikus, die unter Philipp V. von Makedonien 210 v. Chr. erbaut und von dem einige Jahre später ein „Duplikat" zur Meeresseite hin gebaut wurde. Davor stehen zahlreiche Sockel von monumentalen Statuen. Eine weitere Agora, die Agora der Delier, zeugt von der effizienten Organisation der nicht-religiösen Aktivitäten auf der dem Apoll geweihten Insel. Im heiligen Bezirk hinter den grandiosen Propyläen (2. Jahrhundert v. Chr.) befand sich der unvollendete Tempel für den Gott, ein kleiner dorischer Peripteros (der einzige auf Delos), der aus dem zweiten

218-219 *Diese herrliche Luftansicht über die karge Insel des Apoll mit ihrer zerklüfteten Küste zeigt deutlich die Anlage der Stadt, die um das antike Heiligtum des Gottes gebaut wurde. Hier, wo niemand geboren werden oder sterben durfte, wurde der Attische Seebund (477 v. Chr.) gegründet.*

220-221 *Diese graphische Rekonstruktion zeigt das vermutliche Aussehen von Delos in seiner Blütezeit, zwischen dem 3. und 1. Jh. v. Chr., als die Makedonier, die nach Rom gelangten, der Insel wirtschaftlichen Aufschwung brachten.*

222 oben links *Eines der prächtigsten delisch-hellenistischen Häuser ist diese Peristylvilla, das „Dreizackhaus". Es lag im eleganten Theaterviertel und wurde von reichen Kaufleuten bewohnt.*

222 Mitte links *Dieses herrliche Hermeshaus auf Delos mit seiner Doppelreihe von Säulen um das Peristyl war vermutlich die repräsentative Residenz eines Kaufmannsrings im 3. bis 1. Jh. v. Chr.*

222 unten links *Der schöne Blick auf das Dreizackhaus zeigt das Peristyl, das von dorischen Säulen getragen wird. Die Römer nahmen sich die Häuser auf Delos und in anderen Städten zum Vorbild für ihre eigene Baukunst.*

222 rechts *Dieses berühmte hellenistische Mosaik, das eine Sirene darstellt, schmückte früher einen Raum des prächtigen Skardanahauses. Es stand oberhalb einer malerischen Bucht in der Nähe des Viertels um den heiligen See.*

Viertel des 5. Jahrhunderts v. Chr. datiert und bescheidene Ergänzungen im 4. Jahrhundert erhielt. Darum herum liegen die Fundamente mehrerer Schatzhäuser sowie archaischer und klassischer Tempel mit kleineren Abmessungen. Darunter befindet sich das berühmte Haus der Naxier (um 600 v. Chr.). Unter dem Marmorboden wurden Reste der Holzstützen eines protogeometrischen Baus freigelegt, vor der Ostseite entdeckte man einen kleinen Kultbau des späten 2. Jahrtausends v. Chr. und vor der Nordseite befand sich eine 9 Meter hohe Votivstatue, der so genannte „Apoll der Naxier" (7. Jahrhundert v. Chr.). Hinter den kleineren Heiligtümern der Artemis und des Dionysos liegen die Ruinen der großen und früher spektakulären Säulenhalle (124 Meter lang, mit 48 dorischen Säulen), die von Antigonos Gonatas von Makedonien im 3. Jahrhundert v. Chr. gebaut wurde. Sie ist ein eindrucksvolles Zeugnis des Hangs zum Gigantismus und dramatischen Stil, wie er für die hellenistische Zeit typisch war.
Zwischen den Ruinen befinden sich einige kuriose, Dionysos gewidmete Steinphalli und die Schiffshalle. Diese war ein langer, enger Gang mit einem Becken, vermutlich um ein Kriegsschiff aufzunehmen, das von einem hellenistischen König nach einem Sieg als Votivgabe hierher gebracht wurde. An der Küste nördlich des Apollonheiligtums befindet sich eine weitere Reihe monumentaler Bauwerke aus hellenistischer Zeit. Besonders herausragend ist die große Handelskammer, die einst auf zahlreichen dorischen und ionischen Säulen ruhte und durch eine Dachluke erhellt wurde. Die berühmte „Agora der Italiker" befindet sich zwischen der Halle des Antigonos Gonatas und dem heiligen See (2. Jahrhundert v. Chr.), eine beeindruckende Vorform moderner Handelszentren und Märkte. Direkt nördlich davon befindet sich der ovale heilige See, der 1926 trockengelegt wurde. Westlich des Sees liegt eine der bekanntesten Stellen der Insel: die Löwenterrasse, benannt nach ihren Marmorlöwen, einem herrlichen Beispiel orientalisierender Bildhauerkunst (7. Jahrhundert v. Chr.). Dahinter liegt das Wohnviertel mit imposanten Überresten von aufwendig gebauten Häusern, die mit Säulen umgebene Höfe, Mosaikfußböden und Wandmalereien besaßen. Ebenfalls hier befinden sich vornehme Häuser wie das berühmte Haus der Poseidonanbeter von Berito, das im 2. Jahrhundert v. Chr. von syrischen Händlern aus Beirut erbaut wurde. Diese hatten auch die berühmte Gruppe von Marmorfiguren in Auftrag gegeben, die hier ausgegraben wurde und Aphrodite zeigt, die einen Fuß hebt, um Pan wegzujagen.
Südlich des Apollonheiligtums liegt die Wohnstadt, die aufgrund ihrer Nähe zum Theater als Theaterbezirk bekannt ist. Das Theater konnte 5500 Zuschauer aufnehmen; es ist außergewöhnlich gut erhalten. Im 2. und 1. Jahrhundert v. Chr. wurden hier Dutzende von Wohngebäuden mit Höfen – ähnlich denen im Nordviertel – in einer Art Gitterstruktur gebaut. Besucher, die den steilen Treppenweg zum Gipfel des legendären Bergs Kynthos hinaufsteigen, haben eine herrliche Aussicht auf die zahlreichen religiösen Bauwerke; hier oben befindet sich auch das rekonstruierte proto-hellenistische Heiligtum des Zeus und der Athene.

223 *Die Ansicht des antiken Delos aus der Vogelperspektive zeigt seinen ganzen Reiz. Der faszinierende Blick bietet sich wegen der starken Winde und Meeresströmungen zwischen Mykonos und der Insel des Apoll aber leider nur selten.*

224 *Der teilweise restaurierte Isistempel steht am Fuß des Kynthos in einem Gebiet, das einigen östlichen Gottheiten geweiht ist. Er wurde 135 v. Chr. von den Athenern neu aufgebaut.*

224-225 *Das Theater von Delos wurde im späten 4. Jh. v. Chr. angelegt. Das Bühnenhaus, das an allen vier Seiten Säulen besitzt – das einzige antike Beispiel dieser Art –, liegt gegenüber dem Auditorium.*

225 oben links *Diese schöne Ansicht des reichen Theaterviertels zeigt die Statuen der Eigentümer des Kleopatra- und Dioskuridenhauses, eines weiteren guten Beispiels für eine hellenistische Villa.*

225 oben rechts *Die Agora der Hermaisten oder Kompitaliasten von Delos, einer römischen Kaufmannsgruppe, die auf der Insel ihre eigene Warenbörse und ein religiöses Zentrum besaß.*

226-227 *So sah vermutlich das Atheneheiligtum in Lindos aus. Es lag an der schönsten Stelle der Insel Rhodos auf einer natürlichen Akropolis. Von hier kann man eine wunderbare Aussicht genießen. Der zwischen dem 3. und 2. Jh. v. Chr. erbaute Komplex kann mit seinen monumentalen Formen als ein gutes Beispiel für die Architektur der hellenistischen Zeit auf den Ionischen Inseln und dem Dodekanes angesehen werden.*

226 *Die steilen Felsen von Lindos, um die noch heute byzantinische Mauern führen, vermitteln einen Eindruck von der malerischen Lage des Lindiatempels.*

Lindos, Heiligtum der Athene

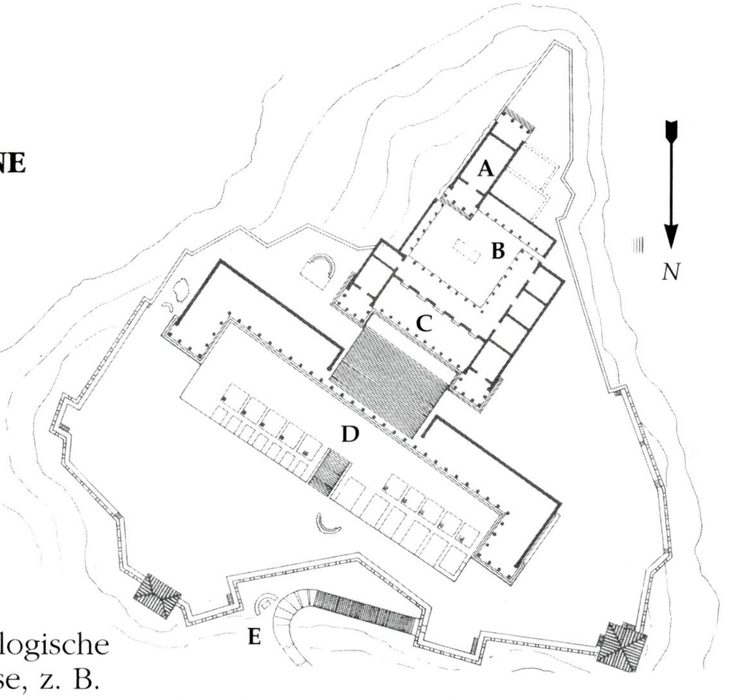

A Heiligtum der Athena Lindia
B Propyläen
C Große Säulenhalle
D Ionische Säulenhalle
E „Schiff des Hagesandros"

Rhodos besitzt viele archäologische Stätten von großem Interesse, z. B. die antiken Städte Rhodos, Ialysos und Kamiros, dessen Archäologisches Museum im mittelalterlichen Hospiz des Ritterordens in der Altstadt untergebracht ist. Doch die größte Sehenswürdigkeit der Insel ist in Lindos zu bewundern: Auf der antiken Akropolis, hoch über einem wunderschönen Strand, umgeben von den Ruinen von Befestigungen und einer Burg, die über den byzantinischen Verteidigungsanlagen steht, befindet sich das Heiligtum der Athena Lindia.
In der ersten Hälfte des 6. Jahrhunderts v. Chr. wurde ein dorischer Tempel an einem Felsabhang über einer Grotte erbaut, wo die ersten kultischen Riten abgehalten wurden. Zwischen der zweiten Hälfte des 4. und dem frühen 2. Jahrhundert v. Chr. wurde das gesamte Areal neu geplant und bebaut, nachdem ein Feuer die Gebäude auf der Akropolis zerstört hatte. Der neue Bauplan war von Treppen und Kolonnaden in hellenistischer Platzgestaltung und besonders in kleinasiatischen Traditionen beherrscht. Die Terrassen der Akropolis waren so angelegt, dass sie Besucher direkt zum Tempel lenkten. Dieser Amphiprostylos im dorischen Stil hat eine exzentrische Lage hinsichtlich der Achse, an der eine Reihe von besonders sehenswerten Bauten standen: die gewaltige Fassade einer großen, π-förmigen Säulenhalle, die herrliche Treppe hinauf zu den Propyläen und der Arkadenhof mit dem Altar. Noch heute sind die Besucher der Propyläen beeindruckt von der einfachen Kombination der fünf Tore, von denen jedes optisch mit je einem Paar der zehn Säulen der Fassade zusammenfällt, die schon von der darunter liegenden Terrasse sichtbar ist und deren langer Säulengang die Erhabenheit der Bauwerke noch betont. An den Seiten der Propyläen befindet sich ein unmissverständlicher Bezug auf Mnesikles' Entwurf der Athener Akropolis: zwei Räume mit einer Säulenvorhalle. Wenn der Besucher die Treppe hochsteigt, erblickt er die Säulen des Arkadenhofs, die den Altar umgeben. Im Tempel blieb auf der Ostseite zwischen den Säulen und der Brüstung über dem fast senkrechten Abhang nur wenig Platz. Das ermöglicht eine ungewöhnliche Perspektive auf das Bauwerk, als ob der Hof mit seinem architektonischen Rahmen das Hauptelement und der Altar in seiner Mitte der optische Mittelpunkt des gesamten Komplexes wäre. Durch weitere Vergrößerungen im späten 3. oder frühen 2. Jahrhundert v. Chr. wurden die niedrigeren Terrassen besser in das Ganze integriert. Die Gesamtanlage war so konzipiert, dass sie sich gut in die Landschaft fügte, wobei Natur und Architektur ein vielgestaltiges und immer wieder überraschendes Ensemble bilden sollten.
Das Heiligtum war auch mit vielen Kunstwerken verziert. Zwischen den Säulen, in den weiten offenen Räumen und entlang des steilen heiligen Weges gab es Votivtafeln für Athena Lindia. Hier ist noch eine große Votivfigur in Form eines Schiffes sichtbar, die aus dem Fels gehauen wurde und die Basis für die Statue eines gewissen Hagesandros bilden sollte.

227 *Einige Säulen des Pronaos und der Arkaden des Athena-Lindia-Tempels auf Rhodos existieren noch heute. Sie wurden Anfang unseres Jahrhunderts restauriert und stehen nun an dieser reizvollen Stelle nahe bei dem herrlichen Strand.*

Samos, Wiege der Hera

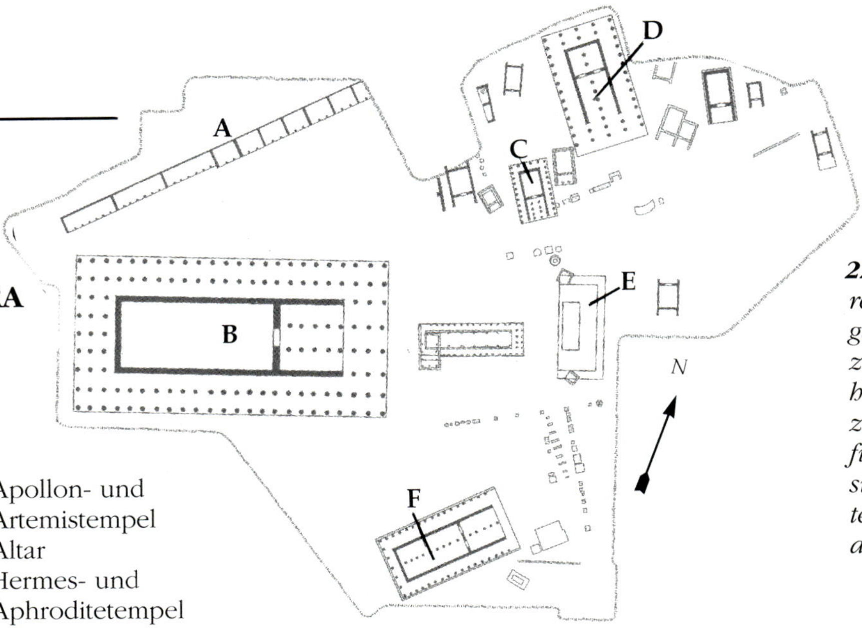

A Nördliche Säulenhalle
B Großer Heratempel
C Hermestempel
D Apollon- und Artemistempel
E Altar
F Hermes- und Aphroditetempel

228 oben *Generalansicht des Heraheiligtums auf Samos; der Tempel der Göttin wurde zwischen dem 7. und 4. Jh. v. Chr. mehrmals neu aufgebaut. Hier und im Artemisheiligtum in Ephesos erfuhr der ionische Stil seine entscheidende Ausprägung.*

228 unten *Die Kopien einiger Statuen der berühmten Votivgabe des Geneleos von Samos (um 560 v. Chr.) sind noch immer an der Stelle zu sehen, wo die Originale (heute im Museum von Vathi) zur Zierde des Heraheiligtums aufgestellt wurden.*

Die Insel der Hera – nach der Legende wurde die Göttin hier geboren und mit Zeus verheiratet – ist die grünste der griechischen Inseln. Samos hat eine sehr lange Geschichte: Die ersten Siedlungen, die aus dem 3. Jahrtausend v. Chr. stammen, gediehen bald und wurden im folgenden Jahrtausend immer wohlhabender. Während der griechischen Völkerwanderung war Samos von den Ioniern besetzt, und eine bedeutende Polis wurde hier begründet. Nach einer langen aristokratischen Oligarchie führte der Tyrann Polykrates (um 540–522 v. Chr.) die bereits blühende und für ihren Wein sowie ihre Töpferkunst berühmte Insel zu außergewöhnlichem Wohlstand und Erfolg. Die archäologische Bedeutung von Samos hängt hauptsächlich mit den Ruinen des berühmten Heraion zusammen, das im 9./8. Jahrhundert v. Chr. an den Ufern des Imbrasos erbaut wurde. Ursprünglich entstanden dort ein Altar, Schreine und ein erster Tempel, ein Hekatompedon, also ein 100 Fuß langer Bau. Sein Eingang zeigte nach Osten und seine lange Cella war in zwei Abschnitte unterteilt. In der Nähe befand sich ein heiliger Teich, der für das rituelle Bad der antiken hölzernen Kultbilder der Göttin benutzt wurde. In der Mitte des 8. und im 7. Jahrhundert v. Chr. wurde das Tempelgebäude mehrmals vergrößert. Das Heiligtum erlebte seine Blütezeit um 560 v. Chr., als zwei örtliche Architekten, Rhoikos und Theodoros, beauftragt wurden, ein neues, kolossales Heraion zu bauen. Die Ausrichtung des Tempels sollte geändert werden, er sollte nun auf derselben Achse wie ein gleichermaßen imposanter Altar gebaut werden, innerhalb eines Komplexes von Zweckbauten, der lange Kolonnaden umfasste und mit kostbaren Kunstwerken geschmückt werden sollte. Eines davon war die berühmte Hera von Samos, heute im Louvre.
Der Tempel mit der beeindruckenden Größe von 52,5 x 105 Meter war von einer doppelten Peristasis von 104 Säulen mit einer Höhe von etwa 18 Meter umgeben. Vor der weiten Cella befand sich ein tiefer Pronaos, der in drei Teile ohne Zierkapitelle unterteilt war. Die Säulen erzeugten den Effekt eines „Steinwaldes“. Die mathematische Ordnung ihres Arrangements ergaben eine ausgewogene Gesamtperspektive.
Die Überreste dieses Bauwerks vermischen sich mit denen einer unvollendeten Rekonstruktion, die unter Polykrates begonnen wurde, nachdem ein Feuer das Meisterwerk von Rhoikos und Theodoros nur wenige Jahre nach seiner Einweihung zerstört hatte. Die Formen blieben praktisch die gleichen, nur etwas größer, doch war seine Lage etwas weiter westlich.
Eine einzige Säule steht noch zwischen den Tempelruinen, doch vermitteln die zahlreichen Kapitelle und Basen einen Eindruck, wie die Säulen in der archaischen Epoche aussahen, bevor Voluten benutzt wurden, um die Formen des Echinus zu verzieren.

228-229 *Eine andere Ansicht der Votivgabe des Geneleos zeigt die Lage an der heiligen Straße, die zum Heraheiligtum führte, und an der sich Funktionsbauten und Kunstwerke abwechselten.*

229 oben links *Die einzige erhaltene Säule des Heratempels ist Teil der Rekonstruktion des großen Tempels, die von Rhoikos und Theodoros nach dem Brand von 525 v. Chr. durchgeführt wurde. Das Werk wurde nie vollendet.*

229 oben rechts
Dieses hübsche Detail eines der archaischen Kapitelle des Heratempels verdeutlicht die unterschiedlichen Gestaltungsmöglichkeiten derartiger Säulenverzierungen um die Mitte des 6. Jh. v. Chr.

230 *Diese prächtige Ansicht der Akropolis von Pergamon zeigt das interessante Ensemble von Gebäuden, die zwischen der Zeit der Attaliden und dem Römischen Reich erbaut wurden. Die weiße Kolonnade im Hintergrund gehört zum Trajantempel.*

PERGAMON, AKROPOLIS DES WINDES

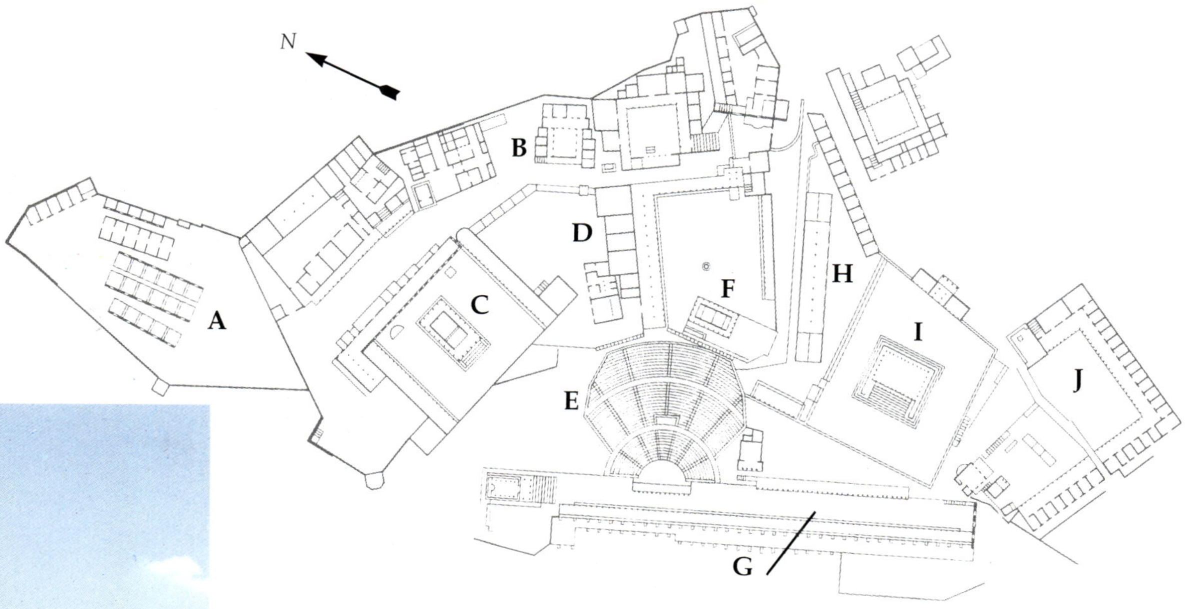

Viele griechische antike Städte befanden sich auf dem Gebiet der heutigen Türkei. Sie aufzuführen und zu beschreiben wäre eine schwierige Aufgabe. Noch aussichtsloser wäre es, all die mit aufnehmen zu wollen, die trotz ihrer vorwiegend asiatischen Prägung gewisse Aspekte der griechischen Kultur übernahmen, wie z. B. Sardes und Halikarnassos. Wir werden uns daher auf zwei der wichtigsten antiken Städte in Kleinasien beschränken: Pergamon und Priene. Trotzdem sei an den besonderen Wert vieler anderer Städte erinnert: Milet, Smyrna, Assos, Phokaia, Teos, Knidos, Didyma, Ephesos, Kyme, Klazomenai, Kolophon – praktisch alle an oder nahe der Küste der Ägäis. Pergamon, die große Hauptstadt des blühenden hellenistischen Königreichs der Attaliden, ist der ideale Ausgangspunkt für eine Reise in die Antike, zu den Ursprüngen des Griechentums in Kleinasien. Die gesamte Stadtanlage stammt aus dem gewaltigen Denkmalprogramm, das die herrschende Dynastie initiierte, und sie bietet das typischste Beispiel für eine hellenistische Stadt. Ihre architektonische Form ist definiert durch die Aufteilung in die Akropolis, die untere Stadt und das Asklepiosheiligtum. Sie war wohl ein Versuch, ein spektakuläres und ansprechendes Ensemble zu schaffen, das völlig im Einklang mit der blumigen Sentimentalität steht, die auch in der figürlichen Kunst zum Ausdruck kommt (bekannt als „Pergamenischer Barock"). Die obere Stadt, die von Wällen mit vielen Türmen aus verschiedenen Epochen umgeben ist, umfasst die Königspaläste – „Maxi"-Versionen der prächtigen Häuser mit Peristylen, die in der aristokratischen Tradition gebaut wurden – sowie die Tempel, die dem Kult der verherrlichten toten Kö-

A Arsenal
B Palast
C Trajantempel
D Bibliothek
E Theater
F Athenetempel
G Große Terrasse
H Säulenhalle
I Großer Zeusaltar

230-231 *Dieser Gesamtanblick der Akropolis von Pergamon vermittelt einen guten Eindruck von dem steilen Auditorium des Theaters am Abhang des Hügels mit einem weiten Blick über die Ebene.*

231 *Reizvolle Ansicht der großen Zisterne auf der Akropolis von Pergamon, die der Wasserversorgung des Königspalastes der Attaliden diente. Später wurde die gesamte Stadt zentral mit Wasser versorgt.*

232 Das Detail aus der Schlacht der Giganten auf dem Pergamonaltar beweist die Ausdruckskraft dieser Kunst.

233 Diese Rekonstruktion des Pergamonaltars befindet sich im Pergamonmuseum in Berlin. Der Originalaltar wurde zwischen 180 und 160 v. Chr. von Eumenes II. errichtet und war dem Zeus geweiht. Den Unterbau schmückt ein 120 m langer und 2,3 m hoher Figurenfries mit der Darstellung der Gigantomachie.

234-235 So sah vermutlich die Akropolis von Pergamon in der Römerzeit aus, nachdem man jahrhundertelange Verbesserungsversuche durchgeführt hatte.

nige geweiht waren. Das System, das die Akropolis mit Wasser von den umliegenden höheren Gegenden versorgte, basiert auf erstaunlich fortschrittlichen Ingenieurtechniken, die in römischer Zeit perfektioniert werden sollten: Mehrere zylindrische Zisternen und lange Leitungsabschnitte sind noch erhalten. Auf der Akropolis sind noch die herrlichen Ruinen des Asklepiosheiligtums zu sehen, mit den „übernatürlichen" radioaktiven Quellen, überdachten Gängen, Portiken zur Aufnahme der Patienten, Theater und Herbergen, die in römischer Zeit alle erheblich verändert wurden. Heute ist der berühmteste Bau, der von der darunter liegenden Ebene gesehen werden kann, Trajans herrlicher Marmortempel. In Bezug auf die griechische Geschichte und Stadtplanung sind die bescheidenen Überreste des einst imposanten spätklassischen Atheneheiligtums am bedeutendsten. Es wurde auf einer Terrasse über einem schwindelerregenden Abhang erbaut, aus dem ein großes Theater herausgehauen wurde. Der Tempelkomplex hatte Trapezform. Drei Säulenhallen mit doppelten Säulenreihen – dorisch und ionisch –, von denen eine als Propyläen diente, standen um einen offenen Platz mit dem Tempel, einem klassischen dorischen Peripteros. Zu Füßen des Theaters wurde das Ensemble durch eine spektakuläre Reihe von Kolonnaden abgeschlossen. Auf einer Seite hervorstehend und nur über eine sehr steile Treppe zu erreichen befand sich der ionische Tempel des Dionysos.

Vom Pergamonaltar, der mit einem beeindruckenden Figurenfries verziert war, der die Schlacht der Giganten gegen die Götter darstellte, sind nur noch wenige Überreste erhalten. Eine Rekonstruktion des Altars ist heute im Pergamonmuseum in Berlin zu bewundern. Ebenfalls noch erhalten sind die Überreste der Agora der Akropolis und, etwas tiefer, die imposanten Ruinen des Demeterheiligtums.

A Demeterheiligtum
B Theater
C Atheneheiligtum
D Oberes Gymnasion
E Säulenhalle
F Agora
G Asklepiosheiligtum
H Unteres Gymnasion
I Stadion

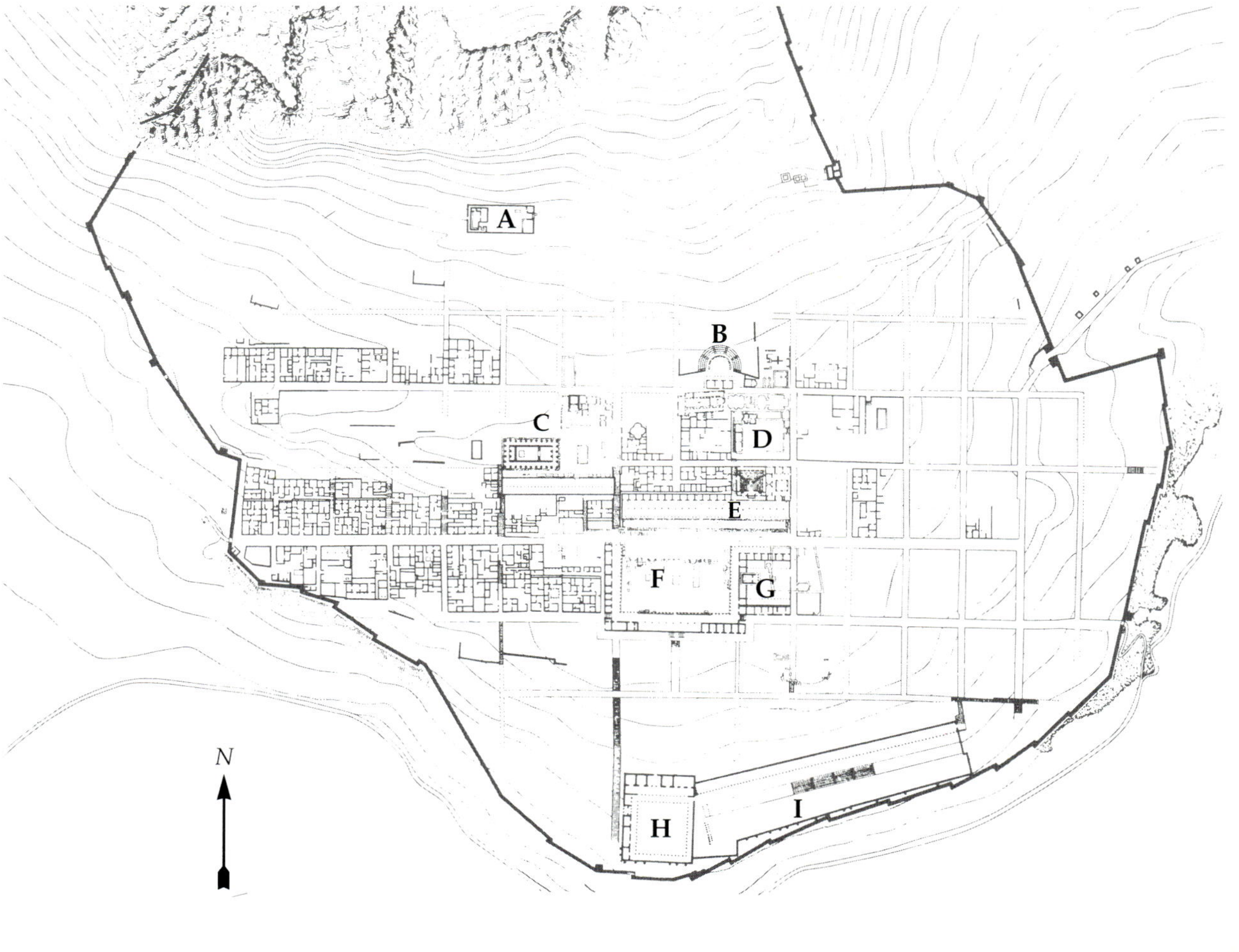

236-237 *Diese interessante Rekonstruktionszeichnung zeigt, wie das Buleuterion von Priene wohl aussah. Es bestand aus einer großen Halle mit langen Sitzreihen, zwischen denen Treppen verliefen; am Altar saßen die Sprecher. Die Decke wurde vermutlich durch mächtige lange Holzbalken getragen.*

237 oben *So sieht das Buleuterion von Priene heute aus. Dieser Grundriss ist auch in anderen griechischen Städten Kleinasiens anzutreffen.*

237 unten *Einige Säulen des majestätischen Athenetempels mit ihren eleganten ionischen Kapitellen sind noch erhalten. Der Tempel wurde im 4. Jh. v. Chr. nach einem Plan des großen Architekten Pytheos erbaut.*

PRIENE, DIE VORBILDLICH GEPLANTE STADT

Die kleine Polis Priene in der Region Karien wurde Mitte des 4. Jahrhunderts v. Chr. von ihren etwa 5000 Einwohnern wieder aufgebaut, nachdem die frühere Stadt einer Überschwemmung des Mäander zum Opfer gefallen war. Die neue Lage an den Hängen des Hügels Micale war fast 400 Meter hoch. Vier parallele Terrassen wurden in etwa 300 Meter Höhe an Steilhängen unmittelbar über dem Flusstal angelegt, einige weitere, praktisch unzugängliche näher bei der Akropolis. Ausgrabungen im späten 19. Jahrhundert zeigten ein rechtwinkliges Straßennetz (Hippodamisches System). Wie in Olynthos und Kassope lagen die Wohnbezirke um das Stadtzentrum, dessen Agora von monumentalen Kolonnaden, Geschäften und dem Zeusheiligtum flankiert ist. Die Relationen zwischen den vier Terrassen werden durch eine Reihe von parallelen Wegen in nordsüdlicher Richtung definiert, die fast immer Treppen umfassen und daher nur zu Fuß bzw. mit Lasttieren begehbar waren – im Unterschied zu den in ostwestlicher Richtung verlaufenden. Die Agora ist mit dem Athenetempel durch eine lange, monumentale Treppe verbunden, die die erhabene Lage des Tempels betont. Die Szene wird vom Theater dominiert, einem der besterhaltenen der griechischen Welt; seine Sitzreihen steigen von der letzten Terrasse an, wo der Hügel noch steiler wird. Nicht zu übersehen ist die klug gewählte Lage des Stadions und anderer Sporteinrichtungen am Rand der ersten künstlichen Terrasse. Wie das Theater liegen sie nicht im Zentrum der Stadt, damit die Tausende von Zuschauern ohne Behinderung die Einrichtungen erreichen und verlassen konnten.

Der interessanteste Aspekt der Stadt ist jedoch die Ansicht, die die Gesamtanlage bietet, klar zur Geltung gebracht durch den fast ausschließlichen Gebrauch von Stein für die monumentalen und privaten Gebäude. Priene war das Vorbild für die schön gelegenen hellenistischen Städte Kleinasiens, die mehr als ein halbes Jahrhundert später folgen sollten.

238-239 *Priene hatte wahrscheinlich ein ähnliches Aussehen wie auch die anderen griechischen Städte in Kleinasien, die vergrößert, neu aufgebaut oder neugegründet wurden. Sie besaßen eine regelmäßige Anlage mit monumentalen Häuserblöcken und waren landschaftlich schön gelegen, sodass sie mit der Umgebung harmonisch verschmolzen, was auch diese Zeichnung bestätigt.*

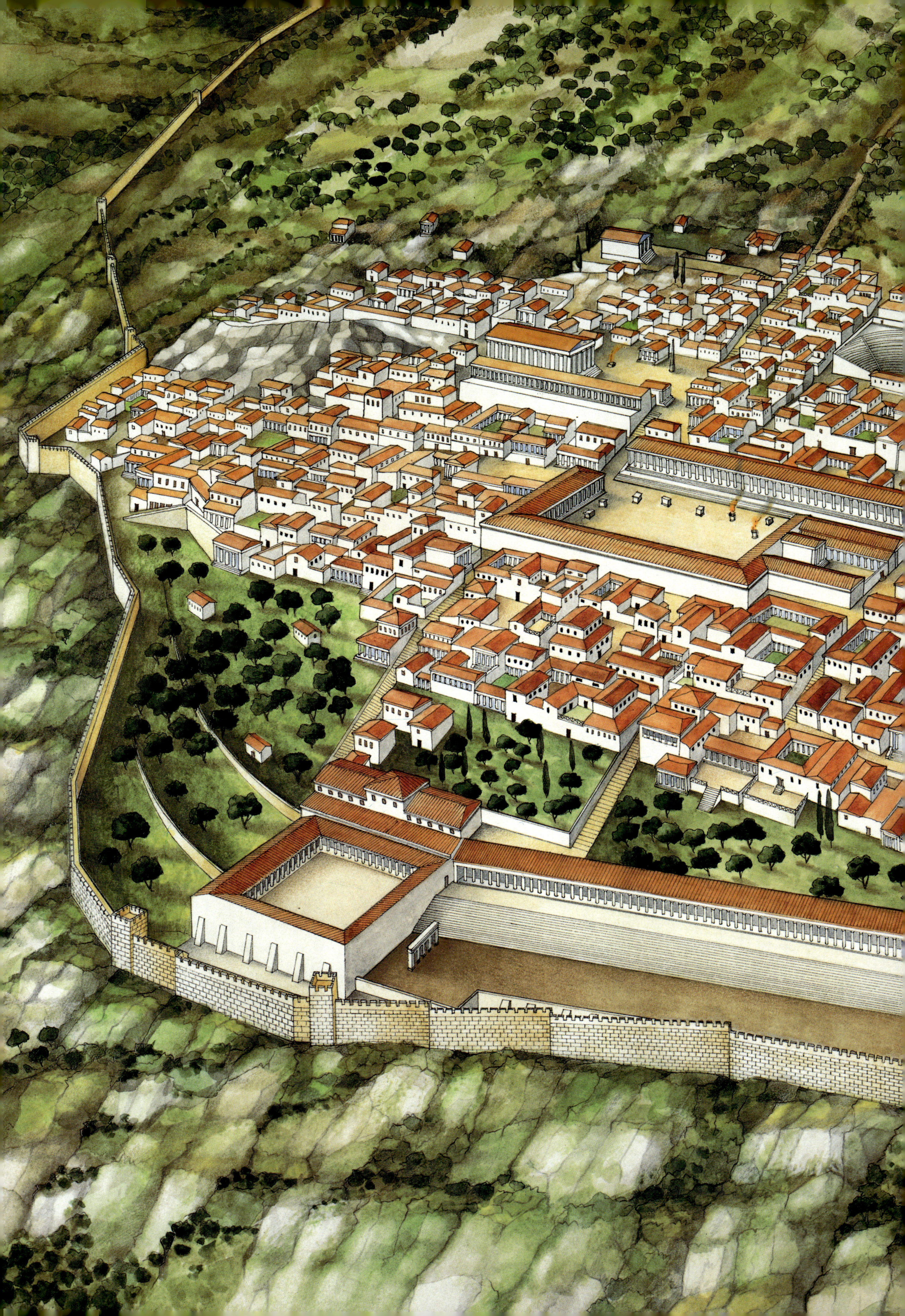

Knossos, das Labyrinth ohne Minotauros

A Theaterhof
B Nordeingang
C Pfeilerhalle
D Magazine
E Thronsaal
F Mittelhof
G Großes Treppenhaus
H Gemächer des Königs und der Königin
I Südliches Treppenhaus
J Priesterhaus
K Ostflügel

Die Perle der kretischen Archäologie ist zweifellos Knossos, das die größte und bedeutendste Palastsiedlung der Insel besitzt. Während der fast dreißig Jahre (1903–1931) dauernden Ausgrabungsarbeiten unter der Leitung von A. J. Evans erlitt der Gebäudekomplex eine katastrophale „Restaurierung". Das Ergebnis mag dem Geschmack von Touristen entsprechen, die malerische Winkel suchen, doch ist dies nichts als ein absurdes und anachronistisches Zugeständnis an „Ruinenfans". Teile des Komplexes, die unkritisch in bemaltem Beton „rekonstruiert" wurden, sind zu Postkartenmotiven degradiert. Aufgrund von Vergleichen mit der Palastsiedlung von Phaistos, die nach weitaus wissenschaftlicheren Kriterien durch die italienische Schule für Archäologie in Athen ausgegraben wurde, war es möglich, das Grundschema und die technischen Lösungen der kretischen Architekten zu bestimmen.

Der bedeutendste minoische Palast Kretas entstand um 1930 v. Chr.: der Palast von Knossos. Er wurde im 17. Jahrhundert v. Chr. durch ein Erdbeben zerstört, und auf seinem Grundriss wurde kurz darauf der jüngere Palast errichtet: Er besaß über tausend Räume, zwei- bis fünfstöckige Gebäude, Treppenhäuser, Korridore, Portiken und befahrbare Rampen um einen großen rechteckigen, 53 Meter langen Mittelhof herum. Die auffälligsten Merkmale sind das Fehlen von Befestigungen, die kombinierte Verwendung von Holz und Stein für die tragenden Teile, die praktische Verteilung von Funktionsräumen auf die verschiedenen Flügel des Palasts – trotz eines scheinbaren Chaos und einer Überfülle von Räumen. Diese rationale Planung ist ersichtlich an der Lage der Magazine und der Anordnung der Werkstätten, die die im Dienste des Minos stehenden Handwerker benutzten. Besonders beeindruckend ist die Eleganz der architektonischen und bildlichen Verzierungen in Portiken, Wohnbereichen, Thronsaal und Empfangsräumen. Sie

240 oben links und Mitte *Die Palastsiedlung von Knossos auf Kreta ist weltberühmt. Besucher sind von dem Königspalast des legendären Minos fasziniert. Der gewaltige Komplex zeugt von einer hoch entwickelten Bautechnik und systematischen Planung.*

240 unten links *Die manchmal mühselige Restaurierung zeigt, wie die eleganten Wohnbereiche des Palasts von Knossos vom Tageslicht erhellt und mit Frischluft versorgt wurden.*

240 rechts *Eine andere malerische Ansicht des Königspalasts von Knossos zeigt die fragwürdigen Betonreproduktionen der ursprünglich rot bemalten Holzsäulen, ein typisches Element der kretischen Architektur.*

241 *Der Nordeingang zur Palastsiedlung von Knossos ist eine der interessantesten Stellen des gesamten minoischen Komplexes.*

242 *Dieses Foto zeigt im Vordergrund die riesigen Pithoi. Sie wurden zur Aufbewahrung von Nahrungsmitteln benutzt und in den Magazinen im Westflügel des Palasts gelagert.*

243 links *Eine Opferprozession ist das Thema an den Wänden der Südpropyläen von Knossos. Es zeigt die herrlichen Farben und eleganten Formen, die für die minoische Malerei typisch waren.*

243 oben rechts *Fast überall auf Kreta stößt man auf große stilisierte Stierhörner – ein Hinweis auf die große Bedeutung des Stiers in der minoischen Religion und vielleicht ein Symbol für die Macht des Königs.*

243 unten rechts *Minoische Fresken sind auch bedeutend, weil sie formale Vergleiche zwischen den dargestellten Objekten – hier z. B. die Gefäße – und den entsprechenden Fundgegenständen ermöglichen.*

zeigt einen Farbengeschmack, der dem vergnügungsliebenden Lebensstil der Kreter entsprach und der keinen Raum für Mystizismus ließ.
Die prächtige gepflasterte Straße führt zum Theater, das aufgrund seiner sehr gut erhaltenen Sitzreihen und seiner „Königsloge" identifiziert werden konnte. Im Theaterhof fanden vermutlich die Stierspiele statt.
Eine weitere gepflasterte Straße führt zum Westeingang, dem Ausgangspunkt des so genannten „Prozessionskorridors", wo Kopien hier ausgegrabener Fresken ausgestellt sind.
Hier erhalten die Besucher einen Vorgeschmack dessen, was der mehrstöckige Palast zu bieten hat, der auf dem unebenen Gelände eines Hügels nahe der Küste erbaut wurde.
Seine Hauptteile führen auf den riesigen Mittelhof. Diesen erreicht man durch die großen Propyläen, die auf imposanten, ursprünglich hölzernen Säulen ruhen, und über die breite Treppe ins obere Stockwerk. Hier befindet sich der kultische Altar gegenüber den königlichen Gemächern. Diese sind auf verschiedenen Ebenen angelegt und mit zahlreichen Einrichtungen versehen. Sie sind mit Wandmalereien verziert (einschließlich des berühmten Delphinfrieses) und liegen unweit des prächtigen Thronsaals, in dem der Alabasterthron von König Minos noch erhalten ist. In diesem Bereich findet man auch zahlreiche Hinweise auf die beeindruckende Bautechnik, die Tageslicht und Frischluft in alle Räume und Korridore brachte.
Vom Westflügel des Palasts ist das Erdgeschoss erhalten, dessen größter Teil von Magazinen eingenommen wurde. Nach neuesten Berechnungen konnten diese 420 Pithoi (große tönerne Lebensmittelgefäße), von denen jeder 586 Liter fasste, aufnehmen.
Auf der Ostseite befanden sich die Werkstätten der Töpfer und Goldschmiede.

__244 oben__ Dieser schöne Ausschnitt aus den Räumen für die Palastwächter von Knossos demonstriert, wie das Innere erhellt wurde. Das Licht trat drei Stockwerke höher durch diesen Schacht ein.

__244 unten__ Das Gemach der Königin ist mit dem berühmten Fresko geschmückt, das realistisch Delphine darstellt, die durch die Wellen schießen. Die Umfassungen der Durchgänge waren hingegen mit farbigen Blumenmotiven verziert.

__244-245__ Der prachtvolle Thronsaal des Palasts von Knossos enthält noch heute den intakten Alabasterthron, auf dem der König saß. An den Wänden ringsum zeigen Fresken geierköpfige Fabelwesen und exotische Pflanzen.

__245__ Diese Außenansicht des legendären Minospalasts zeigt deutlich die Verschachtelung auf verschiedenen Ebenen mit den dazwischen verlaufenden Treppen.

246-247 *So sah Knossos vermutlich aus, nachdem es nach seiner Zerstörung um 1700 v. Chr. wiederaufgebaut worden war.*

Archäologische Forschung in Megale Hellas

Die Griechen in Italien – Verbreitung einer Kultur 250

Poseidonia, dem Poseidon geweiht 258

Akragas, im Tal der Götter 266

Egesta, der Gott unter den Sternen 274

Selinus, eine glänzende Geschichte 276

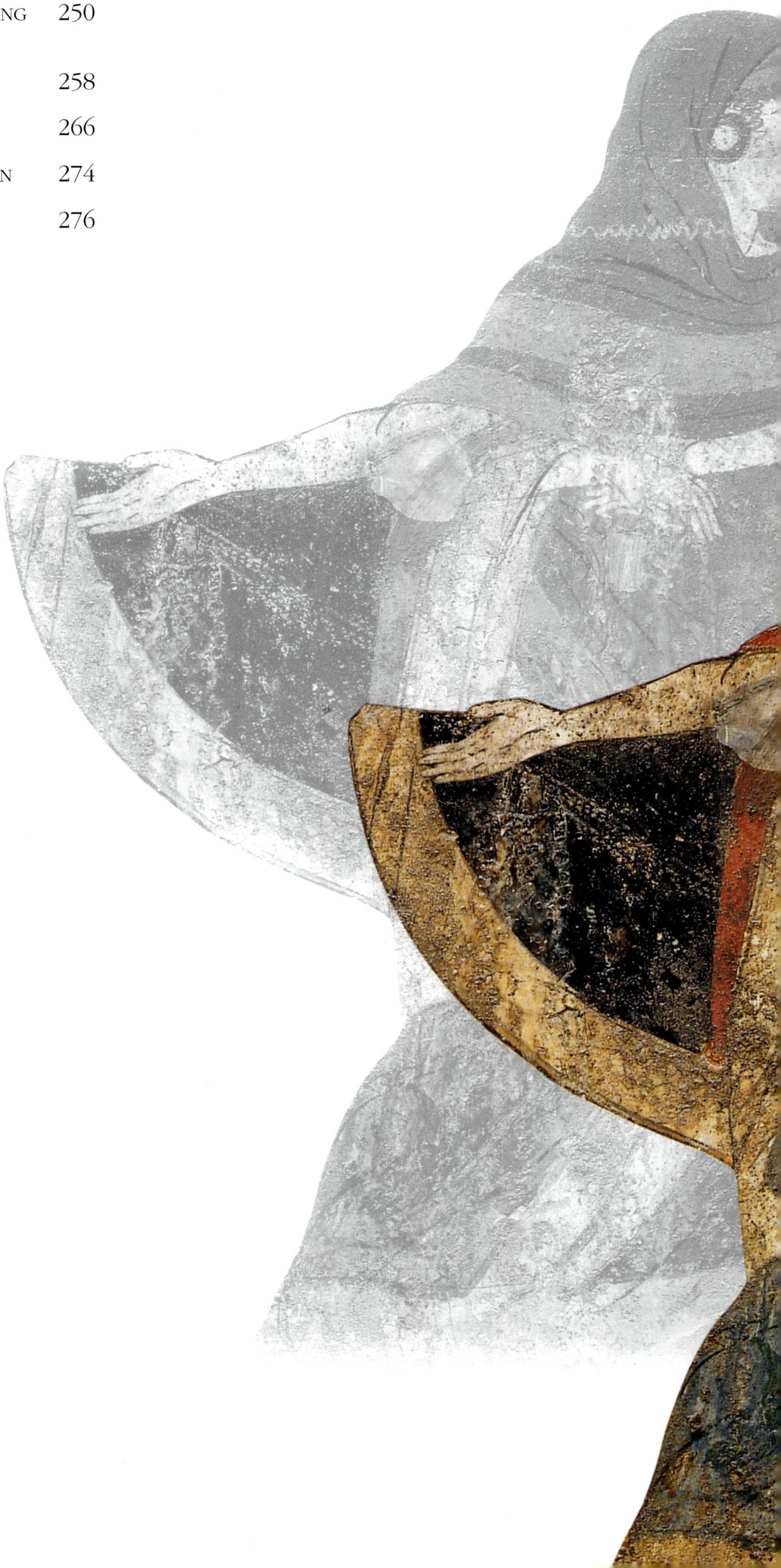

248-249 *Dieses herrliche Detail eines berühmten Gemäldes stammt aus einem Grab in Ruvo di Puglia aus der zweiten Hälfte des 5. Jh. v. Chr. Heute wird es im Nationalmuseum in Neapel ausgestellt. Es zeigt einen Choros tanzender Frauen; ihre ausdrucksstarken natürlichen Gesichter sind mit einem sicheren Pinselstrich gemalt. Der Stil stimmt mit Darstellungen auf zeitgenössischen Gefäßen lokaler Produktion oder von Attika importierter Ware überein.*

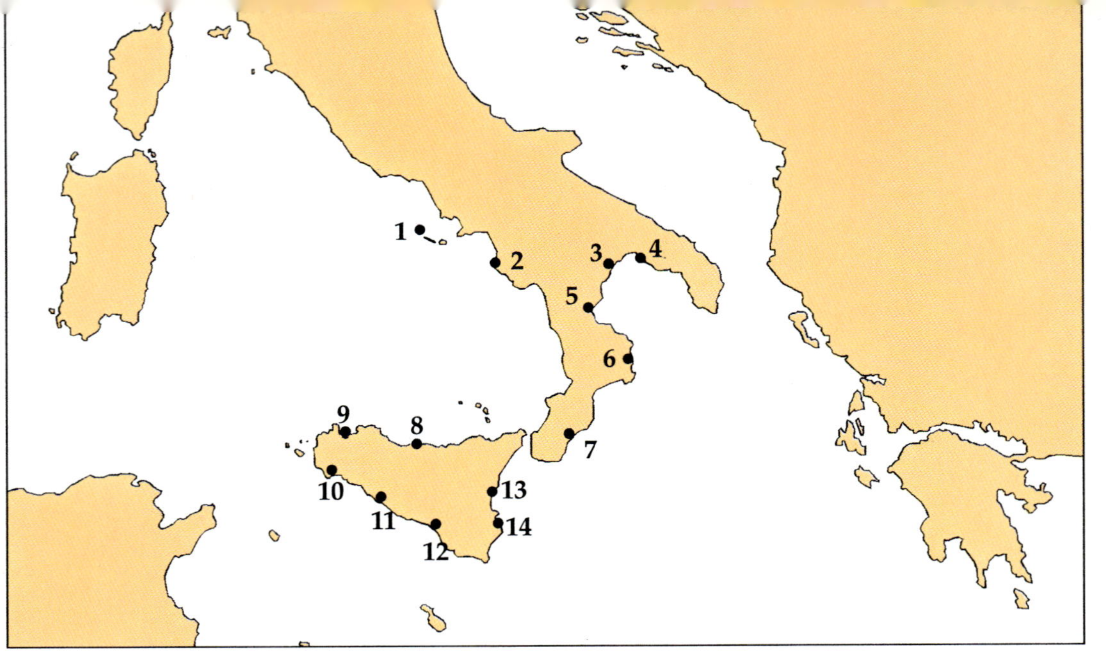

Die Griechen in Italien – Verbreitung einer Kultur

Es gibt keine Region in Süditalien und auf Sizilien – von Cumae bis zur Straße von Messina, von Selinunt bis Syrakus, von Metapont bis Tarent –, die nicht direkt oder indirekt Spuren der alten Griechen und ihrer jahrhundertelang währenden Zivilisation aufweist. Von dem wüsten, windigen Daunien zu den tiefen Tälern von Lukanien, vom üppigen Sila zu den fruchtbaren Feldern der Elymer wurde die griechische Kultur auf unzählige Arten – durch Kolonisierung, Handel, Wirtschaft und Politik – in das alte Zentrum Italiens verpflanzt. Sie gelangte bis in die stillen, bewaldeten Berge des Apennin mit blökenden Schafen, die über Wege aus zerkleinertem Kalkstein auf neue Weiden getrieben wurden und noch heute werden. Einst durchkämmten die Griechen die Adriaküste von Leukas bis zur Poebene – eine Küste mit nur wenigen sicheren Häfen, vielen Klippen und heimtückischen Sandbänken. Händler von Mykene brachten Töpferware, Stoffe und bunte Perlen, das übliche Geschenk für Eingeborene, in die Handelszentren von Adria, Spina und Mantua zu den Etruskern, Venetiern und Galatern. Andere reisten über das Tyrrhenische Meer. Hier kreuzten sich ihre Wege mit denen von Thalassokraten und Piraten, Phöniziern und Etruskern. Sie hatten gefährliche Begegnungen mit den Ligurern, die als wenig vertrauenswürdig galten, aber auch wenig Selbstvertrauen besaßen.
Sie gaben Landzungen und Buchten Namen und handelten sogar mit den Sarden. Sie gründeten Kyrene, Massilia (Marseille), Ampurias und Hunderte von Handelszentren am westlichen Mittelmeer. Sie segelten immer weiter, kehrten manchmal nie zurück.
Mythologie und Philosophie, Tatsachen und Legenden, abstrakte Theorie und praktische Erfahrungen: Der Westen – vor allem Italien – übernahm all dies von den Griechen. Der Nymphe Arethusa und dem Flussgott Alpheios verdanken wir z. B. die Geschichte einer unbesiegbaren Liebe

***250** Die noch erhaltenen Säulen eines vermuteten Heratempels aus dem späten 6. Jh. v. Chr. erheben sich gegen den blauen Himmel von Lukanien, in der Nähe des reichen und sehr interessanten Museums von Metapont.*

1 Pithekussa (Ischia)
2 Poseidonia (Paestum)
3 Metapont
4 Taras (Tarent)
5 Sybaris
6 Kroton
7 Lokroi Epizephyrioi
8 Himera
9 Egesta (Segesta)
10 Selinus (Selinunt)
11 Akragas (Agrigent)
12 Gela
13 Syrakus
14 Megara Hyblaia

250-251 *15 Säulen des Heratempels in Metapont stehen noch an ihren Plätzen – trotz ihres Alters von 2500 Jahren. Die Entasis und die breite Form der Kapitelle sind typische Zeichen der dorischen Architektur. Doch sollte man berücksichtigen, dass die Kolonien von Megale Hellas eine Spielwiese für architektonische und städtebauliche Experimente waren, die oft mehr Erfolg zeigten als Versuche in den Städten des griechischen Mutterlands. Metapont war eine blühende landwirtschaftliche Kolonie und Handelszentrum an der Westseite des Golfs von Tarent.*

251 *Der Neptuntempel, der eigentlich Hera, der Göttin der Fruchtbarkeit und Gattin des Zeus, gewidmet war, steht noch fast intakt bei Poseidonia. Die herrliche archäologische Stätte in Kampanien ist eher unter dem römischen Namen Paestum bekannt. Der für dieses Bauwerk verwendete typische örtliche Kalkstein wurde mit einer warmen goldenen Farbe überzogen, was die eleganten Züge der dorischen Architektur und die feine Dynamik zwischen vollen und leeren Räumen in der Kolonnade unterstreicht.*

252-253 *Eine der faszinierendsten archäologischen Stätten von Syrakus und ganz Sizilien sind die Befestigungen des Kastells Euryalos, eine Anlage zum Schutz der sizilianischen Stadt. Begonnen wurde der Bau unter dem Tyrannen Agathokles, endgültig fertig gestellt unter Hieron II. Den Architekten dieses Bollwerks gelang es, eine so durchdachte Anlage zu bauen, dass sie für Feinde praktisch uneinnehmbar war und an die verschiedenen Verteidigungs- und Gegenangriffszwecke angepasst werden konnte.*

252 *Ansicht eines der Gänge des Kastells Euryalos bei Syrakus; er ermöglichte es den Verteidigern, vor den Feinden geschützt zu agieren, und zeigt anschaulich die durchdachte Einrichtung dieser Verteidigungsanlage.*

unter dem Meeresspiegel bei Syrakus. Pythagoras, der Mathematiker, der Italien zu seiner Heimat wählte, erschloss uns das Spiel mit Zahlen und die mystische Harmonie eines Tempels. Parmenides, wichtigster Vertreter der eleatischen Philosophie mit der Lehre vom Sein, die besagt, dass es kein Entstehen und Vergehen gibt und das Seiende deshalb ungeworden, unvergänglich und ungeteilt ist. Die Tyrannen von Sizilien befreiten von der Orientalisierung (die genauso bedauerlich wie die Verwestlichung des Ostens ist). Den Griechen insgesamt verdankt der Westen ein Alphabet, zahllose Wörter, Träume, Projekte, Technologien und Märkte, das Bedürfnis zu lesen, den Mut zu schreiben. Die Menschen lernten stürmischen Meeren zu trotzen – den dunklen Meeren des Geistes ebenso wie den Meeren, die zwischendurch ruhig und blau sind. Es entstand der Wille zu Kühnheit, Zweifel und Änderung der Dinge. Dies alles ist Gegenstand unserer Erkundung im westlichen Megale Hellas.

Doch bevor wir die Tempel und Häuser von Poseidonia, Akragas, Egesta und Selinus besuchen, müssen wir andere bedeutende Stätten des facettenreichen archäologischen Erbes von Megale Hellas erwähnen: Pithekussa auf der Insel Ischia; die Akropolis von Kyme; Pozzuoli – früher Dikaiarcheia genannt – in der Provinz Neapel mit seinem herrlichen Museum; Elea (Velia) mit seiner eleatischen Philosophie sowie seiner berühmten Porta Rosa; die Kolonien Kalabrien und Basilicata; Metapont und Lokroi Epizephyrioi (Locri); Rhegion (Reggio di Calabria) mit den Bronzen von Riace; das für seinen reichen Lebensstil bekannte Sybaris; die phantastischen, einsam gelegenen Heiligtümer an der Küste und im Hinterland. Das Griechentum vermischte sich mit italienischen Wurzeln in Apulien, von Salento bis Gargano.

Schließlich ist Sizilien zu nennen mit seinen vergessenen und wieder entdeckten Kolonien: Gela, das von mächtigen Tyrannen und Befestigungsanlagen dominiert wurde, Megara Hyblaia, Leontinoi, Katane (Catania), Himera und die hellenisierten Städte im Inselinnern. Mit diesem gewaltigen archäologischen Erbe hängen die Wurzeln unseres westlichen Geistes und unserer Kultur zusammen. Die griechische Kultur zu entdecken, bedeutet, uns selbst wieder zu entdecken.

253 oben *Der Tempel E von Selinunt stammt aus dem 5. Jh. v. Chr. Es wird angenommen, dass es sich um ein Heraion, einen der Hera geweihten Tempel, handelt – der in dieser Polis von Megale Hellas hochverehrten Göttin. Eines seiner charakteristischen Merkmale ist das gegenüber der Cella erhöhte Niveau des Adyton.*

253 Mitte *Interessante Ansicht des Theaters von Syrakus, wo noch heute im Rahmen des beliebten Festivals des tragischen und komischen Schauspiels Aufführungen stattfinden. Das Theater besitzt ein großes Auditorium, das jedoch weitaus flacher als andere Auditorien in der griechischen Welt angelegt ist. Es ist in den für Syrakus typischen weißen Kalkstein gehauen, der in der Antike als Baustoff sehr begehrt war.*

253 unten *Von dem großen Bau des Tempels E von Selinunt hat man eine schöne Aussicht auf diese ehemalige griechische Kolonie.*

254 oben *Megale Hellas produzierte Kunst und kunsthandwerkliche Gegenstände in riesigen Mengen. Dieses Antefix aus Ton zeigt das schreckliche Gesicht der Medusa. Es ist ein Beispiel für die beachtliche Entwicklung der Töpferkunst in einigen Städten wie z. B. Taras, von wo dieses Stück stammt (spätes 6. Jh. v. Chr.). Die Modelle, auf denen solche Produkte basierten – meist mit Formen hergestellt –, zeigen die engen Verbindungen zwischen den Kolonien und den Herkunftsorten der Gemeinden, die sich dort niederließen. In diesem Fall ist die ganze Ausdruckskraft und Härte des dorischen Stils erhalten. Dies ist in dieser Umgebung einer mächtigen Kolonie Spartas nicht verwunderlich. Sie wurde 702 v. Chr. am Ionischen Meer gegründet und wurde bald zu einem blühenden Zentrum für die Verbreitung der griechischen Kultur.*

254 unten *Ein weiteres anschauliches Beispiel der Töpferei von Megale Hellas ist diese Tontafel aus Lokroi Epizephyrioi, ein Basrelief eines Künstlers aus dem frühen 5. Jh. v. Chr., das aber noch spätarchaische Züge trägt. Es stellt Hades und Kore dar, die auf einem Thron sitzen, und war vielleicht eine Auftragsarbeit oder folgte einer rituellen Tradition.*

255 oben *Dieser schöne Löwenkopf aus Ton ist ein Zeugnis des Brauchs, Wasserspeier an den Ecken von Gebäudedächern anzubringen, damit das Regenwasser vom Baukörper ablaufen konnte und dabei gleichzeitig eine ästhetische Wirkung erzielte.*

255 unten *Diese Tonstatue zeigt einen reitenden Dioskuren. Unter dem Pferd liegt eine Sphinx mit menschlichen Zügen. Die Statue stammt vom Giebel eines Tempels aus der Zeit um 470–450 v. Chr. Sie wurde bei Lokroi Epizephyrioi gefunden und ist ein plumperer und steiferer Vorläufer der herrlichen Dioskurengiebelfiguren eines Tempels aus der zweiten Hälfte des 5. Jh. v. Chr. Diese sind aus Marmor und wurden bei Contrada Marasa auf dem Gebiet der mächtigen Kolonie gefunden.*

256 oben *Die reiche italische Keramikproduktion wurde von der attischen Tonmalerei inspiriert und übertraf diese ab dem 4. Jh. v. Chr. sogar in ihrer Qualität. Die Erzeugnisse aus Puglien, Kampanien, Lukanien und ein paar Zentren des griechischen Sizilien erreichten eine exzellente Qualität, wie diese herrliche apulische Ölflasche mit roten Figuren und dionysischem Motiv beweist.*

256 Mitte *Dieses etwa von 340 v. Chr. stammende Gefäß, eine bauchige Ölflasche, ist im typischen Stil der apulischen Stadt Gnathia (Egnatia) bemalt. Vermutlich diente sie zur Aufbewahrung von Ölen zur Körperpflege, wie es die weibliche Figur in der sinnlichen Pose annehmen lässt.*

256 unten *Themen, die sich auf Dionysos, seine Mythen und seinen Kult beziehen, tauchen oft auf Gefäßen in Megale Hellas auf; hier ein reich bemalter Krater mit spiralförmigen Henkeln (um 350–325 v. Chr.).*

257 *Der herrliche Kopf aus dem 1. Jh. v. Chr. stammt aus Taras und ist vermutlich eine Kopie eines klassischen Originals der hellenistischen Zeit. Er wurde aus dem feinen Marmor der Insel Paros gefertigt.*

Poseidonia, dem Poseidon geweiht

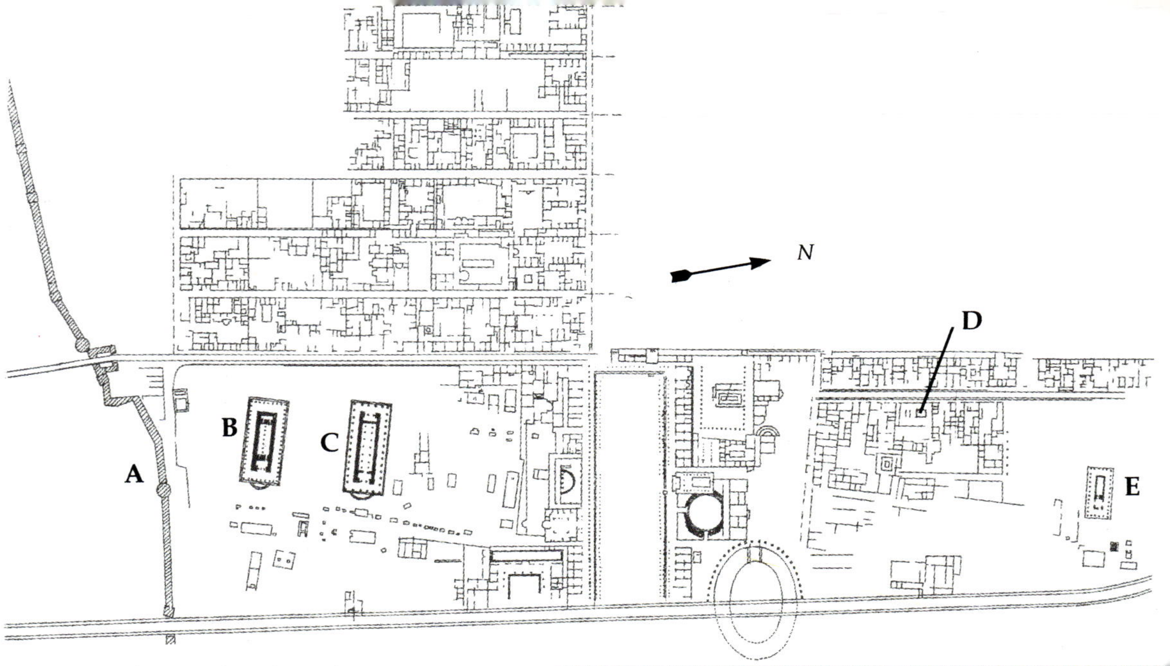

A Mauer
B Heraion I (Basilica)
C Heraion II (Poseidon- oder Neptuntempel)
D Heroon
E Athenetempel (früher Cerestempel genannt)

Diese kleine Tonstatue einer Göttin stammt vermutlich aus der zweiten Hälfte des 6. Jh. v. Chr. Sie wurde im südlichen Heiligtum gefunden und ist im Nationalmuseum von Paestum ausgestellt. **258**

258-259 *Die schöne Luftansicht der archäologischen Stätte von Paestum zeigt den heiligen Bezirk mit Heraion I („Basilica") und II („Poseidon-" oder „Neptuntempel"), die noch ausgezeichnet erhalten sind.*

259 oben links *Die „Basilica" (links) und der „Poseidontempel" (rechts) zeigen verschiedene Grundrisse und Baukörper. Der erstere hat 9 x 18 Säulen und datiert um 540 v. Chr.; der zweite ist ein Jahrhundert jünger.*

259 oben rechts *Im Nordteil des heiligen Bezirks liegt der Athenetempel, auch bekannt als Cerestempel. Er wurde um 510 v. Chr. erbaut und zeigt leichte und harmonische Formen. Die ionischen Säulen im Pronaos stellen eine interessante Neuheit dar.*

Eine der beeindruckendsten Stätten griechischer und römischer Archäologie ist Poseidonia. Es wurde vermutlich im 7. Jahrhundert v. Chr. durch Kolonisten aus Sybaris an der südlichen Küste des Golfs von Salerno gegründet. 390 v. Chr. eroberten es die samnitischen Lukaner. Sie nannten die Stadt Ponistos. Seinen weiter verbreiteten Namen Paestum erhielt die Stadt 273 v. Chr., als sie eine römische Kolonie wurde. Paestum ist noch von griechischen Mauern umgeben, die unter den Lukanern und Römern verändert wurden; seiner Stadtstruktur liegen das originale griechische Kolonie-Baumuster mit seinem rechtwinkligen Netz und der spätere römische Plan zugrunde. Die Besucher erhalten einen unvergesslichen Blick auf die antike Stadt, die Poseidon, aber auch Hera und Athene gewidmet ist.
Die Stadtanlage folgt der obligatorischen Ost-West-Orientierung. Nahe beieinander liegen die beiden Heratempel, die als „Basilica" und „Poseidontempel" bekannt sind. Sie gehörten früher zu einem einzigen heiligen Bezirk und sind heute noch besonders gut erhalten. Die Basilica ist das älteste Kultgebäude in Paestum (um 540 v. Chr.). Der bräunliche Kalkstein aus dieser Gegend, der einst stuckiert war, erhebt sich auf einem stattlichen Stylobat (24 x 54 Meter), mit einer Peristasis aus 9 x 18 Säulen. Er ist ein feines Beispiel für einen dorischen Tempel, auf dessen Säulen noch die Metopen und Triglyphen erhalten sind. Traditionelle archaische Elemente wie z. B. die Zweiteilung der Cella und das massive Profil der tragenden Elemente scheinen durchdrungen von einer unerwarteten Neigung zu makrotektonischer Voluminosität ionisch-asiatischer Herkunft.
Der Poseidontempel ist das am besten erhaltene sakrale Bauwerk in Paestum. Er wurde um 450 v. Chr. aus dem örtlichen Kalkstein erbaut, der im Lauf der Zeit eine intensive bräun-

260-261 *Herrliche Ansicht des Poseidontempels (um 450 v. Chr.); sie vermittelt die grundlegende Harmonie des Kalksteinbaukörpers, der ursprünglich stuckiert und bemalt war. Das Bauwerk gehört zu einer Reihe hochinteressanter Tempel im Strengen Stil.*

260 unten links
Der flüssige Rhythmus der Peristasis, der Kapitelle und Säulen strahlt Ruhe und Vollkommenheit aus. Auch die Triglyphen auf den Säulenschäften und die Helle des Tympanons mit den tiefen Rahmen betonen diesen Eindruck.

260 unten rechts
Das Innere des Poseidontempels besteht aus einer dreischiffigen Cella mit Pronaos und Opisthodom im vorderen Bereich. Das Satteldach wurde von einer Doppelreihe von schlanken dorischen Säulen getragen, wie auch der weit entfernt liegende Prototyp, der Tempel von Ägina.

liche Färbung angenommen hat. Die Harmonie der Proportionen zeigt Ähnlichkeiten mit dem Artemision auf Kerkyra (Korfu) und mehreren zeitgenössischen Beispielen in Ostsizilien (Syrakus). Es handelt sich beim Poseidontempel um einen klassischen Peripteros mit 6 x 14 Säulen. Die durch seine Peristasis erzeugten Chiaroscuro-Effekte nehmen den Kanten der Kannelierung und der traditionellen Massigkeit der Säulenschäfte die Schärfe. Dadurch wird ein starkes Gefühl explodierender, der Schwerkraft entgegengesetzter Kräfte hervorgerufen, die Massen, Dimensionen und die Perspektive des Ganzen scheinen leichter. Die kanonische Verzierung des Säulengebälks und der klassische Grundriss der Cella machen den Tempel zu einem ausdrucksvollen Beispiel für die Autonomie in Planung und Durchführung, wie es für die Kolonien typisch war.

Wenn man die antike heilige Straße entlang geht und am römischen Forum und den beachtlichen Überresten des republikanischen und kaiserlichen Paestum vorbei ist, erhebt sich der prächtige Athenetempel vor den Augen des Besuchers. Er wurde um 500 v. Chr. mit den klassischen Abmessungen des archaischen Hekatompedon geplant, aber bereits von einer Mischung aus dorischen (Peristasis) und ionischen Stilelementen (Pronaos) beeinflusst.

Von Umfang und Bedeutung seiner Sammlungen ist das Archäologische Museum von Paestum eines der schönsten in Italien. Seine Dokumente sind beachtlich: Es zeigt Stücke von „Thesauros I" und dem größeren Tempel des Heraheiligtums am Fluss Sele, das berühmt ist durch die Entdeckung seiner Metopen; sie haben eine grundlegende Bedeutung für die volle Wertschätzung der archaischen Kunst in den westlichen Kolonien. Es zeigt Votiv- und Keramikobjekte, Statuen, importierte Töpferware und verschiedene herrliche Bronzevasen. Doch der Höhepunkt des Museums ist die berühmte Gruppe bemalter Kalksteintafeln, die aus mehreren Gräbern des 5. und 4. Jahrhunderts v. Chr. ausgegraben wurden – ein seltenes und kostbares Zeugnis der großen Wandgemälde der Griechen, von denen die meisten verloren sind. Das wichtigste Exponat ist zweifellos das Figurengemälde, das 1968 in der südlichen Nekropole im „Grab des Tauchers" entdeckt wurde. Dies ist ein traditionelles Grab des „Steinsarg"-Typs: Die Platten seiner Kalksteinwand und der Decke sind mit heute noch sehr gut erhaltenen Gemälden verziert. Grabbeigaben haben es ermöglicht, das Grab auf ca. 480 v. Chr. zu datieren – ein zuverlässiger Hinweis für eine stilistische Analyse der Malereien. Der Künstler hatte zunächst die Zeichnungen in Gips geritzt. Die Fresken zeigen ein festliches, aristokratisches Symposion an den Wandtafeln, während die Decke ein unübliches Thema wiedergibt: einen nackten Jüngling, der von einem Brett in ein Wasserbassin taucht.

Ebenfalls zu der Symposionszene gehören auf den langen Seiten zehn halb nackte männliche Figuren, die Blätterkränze tragen und neben niedrigen Tischen mit Girlanden auf Klinen liegen. Auf den kurzen Seiten gießt ein junger Becherträger Wein von einer Oinochoe ein, und eine Flötenspielerin geht vor zwei Männern. Auf der nördlichen Tafel ruhen zwei Männer in einer liebevollen Pose auf einer Kline. Ihre intensiven Blicke, schmeichelnden Bewegungen und die

261 *Diese ungewöhnliche Ansicht der Säulendoppelreihen, die die Cella in drei Schiffe unterteilen, zeigt, dass der unbekannte Architekt des Poseidontempels den Athenetempel in Ägina zum Vorbild genommen hatte.*

anscheinend geflüsterten Worte sind mit Einfachheit und Eleganz umgesetzt. In der Mitte sind zwei weitere Männer zu sehen: Der rechte schaut zu dem Liebespaar und scheint etwas zu sagen; in der Hand hält er eine Kylix. Der andere benutzt ebenfalls eine Kylix, um Wein auf eine andere Kylix zu schleudern, die ein Mann auf der linken Kline hält (das Spiel heißt *kottabos* und wurde bei aristokratischen Banketten gespielt).
Der anonyme Künstler hält mit Frische

__262 oben__ Auf einer der zwei kurzen Tafeln aus dem „Grab des Tauchers" ist eine Szene im etrurischen Stil dargestellt: Zwei Gäste, denen eine Flötenspielerin vorangeht, sind auf dem Weg zum Symposion oder verlassen es gerade. Damit soll symbolisch der Abschied des Menschen, der in diesem Grab liegt, vom Leben angedeutet werden.

__262 Mitte__ Auf der kurzen Tafel gegenüber der oben beschriebenen ist ein Sklave abgebildet, der Wein aus einem großen Krater gießt, der auf einem mit Zweigen verzierten Tisch steht.

__262 und 263 unten__ Diese beiden Zeichnungen geben die Originalform der Tafeln im „Grab des Tauchers" wieder. Die Tafeln an den Längsseiten zeigen je fünf Männer, die auf Klinen liegen. Davor stehen niedrige Tische. Einige Männer spielen auf einem Instrument, andere scheinen den Darbietungen der Gäste zuzuhören oder prosten sich mit Wein zu.

__262-263__ Der bärtige Jüngling, hält sein Barbiton und ein Plektron in der Hand. Er trägt einen Lorbeerkranz und scheint sich zwei Männern zu seiner Linken zuzuwenden, die flache Trinkschalen, Kylikes, in der Hand halten.

263 oben *Ein faszinierendes Rätsel gibt diese Szene auf, die einen Jüngling zeigt, der von einem Sprungbrett ins Wasser taucht. Die Szene ist mit großer Einfachheit wiedergegeben. Stellt sie das reinigende Eintauchen in die nächste Welt und für die nächste Wiedergeburt dar oder einfach einen Augenblick beim Sport?*

und Realismus einen Augenblick fest, als der letzte Toast des Banketts ausgesprochen wird. In diesem Grabkontext feiert er nicht nur die aristokratische Tradition des Symposions, eines Trinkgelages, bei dem die Freundschaft unter den Gästen mit dem „Luxusartikel" Wein gefeiert wurde. Es ist gleichzeitig eine Metapher für das irdische Leben, eine Art melancholischer Elegie, die der Freude und dem Frohsinn gewidmet ist, auf die unweigerlich der Tod folgt. Die Interpretation des Themas an der „Deckentafel" ist wichtig für ein volles Verständnis der Botschaft, die in diesen Gemälden enthalten ist. Der Taucher ist realistisch im „Flug" zwischen dem Brett und dem Wasser dargestellt, in einer natürlichen Umgebung, die durch zwei stilisierte Bäume angedeutet ist. Die These, dass diese Figur einen verstorbenen Athleten darstellt, wurde inzwischen widerlegt. Es gilt als fast sicher, dass stattdessen das Tauchen die Reise der Seele in die nächste Welt symbolisiert: Ein Eintauchen ins Ungewisse, mit dem Wunsch nach Reinigung, der zurückreicht zu den mystischen/religiösen Lehren des Pythagoras und seiner Doktrin der ewigen Wiedergeburt der Seelen.

264-265 *Diese Ansicht der Westfassade des Poseidontempels betont die harmonischen Proportionen des Bauwerks. Es ist in die Epoche des Strengen Stils einzuordnen, was man an einer Reihe archaischer Merkmale sieht, wie z. B. die 24 statt 20 Rillen auf den Säulen, die später ein kanonisches Modell wurden, und die 14 Säulen anstelle von 13 oder 12 an den Längsseiten.*

265 *Diese feinen Bronzehydrien und die berühmte attische Amphora mit den schwarzen Figuren, die die Vergöttlichung des Herakles darstellen, wurden im Heroon entdeckt, einem unterirdischen Heiligtum unter der Agora der antiken griechischen Kolonie Poseidonia, wo sie seit 510/500 v. Chr. als Teil einer Votivgabe standen. Bereits in der Antike war einer der Füße der Amphora abgebrochen und mit Bronzestiften wieder angefügt worden.*

Akragas, im Tal der Götter

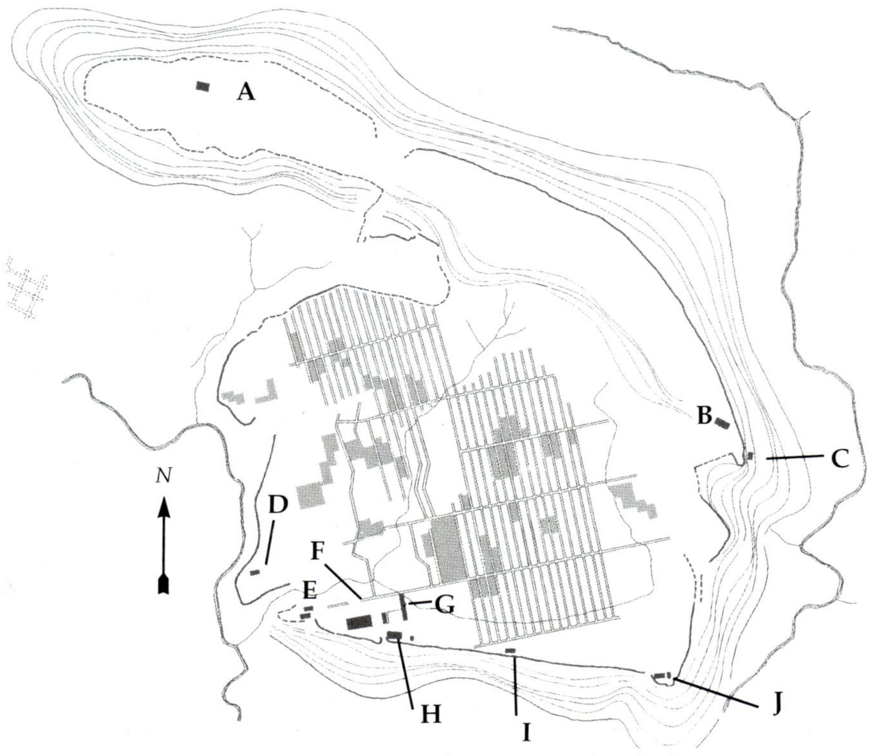

A Kirche Santa Maria dei Greci
B Demetertempel (Kirche St. Biagio)
C Demeterheiligtum
D Hephaistostempel
E Heiligtum der chtonischen Gottheiten
F Olympieion
G Agora
H Heraklestempel
I Concordiatempel
J Heratempel

Pindar beschrieb Akragas (heute Agrigent) als das „Auge Siziliens" und als „schönste unter den sterblichen Städten". Sie wurde 581–580 v. Chr. durch Kolonisten aus Gela (mit Beiträgen von Rhodos und Kreta) in einem weiten Tal, das sanft zum Meer abfällt, gegründet und liegt zwischen den Flüssen Hypsas und Akragas (nach dem die Stadt benannt wurde). Nach Norden hin war sie durch den Athenefelsen geschützt, auf dem die Akropolis errichtet wurde, nach Süden hin durch einen Bergrücken, der schließlich eines der prächtigsten Heiligtümer der Antike trug: das Tempetal. Innerhalb der Stadtmauern, die Teil der Verteidigungsanlagen sind, wurde entlang rechtwinklig zueinander verlaufender Achsen die Stadt geplant.

Die Wirtschaft der Stadt basierte im wesentlichen auf der Landwirtschaft; die Felder waren parzelliert, das Land wurde intensiv genutzt, sodass man den Göttern das weniger fruchtbare, steinige Land „zuteilen" musste. Innerhalb weniger Jahrzehnte wurde Akragas durch den unter dem Tyrannen Phalaris erworbenen Reichtum und sein politisches Prestige eine der führenden Mächte im griechischen Sizilien. In den dramatischen Umwälzungen gegen Ende des 5. Jahrhunderts wurde die Stadt 406 v. Chr. von den Karthagern zerstört. Sie wurde zweimal neu besiedelt, in der spätklassischen und der hellenistischen Zeit, und erlebte unter römischer Herrschaft eine lange Blütezeit.

Die bekannte archäologische Straße zum Tempetal und zu den Überresten der antiken Stadt führt an zahlreichen hervorragenden architektonischen Zeugnissen vorbei, zu denen reiche Sammlungen im regionalen Archäologischen Museum vorhanden sind. Die archaische und mysteriöse Vergangenheit der Stadt verkörpert das Felsenheiligtum von Demeter und Persephone. Es besteht aus einer

266 links *Auf einem Felsen, der sich über dem Tal erhebt, stehen die imposanten Ruinen des Heratempels (450–430 v. Chr.), der in seinen Proportionen dem Parthenon ähnelt. Die Luftaufnahme zeigt die Reste des großen Altars vor dem Eingang.*

266 rechts *Typische kleine Bronzestatue aus dem griechischen Sizilien: ein archaischer Spiegelgriff in Form eines Kuros.*

267 *Der Concordiatempel ist ein architektonisches Meisterwerk aus Megale Hellas (450–430 v. Chr.). Er war vermutlich den Dioskuren geweiht und zeigt perfekte Proportionen. Heute ist er das Wahrzeichen von Agrigent.*

268 Überreste der Peristasis vom Dioskurentempel, der im späten 5. Jh. v. Chr. in elegantem klassisch-dorischem Stil erbaut wurde, in der Römerzeit jedoch Veränderungen erfuhr.

***268-269** Der Concordiatempel ist das prächtigste Bauwerk im herrlichen Tempetal.*

***269 oben** Gewaltiges Kapitell vom Tempel des Olympieion (480 v. Chr.). Die großartigen Formen des Bauwerks drücken die Großzügigkeit der Tyrannen von Akragas aus.*

***269 unten** Der einzige erhaltene Telamon, der einst die mächtigen Balken des gewaltigen Olympieion stützte, liegt an Ort und Stelle umgestürzt.*

in den Fels gehauenen Doppelkammer und wird durch ein Vestibül betreten. Es ist von Brunnen umgeben; die Terrassierung des Bodens erhöht noch seine optische Wirkung. Unweit davon befinden sich Reste einer Verteidigungsbastion mit Zangenwerk und einem Turm nahe bei Tor I.

Das am besten erhaltene Stadtviertel stammt aus hellenistisch-römischer Zeit. Hier tritt die rationale Raumaufteilung klarer hervor, und verschiedene Gebäudetypen griechischen und italienischen Ursprungs sind zu besichtigen. Nach Durchquerung dieses Viertels erreicht man das Oratorium des Phalaris, einen Sakralbau aus der hellenistischen Zeit, unter dem die Reste einer Art Felsentheater liegen.

Im Tempetal erblickt man als Erstes das Olympieion (113,5 x 56,3 Meter), einer der größten je von griechischen Architekten entworfenen Tempel. Er wurde um 480 v. Chr. erbaut und durch Erdbeben zerstört, die die Insel mehrmals erschütterten. Es handelte sich um einen pseudo-peripteralen dorischen Tempel mit Halbsäulen mit riesigen Trägern (8 Meter hoch). Um den Bau verstreut liegen die Überreste kleinerer Heiligtümer und Schatzhäuser. Das Ensemble entstand im wesentlichen in der klassischen und hellenistischen Zeit, und es gibt kanonische Ausschmückungen in Form von Portiken und Piazzen. Im heiligen Bezirk der chtonischen Gottheiten Demeter und Persephone – deren Kult offensichtlich mit den landwirtschaftlichen Aktivitäten der Kolonie zusammenhing – befinden sich die vier eleganten Säulen des Kastor- und Polluxtempels, der aus dem 5. Jahrhundert v. Chr. stammt, in römischer Zeit jedoch verändert wurde.

Älter ist der Tempel des Herakles (um 510 v. Chr.), ein dorischer Peripteros mit klassischer Typologie, der eine fast 12 Meter breite Cella besaß.

Doch das prächtigste Bauwerk von Agrigent ist der berühmte Concordiatempel, der vermutlich aber den Dioskuren gewidmet war und noch ausgezeichnet erhalten ist. Die sorgfältig bemessenen Proportionen des Bauwerks sind das Ergebnis eines „Standards" in der Tempelarchitektur. Er wurde um 450 v. Chr. entwickelt und zweifellos durch die stilistischen Experimente des Kallikrates beeinflusst, der durch den Bau des Parthenon und des Theseion auf der Athener Agora berühmt wurde.

Weniger gut erhalten, in chronologischer und stilistischer Hinsicht jedoch praktisch eine Kopie des Concordiatempels, ist der Tempel der Hera Lakinia, der eine nicht weniger elegante Säulenarchitektur an seiner erhalten gebliebenen Peristasis aufweist.

270-271 *Diese Ansicht des Concordiatempels mit der modernen Stadt Agrigent im Hintergrund zeigt, dass die Gottheiten der Kolonie von Gela zweifellos ein schönes, wenn auch steiniges Gelände erhielten.*

270 *Ansicht des Tempels der Hera Lakinia von unten. Diese Perspektive betont die herrliche Lage des Tempels.*

__272-273__ Blauer sizilianischer Himmel und Stein in warmen Farbtönen – eine perfekte Kombination, die den mächtigen und eleganten Baukörper des Concordiatempels in Agrigent besonders schön zur Geltung bringt.

__271 oben__ Die plastische Färbung der noch erhaltenen Gebäudeteile vom Tempel der Hera Lakinia zeigt deutlich das Streben des unbekannten Architekten nach Licht- und Schatteneffekten.

__271 unten__ Die Säulen des Heraklestempels, eines dorischen Tempels der archaischen Zeit (spätes 6. Jh. v. Chr.), besitzen noch die Entasis, die für diese Zeit charakteristisch war.

274-275 *Der einzeln auf einem Hügel stehende dorische Tempel von Segesta ist ein unvollendetes, aber beeindruckendes Bauwerk. Herrlich zwischen grünen Wäldern und Hügeln gelegen, war er das Heiligtum für die antike italische Bevölkerung von Elimi.*

274 *Die Überreste des griechischen Theaters von Segesta waren bis vor kurzem die einzige bedeutende archäologische Sehenswürdigkeit der Stadt. Jüngste Ausgrabungen brachten jedoch neue Erkenntnisse über die Geschichte und Architektur dieser Stadt.*

Egesta, der Gott unter den Sternen

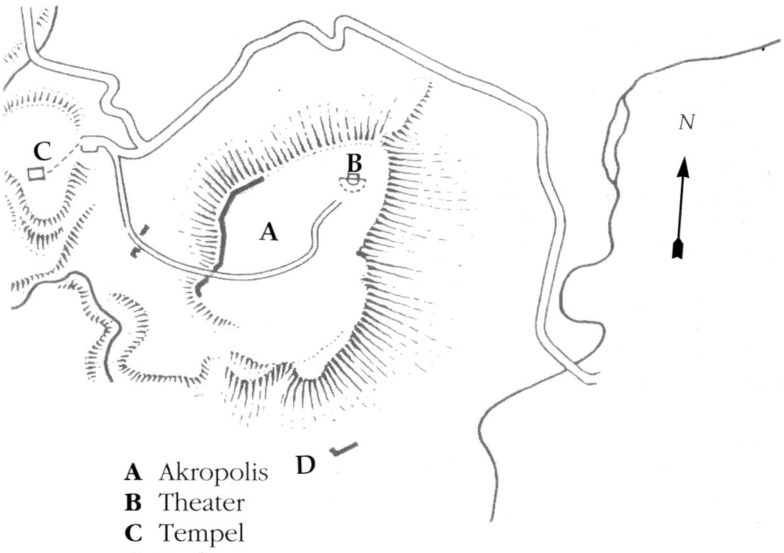

A Akropolis
B Theater
C Tempel
D Heiligtum

Als Hauptstadt der Elymer, Rivalin von Selinus und treuer Bundesgenosse Roms ist Egesta (heute Segesta) eine der bekanntesten archäologischen Stätten des antiken Sizilien, gleichzeitig aber eine der am wenigsten erforschten der griechischen Welt. Die Stadt gehörte politisch nicht zu Griechenland, sondern assimilierte sich kulturell, was man am besten an zwei Bauwerken erkennt: am vor der Stadt bei Contrada Mango liegenden Tempel und am Theater. Der einer unbekannten Gottheit gewidmete Tempel wurde im klassischen dorischen Stil um 420 v. Chr. erbaut. Seine Peristasis mit den voluminösen Proportionen und das Säulengebälk sind noch vollständig erhalten. Die Cella fehlt völlig, ein einzigartiger Fall in der griechischen Architektur, der vielleicht durch die spezifischen religiösen Bedürfnisse der Elymer bedingt war. Um den Tempel könnte ein Peribolos gewesen sein, der benutzt wurde, um heilige Riten an beweglichen Altären oder solchen aus nicht-dauerhaften Materialien unter dem „konkaven Gewölbe der Himmel" – wie Homer es ausgedrückt hätte – zu begehen, anstatt in der Abgeschlossenheit des Naos. Die Proportionen und Dimensionen des Tempels sind attischen Ursprungs und spiegeln möglicherweise auch die politischen Verbindungen zwischen den beiden Städten gegen Ende des Jahrhunderts wider, als die wachsenden Ambitionen von Egesta in diesem Bau ihren Niederschlag fanden.
Obwohl es sich um ein Monument von propagandistischer und politischer Bedeutung handelte, zeigt der Entwurf nicht mehr den Gigantismus der spät-archaischen Zeit und des Strengen Stils, sondern entspricht dem in der zweiten Hälfte des 5. Jahrhunderts v. Chr. vorherrschenden architektonischen Geschmack. Die Form der Säulen und Kapitelle sowie die dekorativen Elemente zeugen von einer schwindenden Erfindungsgabe. Das Theater von Egesta stammt aus dem 3. Jahrhundert v. Chr. Es wurde auf dem Stadtberg in den Fels gehauen und ist zum Teil gut erhalten.

275 *Zwei weitere Ansichten des berühmten dorischen Tempels von Egesta, der einer unbekannten Gottheit gewidmet war und nach klassischen Vorbildern erbaut wurde, geben einen guten Eindruck von den schönen Proportionen, zeigen jedoch auch die bereits abnehmende Kreativität der Architekten und Bildhauer. Der Tempel entstand um 420 v. Chr., in einer Zeit, als Egesta mit Athen verbündet war. Die Allianz endete mit der militärischen Katastrophe im Kampf gegen Syrakus (Peloponnesischer Krieg).*

Selinus, eine glänzende Geschichte

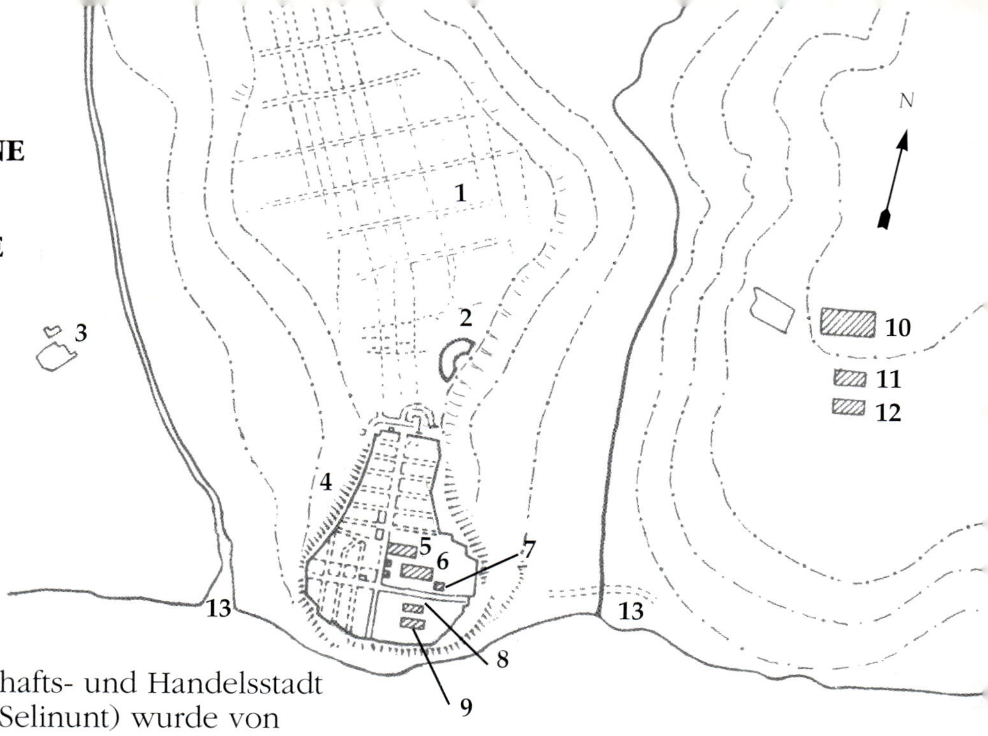

1 Lage der antiken Stadt
2 Theater
3 Demeter-Malophoros-Heiligtum
4 Akropolis
5 Tempel D
6 Tempel C
7 Tempel B
8 Tempel A
9 Tempel O
10 Tempel G
11 Tempel F
12 Tempel E
13 Antiker Hafen

Die Landwirtschafts- und Handelsstadt Selinus (heute Selinunt) wurde von Dorern aus dem sizilianischen Megara (Megara Hyblaia) an der Südküste Siziliens 628 v. Chr. gegründet. Ursprünglich wurde sie von einer Oligarchie regiert, die im 5. Jahrhundert v. Chr. jedoch wie in vielen anderen sizilianischen Städten von einer Tyrannis abgelöst wurde. Die Plünderung der Stadt 409 v. Chr. durch die Karthager leitete den unerbittlichen Niedergang ein. Eine Periode bescheidenen Aufschwungs folgte, doch 250 v. Chr. wurde die Stadt im Ersten Punischen Krieg endgültig von den Karthagern zerstört.

Die Akropolis, auf der sich die meisten antiken Tempel und wahrscheinlich auch einige Wohnbezirke befanden, liegt auf einem weiten, niedrigen Plateau, von dem ein Ausläufer ins Meer hineinragt. Die Wohnviertel der Stadt befanden sich am sanft abfallenden Nordhang. Die praktisch rechtwinklige Anlage der Straßen und Häuserblocks zeugt von einer Stadtplanung, die im ersten Viertel des 6. Jahrhunderts v. Chr. entwickelt wurde. Am interessantesten sind hier die rationale Aufteilung der Wohnblöcke, die vom Heiligtum getrennt lagen, die engen Verbindungen zwischen Wohnvierteln, Akropolis und Hafen sowie die Lage der außerhalb der Stadt errichteten Heiligtümer, die denen innerhalb der Stadt entsprachen.

Wie aus den Überresten der reichen archaischen Tempelarchitektur von Selinunt zu ersehen ist, lagen der Idee, die Stadtlandschaft und Monumente in die Landschaft einzubetten, rationale und ästhetische Erwägungen zugrunde. Die Tempel C und D sowie der weite südöstliche Bezirk der Akropolis, der ebenfalls religiösen Zwecken diente, hatten eine herrliche Lage über dem Meer, gerade im richtigen Abstand von den Hauptverkehrsadern, die das Rechteckmuster auf dem Plateau bildeten. Am herausra-

276 links *Der Tempel C in Selinunt ist das einzige Bauwerk auf der Akropolis, von dem einige Säulen der Peristasis noch erhalten sind. Sie sind im dorischen Stil gehalten und besitzen herausgemeißelte Metopen in hocharchaischer Manier.*

276 rechts *Ansicht des Tempels E bei Selinunt; er gehörte zu dem heiligen Bezirk auf dem östlichen Hügel außerhalb der Stadtmauern. Seine Peristasis blieb erhalten, musste aber teilweise rekonstruiert werden.*

276-277 *Der Tempel C beherrscht den Ruinenbezirk auf der Akropolis von Selinunt. Hier sind noch Spuren von der Besetzung der Stadt durch die Karthager nach der Belagerung und dem Sieg von 409 v. Chr. zu sehen.*

277 *Der einst gewaltige Tempel G bei Selinunt ist heute nur noch ein Trümmerfeld, lediglich eine Säule ist stehen geblieben – das einzige Zeugnis der einstigen Größe des Tempels, dessen Bau um 510 v. Chr. begonnen, aber nie abgeschlossen wurde.*

278 Perseus sticht sein Schwert brutal in den Hals der gorgonischen Medusa, deren Blut dem geflügelten Pferd Pegasus das Leben schenkt. Dies ist eine der berühmten Metopen des dorischen Frieses am Tempel C, das um 575–550 v. Chr. datiert und als eines der besten Beispiele für den sizilianischen archaischen Stil gilt.

279-282 So sah Selinus vermutlich in der Mitte des 5. Jh. v. Chr. aus, als es seine Blütezeit erlebte. Bald darauf verfiel es im Krieg gegen Egesta und Karthago. Beachtenswert ist die Lage des Hafens an der Mündung des Flusses Selino.

283 Dieses schöne Fragment eines Marmorkopfes stellt eine Göttin dar; es war Teil der Metopen des Tempels E bei Selinunt (um 450 v. Chr.).

gendsten auf der Akropolis war der monumentale Tempel C (24 x 64 Meter), der um 560 v. Chr. gebaut und einer unbekannten Gottheit gewidmet wurde. Es handelt sich um einen dorischen Peripteros. Seine Peristasis (6 x 17 Säulen) erscheint wie die Gesamtheit seiner Elemente leicht und hell. Die Cella besaß ein Vestibül und ein Adyton. All dies zeigt, dass ionische Einflüsse – die im Allgemeinen in der eklektischen Welt der westlichen Griechen fruchtbar waren – sich hier mit traditionellen dorischen Formen vermischten. Das Ergebnis ist zwar nicht sonderlich elegant, aber wenigstens originell.
In der Nähe des Tempels C liegen die Überreste punischer Häuser aus dem 4./3. Jahrhundert v. Chr., ein Zeichen der Wiederbesiedelung der Stadt durch die Karthager. Der gewaltige Tempel G in einer phantastischen Lage auf dem Osthügel war vermutlich Apoll gewidmet und datiert um 530 v. Chr. Seine Größe (50 x 110 Meter) war vielleicht einer der Gründe, warum der Bau so langsam voranging (bis zur Fertigstellung dauerte es mindestens 50 Jahre). Er ist im dorischen Stil gehalten und hat einen peripteralen Grundriss. Der Raum zwischen dem Peribolos und den Mauern der Cella ist jedoch so groß, dass der Bau tatsächlich pseudodipteral wirkt. Seinem Pronaos war eine Vorhalle mit sechs Säulen vorgelagert. Von hier führten drei Eingänge in die drei entsprechenden Schiffe der Cella, deren Säulen den Blick der Gläubigen auf das kleine Adyton (inneres Heiligtum) lenkten, wo sich vermutlich das Orakel befand. Auf der gegenüberliegenden Seite befand sich der Opisthodomos im typisch dorischen Stil. Die Gesamtheit des Bauwerks hingegen zeigt eindeutig ionischen Stil mit einer Neigung zum Gigantismus, wie sie die Tyrannen besaßen, die auch Selinus beherrschten.
Der Tempel G kann – mehr noch als der Tempel C – als ein Ausdruck des Wunsches der Tyrannen angesehen werden, die Blüte und das Prestige der Stadt unter ihrer Macht durch Ehrerbietung gegenüber der Gottheit zu rühmen, wie es Praxis bei den zeitgenössischen Tyrannen in Athen und Kleinasien war. In diesen Monumentalbauten vermischen sich Propaganda, Demagogie und Verbundenheit mit den traditionellen kulturellen und geistigen Werten des Griechentums.
Ebenfalls auffallend ist der Tempel E aus der Epoche des Strengen Stils mit unverfälschten dorischen Formen, von denen die herrlichen Metopen wieder entdeckt wurden. Peristasis und Cella des Tempels wurden großteils rekonstruiert.
Bevor man das ebenfalls außerhalb gelegene Demeter-Malophoros-Heiligtum (5. Jahrhundert v. Chr.), einen kultischen Archetypus der christlichen „Madonna del Melograno" – Madonna des Granatapfelbaums – und die Nekropole besichtigt, sollte man bei den Befestigungsanlagen im Norden der Akropolis Halt machen, die einen langen, überdachten Gang, einen Verteidigungsgraben mit Türmen und Schutzwälle umfassen.

284 oben *Schöne, unübliche Ansicht der dorischen Säulen des Tempels E gegen den blauen Himmel – fast ein Symbol für das Streben der Griechen nach einer Verbindung zwischen Bauwerk und Natur.*

284 unten *Das Talent des Architekten des Tempels E zeigt sich auch in der akkuraten Ausrichtung der Triglyphen und Ecksäulen an derselben Achse, wie aus diesem Bild ersichtlich ist.*

284-285 und 285 *Der Baukörper des Tempels E, der um 450 v. Chr. erbaut wurde, zeigt die feinen harmonischen Proportionen der mächtigen, aber schlanken Peristasis.*

286-287 *Der Tempel E in seiner ganzen Erhabenheit. Er war vermutlich der Hera geweiht, der Göttin der Fruchtbarkeit und der Ehepaare.*

GLOSSAR

Abakus: Quadratische (dorischer Stil) oder rechteckige (ionischer Stil) Deckplatte, die das Kapitell oben abschließt.

Agora: Hauptplatz der Stadt, oft gleichzeitig Marktplatz, wo öffentliche Versammlungen stattfanden.

Akropolis: Höher gelegener Teil einer Stadt, der oft mit Mauern befestigt war. Auf der Akropolis befanden sich meist mehrere Tempel.

Akroterion: Bekrönung der Mitte (First-Akroterion) und der Ecken (Eck-Akroterion) eines Giebels, bestehend aus Palmette, Akanthus, Volute oder Figur auf einer Plinthe.

Buleuterion: Altgriechisches Rathaus, das seit dem 4. Jahrhundert v. Chr. zu jeder Agora gehörte; quadratischer oder rechteckiger Grundriss mit theaterartigen Sitzstufen.

Cella: Raum in Tempeln, in dem das Bild der Gottheit aufbewahrt wurde, der der Tempel geweiht war.

Chryselephantin: Bezeichnung für eine Bildhauertechnik, bei der Teile einer Statue vergoldet und die Hautpartien der Figur mit Elfenbein plattiert wurden.

Dipteros: von einer Doppelreihe von Säulen umgebener Tempel.

Dromos: Gang oder Korridor zum Eingang eines Monumentalgrabes.

Echinus: wulstiger Teil an dorischen Kapitellen zwischen Säulenschaft und Deckplatte. Der Echinus hat am unteren Ende der Deckplatte mehrere Rillen oder Ringe (Anuli).

Entasis: leichte An- und Abschwellung in der Kontur des Säulenschafts sowie der Stufen, vor allem von Tempeln.

Gymnasion: Ort für sportliche Betätigung und Unterrichtung der männlichen Jugend.

Hekatompedon: Tempel, dessen Cella 100 Fuß misst.

Hexastil: Tempel mit je sechs Säulen auf den schmalen Seiten.

Hoplit: Infanterist mit schwerer Bewaffnung, die meist aus Rundschild, Schwert, Lanze, Helm, Harnisch und Beinschienen bestand.

Hydria: Ton- oder Metallgefäß zum Wasserholen mit einem bauchigen Mittelteil, Standfuß, einem langen, schmalen Hals und drei Griffen.

In antis: Bezeichnung für einen Tempel, der zwei zentrale Säulen an der Vorderseite und zwei weitere Säulen am Ende der Seitenmauern besitzt.

Kanon: Regelwerk, mit dessen Hilfe die Proportionen von Statuen bestimmt wurden; es folgte einem standardisierten Schönheitsideal.

Koine: Weit verbreitete griechische Verkehrssprache, die auf dem attischen Dialekt beruhte; ab dem 4. Jahrhundert v. Chr. wurde sie im gesamten mittleren und östlichen Mittelmeerraum verbreitet.

Kore: Votivstatue, die eine junge Frau in Gewändern darstellt; typisch für die archaische griechische Bildhauerkunst.

Krater: Großes Gefäß mit einem breiten Ausguss, Standfuß und zwei Griffen, das normalerweise zum Mischen von Wasser und Wein diente.

Krepidoma: Stufenunterbau eines Tempels.

Kuros: Votivstatue, die einen stehenden nackten Jüngling darstellt; typisch für die archaische griechische Bildhauerkunst.

Megaron: größter und prächtigster Raum in den Palästen der mykenischen Epoche; später allgemeine Bezeichnung für einen großen Saal.

Metope: Bezeichnung für die im Säulengebälk dorischer Säulen vorhandenen quadratischen Platten zwischen den Triglyphen; sie waren mit Reliefskulpturen aus Marmor oder Terrakotta, teilweise auch mit Blumenmustern und mit runden Schilden verziert.

Oinochoe: Kleine, einhenklige Kanne mit einem Griff; sie wurde zum Ausschenken von Wein benutzt.

Opisthodomos: Raum hinter der Cella, dem Pronaos gegenüberliegend, meist ohne Verbindung zur Cella.

Palästra: zunächst der zum Gymnasion gehörende Ringerplatz, dann der mit Säulenhallen umgebene Peristylhof des Gymnasions und schließlich Bezeichnung des gesamten Gymnasions, aber auch aller sonstigen Sportanlagen mit umgebenden Säulenhallen.

Peribolos: Von einer Mauer umgebener heiliger Bezirk um einen Tempel, der oft mit Statuen, Altären und Votivdenkmälern verziert war.

Peripteros: Tempel, dessen Cella allseitig von Säulen umgeben ist, die eine Ringhalle um die Cella bilden.

Peristyl: mindestens von drei Seiten mit Säulen umgebener Innenhof in griechischen Häusern.

Pronaos: Raum in einem Tempel zwischen der Cella und den Säulen der Frontseite.

Prytaneion: Gebäude der Prytanen, oberste Beamte einer Stadt oder eines selbständigen Heiligtums. Es hatte mindestens einen Speisesaal für offizielle Bankette. Im Prytaneion befanden sich Staatsherd und -archiv.

Rhyton: Trink- und Spendegefäß aus Metall oder Ton, das die Form eines gebogenen Horns hatte und an dessen Ende sich oft ein Tierkopf befand.

Säulengebälk: Aufbau über den Säulen in den klassischen architektonischen Stilrichtungen, der aus dem Architrav, dem Fries und dem Säulengesims besteht.

Sima: Oberer Teil eines Gesimses von einem Tempel oder einem anderen Monumentalbauwerk, der zum Sammeln des Regenwassers diente.

Skyphos: tassenförmiges Trinkgefäß mit einem Fuß und zwei waagerechten Griffen auf der Höhe der Oberkante.

Stoa: lange, schmale, freistehende Säulenhalle mit geschlossener Stirn- und Rückseite.

Stylobat: bei Tempeln die oberste Stufe des Stufenunterbaus.

Temenos: heiliger, durch eine Mauer oder Grenzsteine abgeschlossener Bezirk.

Tholos: Tempel, Gebäude oder Gebäudeteil mit einem kreisförmigen Grundriss, der durch Säulen festgelegt ist; die Decke besteht aus einer Kuppel oder einer kegelförmigen Konstruktion.

Toreutik: Metallbearbeitungstechnik, in der durch Treiben, Gravieren, Eingraben etc. Schmuckgegenstände, wie z. B. Vasen, Krater, Schmuckplatten, hergestellt oder verziert werden.

Torus: Wulst, der eine Art Ring an der Basis einer Säule bildet.

Triglyph: Rechteckige Steinplatte im Gebälk des dorischen Tempels, die abwechselnd mit den Metopen erscheint; die Platte ist mit zwei senkrechten Kerben und am Rand je einer halben Kerbe versehen.

Tympanon: dreieckiges oder bogenförmiges Feld über dem Türsturz eines Tempeleingangs, normalerweise mit Reliefs oder Mosaiken verziert.

BILDNACHWEIS

Antonio Attini/Archiv White Star: 5, 160, 160-161, 161 oben links, 162 oben rechts, 184, 185, 192-193, 214, 215, 216, 217, 222, 224, 225, 228, 229, 237, 240 Mitte links, oben links und rechts, 241, 242, 243, 245 oben.

Marcello Bertinetti/Archiv White Star: 2-3, 158-159, 170-171, 170 unten.

Giulio Veggi/Archiv White Star: 6-7, 162, 163, 164, 165 unten rechts, 168 unten rechts, 178 oben, 179 oben, 181, 182, 183, 204, 205, 206, 206-207, 207 unten, 208, 209, 250, 250-251, 251, 252, 252-253, 253, 259 oben, 260 unten links, 260-261, 263, 264-265, 268, 269, 270, 271, 272-273, 274, 275, 276, 277, 284, 285, 286-287.

Felipe Alcoceba: 230-231, 231.

AKG Photo: 26 zweites Foto von links, 117, 120 unten, 123 unten, 128 oben links, 148 links und rechts, 198, 207 oben.

Ancient Art & Architecture Collection: 36 oben, 80 oben, 114 unten.

P. Bernard/Photo R.M.N. Paris: 147 links.

Britisches Museum: 8-9, 14-15, 35 drittes Foto von links, 48, 66-67, 72 unten rechts, 73 oben und Mitte, 74 oben, 75 unten, 76 oben, 76-77 unten, 77, 88, 94 unten, 96 Mitte, 104 drittes und viertes Foto von links, 118 oben und unten, 120 oben, 122 rechts, 128 oben rechts, 133 unten, 142-143.

Hervé Champollion/Agence Top: 178-179.

Chuzeville/Photo R.M.N. Paris: 102, 121, 130.

Gerald Clyde/Barnaby's Pictures Library: 168-169, 176 unten.

Giovanni Dagli Orti: 1, 10-11, 12-13, 16 rechts, 18-19, 21, 22 rechts, 23, 24 links, 25, 26 drittes und viertes Foto von links, 35 viertes und fünftes Foto von links, 36 unten, 40 rechts, 41 rechts, 42 links, 43, 45, 46 links, 49, 51, 52 oben, 53, 54, 58, 60, 61, 64, 68, 69, 70, 74-75, 75 Mitte, 78 links, 80 Mitte und unten, 81, 89, 92, 93, 99, 104 erstes und zweites Foto von links, 105 erstes, drittes und viertes Foto von links, 107, 108, 110 oben, 111, 112 oben, 113, 114 oben, 115, 116, 118 Mitte, 119, 120 Mitte, 122 links, 124-125, 125 unten, 127, 132, 134, 135, 140 links und rechts, 154, 155 unten und oben, 169 unten, 176-177, 180, 188, 200, 201, 210, 211, 212, 213, 244 unten links, 244-245, 254 unten und oben, 255 oben, 256 oben, 257, 260 unten rechts 262, 263, 266 rechts, 278.

Araldo De Luca: 70 oben und Mitte, 72 unten links, 72-73, 76-77 oben, 145, 248-249, 283.

Joel Ducange/Agence Top: 168 unten links.

E. T. Archiv: 16 links, 46 rechts, 202-203.

Foschi/Focus Team: 166 unten links.

Robert Frerck/Odyssey/Agenzia Speranza: 230 oben.

Studio Koppermann/Staatliche Antikensammlung und Glyptothek München: 100-101, 144 links.

Johannes Laurentius/Staatliche Museen zu Berlin/Preußischer Kulturbesitz Antikensammlung: 44.

Erich Lessing/Art Resource: 62, 103, 156, 157, 232.

H. Lewandowski/Photo R.M.N. Paris: 41 links, 123 oben rechts, 147 rechts, 151.

Luciano Pedicini/Archivio dell'Arte: 35 erstes Foto von links, 94 oben, 95 links und rechts, 255 unten, 265 oben.

Photo Nimatallah/Agenzia Luisa Ricciarini: 16 Mitte, 17, 22 links, 24 rechts, 26 fünftes Foto von links, 38-39, 39 oben, 65, 96 oben und unten, 105 zweites Foto von links, 106 rechts, 109, 112 unten, 125 oben, 126 Mitte, 128-129, 133 oben, 137, 149, 153, 165 oben rechts, 171.

Photo R.M.N. Paris: 37 links.

Guido Alberto Rossi/The Image Bank: 184-185, 190-191, 191, 194 links, 195, 196, 218, 219, 223, 258-259, 266 links, 267.

Archiv Scala: 14, 15, 20, 26 erstes Foto von links, 35 zweites Foto von links, 42 rechts, 47, 83, 126 unten, 136, 138, 139 links und rechts, 142-143, 144 rechts, 150, 152, 174, 175, 189, 190, 265 Mitte.

Emilio F. Simion/Agenzia Luisa Ricciarini: 37, 110-111.

Henri Stierlin: 8, 38, 76 unten, 78 rechts, 79, 106 oben und unten links, 177 unten, 179 unten, 194 rechts, 226, 240 unten.

Agenzia Luisa Ricciarini: 39 unten, 50, 52 unten, 55, 63, 71 unten, 75 unten, 90, 94 Mitte, 123 oben links, 126 oben, 131, 146, 199, 244 oben links, 256 Mitte und unten, 258, 265 unten.

E&C Valentin AG HOA-QUI/Agenzia Speranza: 227.

MUSEEN UND KUNSTSAMMLUNGEN

Akropolis-Museum, Athen: 26 fünftes Foto von links, 49, 61 unten, 99 oben, 124 oben, 125 unten, 126 oben, 127, 134, 169 unten, 174, 175.

Antiquarium von Metapon: 254 oben.

Archäologisches Museum, Delphi: 18-19, 26 viertes Foto von links, 105 zweites Foto von links, 123 unten, 124-125, 132 oben, 209 oben, 210, 211 rechts und links, 212 links, 213.

Archäologisches Museum, Florenz: 124 unten.

Archäologisches Museum, Kreta: 22, 23, 24, 104 erstes Foto von links, 110 oben, 110-111.

Archäologisches Museum, Istanbul: 61 oben, 63.

Archäologisches Museum, Nauplia: 104 zweites Foto von links, 114 oben.

Archäologisches Museum, Olympia: 131, 146, 198, 199.

Archäologisches Museum, Palermo: 266 oben, 278.

Archäologisches Museum, Piräus: 53, 56, 80 Mitte.

Archäologisches Museum, Salonika: 46 rechts.

Archäologisches Museum, Syrakus: 42.

Archäologisches Museum, Thessaloniki: 45, 58, 78 links, 79.

Britisches Museum, London: 8-9, 35 drittes Foto von links, 37, 48, 66-67, 72 rechts, 73 oben und Mitte, 74 oben, 75 unten, 76 oben und unten, 76-77, 77, 88, 94 unten, 96 Mitte, 104 drittes und viertes Foto von links, 118 oben und unten, 120 oben, 122 oben, 128 oben rechts, 132 unten, 142-143.

Kapitolinisches Museum, Rom: 144 rechts.

Sammlung Ceccanti, Florenz: 94 Mitte.

Museum von Korinth: 41 rechts, 48 Mitte, 120 Mitte.

Document Jean Vinchon, Paris: 46 links.

Dresdner Staatliche Kunstsammlungen: 148.

Kanellopulos-Museum, Athen: 69.

Badisches Landesmuseum, Karlsruhe: 120 unten.

Louvre, Paris: 1, 35 fünftes Foto von links, 40 rechts, 41 links, 102, 103, 121 oben und unten, 123 oben, 130, 147, 151, 155 unten, 156, 157.

Nationalmuseum, Mykene: 189 oben.

Nationalmuseum, Neapel: 35 zweites Foto von links, 47, 152.

Nationalmuseum, Paestum: 105 rechts, 258, 262, 263, 265.

Archäologisches Nationalmuseum, Athen: 10-11, 20, 21, 25, 26 erstes, zweites und drittes Foto von links, 36 unten, 38 oben, 38-39, 39 unten, 40 links, 43, 51, 52, 57, 64, 65, 83, 89, 92 oben, 92-93, 93 oben, 96 unten, 105 erstes und drittes Foto von links, 106, 107 oben, unten links und unten rechts, 108, 109, 111 rechts, 112, 113, 114 unten, 114-115, 116, 117, 119, 122 unten, 123 Mitte 128-129, 133, 140 rechts, 149, 153, 165 oben, 171 oben, 189 unten, 190 oben.

Archäologisches Nationalmuseum, Neapel: 35 erstes und viertes Foto von links, 60, 71, 72, 72-73, 74 unten, 90 unten, 94 oben, 95, 96 oben, 140 links, 248-249, 250-251.

Nationalmuseum, Reggio di Calabria: 50, 68, 81, 136, 137, 138, 250 unten, 251 unten.

Archäologisches Nationalmuseum, Tarent: 75 Mitte, 76-77, 92 Mitte und unten, 236, 257.

Museum Pella: 202-203.

Museum Pio Clementino, Vatikanstadt: 145, 150.

Museum Rhodos: 154, 155 oben.

Staatliche Antikensammlung und Glyptothek, München: 80 unten, 100-101, 128 oben links, 135, 144 links.

Staatliche Museen zu Berlin, Preußischer Kulturbesitz Antikensammlung: 44.

Staatliche Museen zu Berlin, Pergamon-museum: 62, 232, 233

Thermen-Museum, Rom: 124 Mitte.

Museum in Volos: 70, 74-75.

a hinter einer Seitenzahl bezieht sich auf eine Abbildung

A
Abdera 142, 166
Achaia 163, 164
Achaier 26, 36, 38
Achaiischer Bund 35, 63
Acheloos 163
Acheron 166
Achill 14a, 52a, 128a
Adria 38, 56, 171a, 250
Ägäis 20, 21, 36, 40, 43, 46, 50, 53, 58, 102, 104, 107, 107a, 108, 160, 165, 166, 214, 231, 233a
Agamemnon 114, 116a, 117a, 166
Agatarchos 145
Agathokles 252a
Agias von Pharsalos 210a
Ägina 35, 50, 80, 80a, 101a, 129, 130a, 134, 134a, 182-183, 261
Agis 53
Ägisth 188
Agora 180, 216, 222, 224a
Agorakritos 145
Ägypten 21, 22, 26, 35, 38, 60, 62, 63, 64, 70, 77a, 108, 120, 154
Ahiyawa 36
Aigai 35, 58, 62, 150, 152, 201
Aias 14a
Aigaion 233a
Aischylos 88
Akarnanien-Aitolien 40, 56, 163
Akragas (Agrigent) 253, 266-273
Akrokorinthos 160
Akropolis 171, 180
Akrotiri 8a, 23, 25a, 109a, 111, 111a, 214
Aktium 64
Alexander III., der Große 35, 60, 60a, 61, 61a, 62, 78a, 95, 100, 105, 150, 151a, 152, 153, 154, 156, 166, 198, 200, 200a, 201
Alexander von Ägypten 62, 63, 105, 156
Alexandria, Leuchtturm 156
Alexandria, Museum 63
Aliakmon 201
Alkamenes 145, 179, 179a, 180
Alkibiades 53
Alkmeoniden 44
Alos 165
Alpheus 194, 250
Alphios 130a, 194, 250
Altis 194, 194a, 198
Amasis, Maler 129
Amazone, die verwundete 144a, 145, 145a
Amazonen 171, 201, 210
Amorgos 21, 107
Amphiaraos 162a
Amphiktyon von Delphi 58
Ampurias 250
Anatolien 21, 40, 60, 63, 70, 108, 120
Anaxagoras 78a, 142, 145, 169
Andhritsena 163
Andronikos, M. 59a
Antenor 15a, 213
Antigoniden 35, 62
Antigonos I. 62
Antigonos Gonatas 62, 222
Antikythera 153a
Antiochien 62, 63, 156
Antiparos 21a
Antipater 35, 62
Äolier 40, 102
Äolische Inseln 38
Apelles 153
Aphaia 182
Aphrodite 81, 147a, 154a, 222
Aphrodite Kaufmann 102a
Apoll 8a, 48, 80, 80a, 92, 122a, 165, 194, 197, 144, 163, 198a, 207, 207a, 208a, 211, 213, 216, 216a, 222, 222a, 284
Apoll „Chatsworth", Zypern 132a
Apollodor 145
Apollonheiligtum, Delos 48
Apollonheiligtum, Delphi 35, 123a, 194, 207, 208a
Apollonia 214, 214a
Apollontempel, Assos 166a
Apollontempel, Delphi 206a, 210, 212a, 213, 213a
Apollontempel, Korinth 160, 165a
Apollontempel, Strongyli 214, 214a
Apoll Pythios 125
Apoxyomenos 151a
Arakynthos 163
Archelaos 150, 153
Archimedes 95
Areopag 180
Ares 81
Arethusa 194, 250
Argeaden 58, 153
Argolis 20, 26, 38, 91, 114, 118, 160, 184, 190, 191a
Argos 26, 35, 36, 40, 43, 46, 80, 82, 114, 122a, 134, 163, 184
Ariadne 78a, 214
Aristion, Stele 43a
Aristokles 43a
Aristophanes 88
Aristoteles 88, 147, 150, 166a
Arkade der Athener, Delphi 212a
Arkadien 56, 145, 163, 205a
Arkadisches Tor, Messene 192, 192a
Armenien 63
Arne 165
Arpi 156
Arse 156
Arsinoequelle, Messene 192a
Artaphernes 47
Artaxerxes 56
Artemis 81, 111, 163a, 190, 233a
Artemis-Brauronia 144
Artemisheiligtum, Delos 222
Artemisheiligtum, Ephesos 228a
Artemision 261
Artemistempel, Epidauros 27, 190
Artemistempel, Korfu 166
Asklepieion, Messene 192
Asklepios 81, 166, 190
Asklepiosheiligtum 91
Asklepiosheiligtum, Epidauros 190
Asklepiosheiligtum, Kos 163, 166
Asklepiosheiligtum, Messene 192, 192a
Asklepiosheiligtum, Pergamon 231, 233
Asklepiostempel, Epidauros 27, 190, 190a, 191a
Assine 160
Assos (Phrygien) 166a, 231
Astiounios 78a
Athen 8a, 15a, 26, 35, 40, 43, 44, 46, 47, 48, 50, 51, 52, 53, 56, 58, 62, 63, 78, 79, 80, 88, 92, 104, 105, 118a, 119, 125a, 134, 140, 141a, 142, 143, 145, 156, 160, 168-181, 182, 190, 208, 210, 269, 275a, 284
Athen, Agora 180, 181a
Athen, Akropolis 15a, 48a, 90, 126a, 158a, 168a, 169, 170a, 171, 176, 177a, 179, 227
Athen, Akropolismuseum 99a
Athen, Gemäldegalerie 176, 177a
Athen, Italienische archäologische Schule 240
Athen, Keramiker-Viertel 129
Athen, Nationalmuseum 92a, 109a, 115a, 180
Athen, Propyläen 169, 176, 176a, 177a
Athena Alea-Tempel, Tegea 149, 149a, 163
Athena Aphaia, Ägina 80a, 101a, 129, 134a
Athena Aphaiatempel, Ägina 183a, 261a
Athena Lindia 227
Athena Lindiaheiligtum, Lindos 226a, 227
Athena Lindiatempel, Lindos 226a, 227a
Athena Niketempel 144, 176, 176a
Athena Polias 178a, 179
Athena Promachos 176
Athena Pronaia, Delphi 190, 206a, 207, 208a, 211
Athene 47a, 56a, 88, 92, 130a, 158a, 171, 176, 178a, 179, 180, 182, 207, 211, 258
Atheneheiligtum, Athen 47
Atheneheiligtum, Delos 222
Atheneheiligtum, Pergamon 233
Atheneheiligtum, Priene 237
Athener 90, 143, 210a, 224a
Athenetempel 258a, 261
Athenetempel, Priene 237a
Aitolien 126a, 163
Aitolischer Bund 35
Atreus 188, 188a
Atriden 188
Atropatene 62
Attaliden 35, 62, 62a, 216, 230a, 231, 231a
Attalos II. 180
Attika 36, 43a, 46, 47, 52, 53, 114, 118, 121, 132, 142a, 144, 158a, 160, 162a, 163a, 171, 178a, 207, 248a
Attischer Bund 35, 48, 50, 216a
Augustus 105
Axios 58

B
Bacchantinnen 163
Bakchen 150, 200
Baktrien 35, 63
Bassai 163
Biton 163, 212a, 213
Böotien 36, 38, 47, 69a, 87, 114, 165
Borges 156
Borovo 8a
Bosporus 42
Bouthroton 166
Brasidias 53
Bronze von Riace, Reggio di Calabria 138a, 253
Brunelleschi, Filippo 145
Bute 179
Byzanz 197

C
Caere 43, 47
Canosa di Puglia 72a, 79
Canova, Antonio 142
Capua 67a
Catania 253
Cerestempel s. Athenetempel, Paestum
Cerveteri 43, 47
Chadwick, John 38
Chaeronia 35, 58, 165, 198
Chairedemos 53a
Chalkidike (Halbinsel) 53, 58, 69
Chalkis 26
Chios 166, 214
Chiusi (Etruria) 126a
Concordiatempel, Agrigent 266a, 269, 269a, 270a, 271a
Contrada Marasa 255a
Crispiano (Puglien) 72a, 79
Cumae s. Kyme

D
Daochos II. 210a, 213
Dardanellen 26, 38, 56
Dareios I. 35, 46, 47, 61a
Datis 47
Dauni 156
Daunia (Gargano) 73a, 250
„De Architectura" (Vitruvius) 87
Delischer Bund s. Attischer Bund
Delos 8a, 48, 64, 64a, 80, 141a, 216-226
Delos, Theater 224a
Delphi 19a, 26, 40, 43, 79, 80, 92, 122a, 123a, 124a, 125, 132a, 149, 162a, 163, 190, 206-213
Delphi, Archäologisches Museum 208, 210a, 211, 213
Delphi, Theater 208a, 210
Delphinfries, Knossos 111, 243
Demeter 42a, 80, 81, 134, 176, 269
Demeterheiligtum, Pergamon 233
Demeter-Malophoros-Heiligtum, Selinus 284
Demeter- und Persephone-Heiligtum, Agrigent 266
Demetrias 79, 165
Demetrios I. Poliorketes 95
Demokrit 142, 145, 166
Dendra 78
Derveni 78a, 79, 153
Dimini (Thessalien) 20, 26, 104, 165
Diadumenos 141a
Didyma 81, 166, 231
Dikearchia 253
Dion 165
Dionysische Spiele 162a
Dionysos 47, 78a, 80, 80a, 81, 88, 90, 128a, 147a, 149a, 151a, 163, 165, 201, 214, 216a, 256a
Dionysosheiligtum, Delos 222
Dionysostempel, Pergamon 233
Dionysostheater, Athen 180, 181a
Dioskuren 255a, 266a, 269
Dioskurentempel, Agrigent 268a
Dipylon von Athen 40a, 119a, 180
Diskobol 136, 141a
Dodekanes 104, 163a, 226a, 227
Dodona 40, 149, 166, 204, 205
Dodona, Theater 204a, 205a
Doidalsas 154
Donau 39
Dorer 40, 85, 102, 104
Doryphoros 136, 141a
Dreizackhaus, Delos 222a
Dreros 40, 104
Droysen, J. G. 154

E
Edessa 152, 166
Edikt des Theodosius 171
Egesta 253, 274-276, 278a
Egesta, Tempel 274a, 275a
Egesta, Theater 275
Eirene und Plutos 144a, 151a
Elea 130, 142, 253
Eleatische Schule 253
Eleusis 78, 81, 145, 160, 179, 213
Eleutherai 160
Elis 163, 166, 194, 196
Elymer 8a, 250, 274a, 275
Emborios 166
Epameinondas 192
Ephesos 44, 81, 125, 130, 144a, 145, 145a, 166, 228a, 231
Epidamnos 197
Epidauros 81, 91, 149, 160, 190-191
Epidaurosheiligtum 27
Epidauros, Theater 205
Epirus 20, 40, 166, 204a, 205
Erechtheiom 144, 178a, 179, 179a, 180
Erechtheus 179, 179a
Eretria 26, 47, 52, 61a, 78, 119, 166, 214
Ergotimos 126a, 129
Erichthonios 179
Eros 27
Etrurien 43, 126a, 129
Etrusker 26, 35, 120, 156, 250
Euböa 26, 118, 118a, 162a, 166, 214
Eubulides 156a
Euphronios 129
Eupolis 88
Euripides 88, 150, 200
Eurytos 121a
Evans, Arthur J. 108, 240
Evenetes 79
Exekias 14a, 128a, 129

F
Fels der Athene 266
Festos s. Phaistos
Frattesina 38
Friede von Callia 170a

G
Gaia 207, 207a
Galater 62, 63, 250
Gargano 73a, 253
Gela 56, 132a, 134, 197, 210, 253, 266, 270a
Gelon 47
Geneleos 228a
Giganten 233
Giganten (Partenon) 171
Giganten (Pergamon) 233a
Giganten (Delphi) 19a, 124a
Ginosa (Apulien) 71a, 79
Gla 165
Gnathia (Egnatia) 256a
Goten 192
Grab A, Homolion 71a
Grab II, Vergina 59a
Grab III, Mykene 116a
Grab IV, Mykene 36a, 37a, 39a
Grab V, Mykene 116a
Grab VI, Mykene 116a
Grab des Tauchers, Paestum 8a, 136, 261, 262a
Gräberrund A, Mykene 36a, 37a, 39a, 116a, 117a, 184, 184a, 188
Grumentum, Reiter von (Basilicata) 94a
Gurnia 111
Gymnasion 190, 190a, 208a

H
Hades 51a, 80, 80a, 81
Hagesandros 227
Hagia Paraskevi 152
Hagia Triada 23, 108, 110a
Haghios, Andreas 163
Halikarnassos 231
Halikarnassos, Mausoleum (Tegea) 149
Hannibal 64
Harmodius 44
Hegeso 51a
Heilige Straße, Athen 176
Heilige Straße, Delphi 162a, 208, 210a, 212a, 216
Heilige Straße, Paestum 261
Heilige Straße, Rhodos 227
Heilige Straße, Samos 228a
Heiliger See, Delos 216a, 222, 222a
Heiligtum von Delphi 207a, 212a
Heiligtum von Epidauros 27
Hekate 233a
Hektor 128a
Helis 163
Hephaistion 181a, 201, 201a
Hephaistos 81, 179, 180, 181a
Hera 80, 160, 194, 197, 212a, 228, 250a, 251a, 253a, 258, 258a
Hera Argiva 163
Heraion I, Paestum 258, 258a
Heraion II, Paestum 258, 258a, 260a, 261a, 264a
Hera Lakinia, Agrigent 269, 270a, 271a
Hera von Samos 228
Heraheiligtum, Samos 228, 228a
Heraion, Argos 122a
Heratempel, Agrigent 266a
Heratempel, Samos 124, 228a, 229a
Herakles 92, 124a, 181, 194, 194a, 196, 210
Heraklestempel, Agrigent 269, 271a
Heraklion, Archäologisches Museum 24
Heraklit 130, 136
Hermes 64a, 147a, 151a, 152a
Hermes mit Dionysos, Olympia 197, 197a
Hermes Trismegistos 80
Hermeshaus, Delos 222a
Herodot 88, 163
Heroon, Paestum 265a
Hipparch 44
Hippias 35, 44
Hippodameia 194, 196
Hippodamos 132, 144, 147
Hippokrates 147
Homer 40, 40a, 157, 275
Homolion (Thessalien) 71a
Hygieia 149a
Hymettos 160
Hypsas 266

I
Ialysos 227
Iberi 156
Iktinos 105, 144, 145, 169, 169a, 170a, 213
Ilias 26, 39
Ilyssos 142a, 176
Imbrasos 228
Imera 35, 47, 56, 253
Indus 35, 60, 156
Iolkos 36, 165
Ionien 35, 38, 43, 44, 47, 56, 60, 104, 118, 122, 130, 207, 226a, 228, 284
Ionier 40, 85, 228
Ionische Inseln 166
Ionisches Meer 43, 160, 163, 166, 205, 251a, 254a
Ischia 42, 253
Ischtar 81
Isis 80, 81
Isistempel, Delos 224a
Isthmia 40, 80, 82, 160
Isthmische Spiele 64, 92, 160
Isthmus von Korinth 92
Ithaka 166
Ithome (Berg) 192

K
Kalabrien 42, 68a, 136a, 253
Kallias 35
Kallikrates 105, 144, 145, 169, 169a, 170a, 176, 179, 179a
Kallimachos 87, 145, 176
Kalydon 163
Kamares 111
Kamarina 56, 79
Kambyses 44
Kamiros 227
Kampanien 43, 74a, 132, 251a
Kap Artemision 47, 132a, 134, 258
Kappadokien 63
Kap Sunion 144, 160, 165a
Karien 237
Karphi 40, 104
Karthager 35, 266, 277, 284
Karthago 47, 51, 63, 64, 121, 278a
Karyatiden (Erechtheion) 179, 179a, 180
Kaspisches Meer 60
Kassander 61a, 62
Kassandra 122a
Kassope 149, 166, 201, 237
Kastalische Quelle, Delphi 208a, 211
Kastor- und Polluxtempel, Agrigent 269
Katane 253
Katerini 152
Kavousi 104
Kea 21
Kefallonia 166
Kekrops 171, 179, 179a
Kelten s. Galater
Kenchreai 43
Kentauren 171, 196
Kephisodot 144a, 151a
Kephisos 142a
Keramikerviertel, Athen 129, 180
Kerkyra s. Korfu
Keros 21, 107
Kimon 35
Klazomenai 142, 231
Kleinasien 35, 62, 63a, 87, 140, 228, 231, 237
Kleisthenes 35, 44, 88
Kleobis 163, 212a, 213
Kleon 52, 53
Kleopatra VII. 64
Klitias 126a, 129
Klytämnestra 122a, 188
Klytios 233a
Knidos, Kleinasien 147a, 208, 231
Knossos 22, 22a, 23, 23a, 24a, 38, 108, 108a, 111, 111a, 114, 119, 160, 238-247, 244a
Kokytos 166
Kolonos Agoraios 180
Kolophon 231
Koloss von Rhodos 64, 156
Kore 80, 80a, 134
Korfu 166, 258
Korinth 26, 35, 40, 43, 46, 50, 58, 64, 79, 80, 104, 105, 118a, 119, 120a, 160, 182, 208
Kos 63, 81, 163a, 166
Kralevo 78a
Kratinos 88
Kresilas 48a, 145, 145a
Kreta 18, 20, 21, 22, 22a, 24, 24a, 26, 37a, 40, 40a, 41a, 70, 72, 79, 100, 102, 104, 107, 107a, 108, 115a, 118, 153, 160a, 188, 240
Krisippos 156a
Kritios 134, 180, 213
Kuros moschophoros, Athen 125a
Kykladen 20, 21, 23, 26, 43, 48, 102, 104, 107, 118, 120a, 132, 207, 214, 216
Kyme 35, 42, 47, 56, 71a, 231, 250, 253
Kynthos 21, 216a, 222, 224a
Kypselos 26, 43
Kyrene 26, 63, 197, 250
Kyros der Jüngere 56
Kythera 81
Kytheronas 160
Kythra 153a
Kythnos 21

L
Lakonien 38, 111, 112a, 114, 118, 163, 192
La Petite Parisenne, Knossos 22a, 108
Lapithen 196
Larisa 78a
Laurion 50
Lazio 43
Lechaion 43
Lefkas 166
Leochares 58a, 60a, 198
Leonidaion, Olympia 194a, 198
Leonidas 47, 163, 165
Leontinoi 253
Lerna 160
Leukas 73a, 250
Libanon 61a, 70
Libon 196
Ligurer 250
Lindos (Rhodos) 226-227
Linear A 22
Linear B 36a, 38
Liparische Inseln 38
Lokroi Epizephyrioi 68a, 79, 80a, 134, 253, 254a, 255a
Louvre 8a, 154a, 166, 214, 228
Löwenterrasse, Delos 165a, 216a, 222
Löwentor, Mykene 184, 184a, 188
Lukanien 42, 250
Lukanier 156
Lydos 129
Lygdamis 214
Lykeas 53a
Lykien 63, 96a
Lykurgos 52, 163
Lysander 53
Lysimachos 62
Lysippos 57a, 60a, 151a, 152a, 153, 154a, 210a, 213

M
Mäander 149, 237
Magna Graecia s. Megale Hellas
Makedonien 26, 35, 42, 56, 58, 62, 69, 70, 71a, 74a, 150, 152, 153, 165, 198, 201, 216
Makedonisches Reich 58a, 150, 200
Mallia 23, 111
Mänaden 78a, 149a, 163
Mantineia 53, 163
Mantua 250
Marathon 35, 47, 160, 208
Markus Antonius 64
Marinatos, Spiros 109a
Marseille s. Massilia
Massilia 250
Mavrommati 192
Mazarakata 166
Medea 160
Medusa 42a, 56a, 124a, 153a, 182, 254a, 278a
Megale Hellas 35, 42, 42a, 60, 104, 130, 134, 136, 251a, 253, 254a, 269a
Megalopolis 163, 205a
Megara 35, 50, 52, 124, 197, 208, 253, 277
Meleager 165
Melos 20, 21, 53, 79, 107, 107a, 166, 214
Menander 88, 147
Mende 198a
Menelaos 163
Mengs, A. R. 142
Mesopotamien 35, 60, 62, 70, 120
Messene 163, 192-193, 198a
Messenien 36, 36a, 38, 39, 43, 52, 114, 163, 192
Messenische Kriege 26, 35
Messina, Straße von 250
Metapont 79, 124, 197, 250, 250a, 251a, 253
Micale 237
Milet 26, 35, 44, 47, 132, 134, 166, 231
Milos s. Melos
Miltiades 35, 47
Minos 188, 240, 244a
Miron s. Myron
Mitra 80
Mittelmeer 21, 26, 36, 38, 40, 41, 41a, 43, 46, 47, 50, 79, 114, 120, 121, 216, 250
Mittlerer Osten 22, 35
Mnesikles 144, 176, 177a, 179, 227
Modigliani, Amadeo 21a
Mykene 36, 36a, 37a, 38, 38a, 39a, 78, 114, 114a, 115a, 116a, 117a, 160, 160a, 184-189
Mykonos 216, 222a
Myron 136, 141a, 145
Mysterien von Eleusis 160
Mysterienheiligtum, Eleusis 160

N
Naher Osten 21, 22, 35
Naupaktos 198a
Nauplion 184
Nauplion, Archäologisches Museum 115a
Naxos 21, 35, 42, 107, 213, 213a, 214-215, 216
Naxos, Archäologisches Museum 214
Neapel, Archäologisches Nationalmuseum 47a, 71a, 90a, 96a, 141a, 248a, 253
Nea Pleuron 163
Nedas 163
Nekromanteion 166
Nemea 40, 92, 160
Nemeische Spiele 92
Nemesisheiligtum, Rhamnus 163a
Nemesistempel, Rhamnus 144, 165a
Neptuntempel, Paestum 251a
Nereidendenkmal, Xanthos 96a
Nesiotes 134, 134a
Nessos der Kentaur 163
Nestor 163
Nike 166, 190a, 214
Nike von Paionios 145, 198a
Nike von Samothrake 8a, 156
Nikias 53
Nordtor, Mykene 188
Numantia 156

O
Ödipus 14a
Odrysai 79a
Odyssee 260
Odysseus 166
Oiniadai 149, 163
Oinochoe Lévy 123a
Oinomaos 130a, 194, 196
Oktavian 64
Oligyrtos 160
Olymp 58, 80, 147, 152, 165, 166, 171, 208
Olympia 26, 40, 43, 58a, 79, 80, 82, 123a, 130a, 132, 145, 147a, 163, 194-199
Olympia, Archäologisches Museum 196, 197a
Olympiade 26, 92, 160
Olympiaheiligtum 145, 194a, 197a
Olympieion 269, 269a
Olympischer Zeus, Statue (Olympia) 196
Olynthos 68, 69, 69a, 149, 152, 166, 237
Orchomenos 163, 165
Oropos 160
Oropos, Theater 162a
Osios Lukas 207a
Otos 233a

P
Paestum s. Poseidonia
Paionios 196
Pamisos 192
Pan 222
Panathenäen 92
Panphilia 63
Paphos 81
Parmenides 130, 142, 250, 253
Parnassos 207
Parnes 160
Parnon 163
Paros 21, 21a, 120a, 210a, 257a
Parrhasios 52a, 145
Parthenon, Athen 8a, 142a, 143, 144, 145, 158a, 163, 168a, 169, 169a, 170a, 171, 171a, 174a, 176, 179a, 180, 181a, 216, 266a, 269, 269a
Patras 163
Pausanias 27, 147a
Paxos 166
Pegasus 42a, 278a
Peirenequelle, Korinth 160
Peisistratos 35, 43, 44, 125a
Pella 62, 79, 105, 150, 153, 156, 165, 200-203
Peloponnes 20, 26, 35, 36, 40, 43, 46, 50, 51, 53, 85, 104, 114, 130a, 134, 145, 184, 188, 194, 207
Peloponnesischer Bund 53
Peloponnesischer Krieg 35, 51, 51a, 52, 53a, 56, 105, 146, 176, 176a, 198a, 210, 275a
Pelops 130a, 194, 196
Pentelikon 160
Penthesilea 14a
Perachora 82, 160
Perdikkas II. 58
Pergamon 35, 62, 62a, 63, 64, 81, 105, 149, 156, 180, 230-235
Pergamon, Akropolis 230a, 231a, 233a
Perikles 35, 48, 48a, 50, 51, 52, 53, 140, 142, 143, 144, 158a, 170a, 180
Persephone 81, 134, 266
Perser 35, 44a, 47, 47a, 48, 50, 56, 58, 60 , 63, 143, 171, 176, 182, 208
Perserkriege 35, 44, 47a, 143, 170a, 179a
Perserreich 35, 44, 53
Perseus 153a, 278a
Phaistos 22, 23, 160a, 240
Phalaris 266
Pheia 163
Pheidon 26
Phidias 8a, 53, 105, 140, 142a, 144, 145, 145a, 158a, 168, 169, 170a, 171a, 174a, 175a, 176, 179a, 196a, 198
Phigalaia 81
Philipp II. 35, 58, 58a, 59a, 69, 100, 150, 152, 153, 154, 198
Philipp IV. 64
Philipp V. 205, 216
Philippeion 198
Philippeion, Olympia 58a
Philippi 166
Philokles 144, 176
Philopappos 168a
Philosoph von Porticello 50a
Philoxenos aus Eretria 61a
Phinikounta 163
Phokaia 26, 44, 231
Phokis 207

Phönizier 26, 40, 42, 70, 120, 121, 250
Phönizier-Bucht, Messenia 163
Phradmon 145a
Phrygien 166a
Phrygier 38
Phylakopi 81, 107a, 166, 214
Phyle 160
Pindar 266
Pindos 165, 205
Piranesi, G. B. 142
Piräus 47, 53, 128a, 134, 143
Piräus, Museum 56a
Pisa 130a, 196
Pithekussa 26, 42, 43, 253
Pitsa 83a
Platon 143, 146, 147, 150, 169
Platonismus 80
Pleuron 163
Polybios 163
Polyklet 53a, 91, 105, 132a, 136, 141a, 144a, 145, 145a, 169, 190
Polykrates 35, 43, 228
Polyzelos 132a, 134, 210
Pompeji 61a, 111
Poseidon 80, 92, 132a, 134, 158a, 171, 178a, 179, 227, 258
Poseidonheiligtum, Delos 222
Poseidonheiligtum, Isthmia 160
Poseidonheiligtum, Kap Sunion 165a
Poseidonia 8a, 124, 136, 251a, 253, 258–266, 258a
Poseidontempel, Kap Sunion 144, 160
Poseidontempel, Paestum 258, 258a, 260a, 261, 261a
Pozzuoli 253
Praxiteles 102a, 144a, 147a, 149, 151a, 196, 197, 197a
Priene 149, 201, 231, 236-237
Propyläen des Mnesikles 171a
Propyläen, Delos 216
Propyläen, Knossos 243a
Propyläen, Rhodos 227
Proxenos 51a
Ptoion-Heiligtum 165
Ptolemaios I. 62
Puglien 38, 42, 71a, 72a, 73a, 89a, 134
Pydna 64
Pylos 36, 36a, 114, 163
Pyrrhos I. 205
Pythagoreer 169
Pythagoras 43, 146, 213, 250, 263
Pytheos 237a
Pythia, Delphi 206a, 207
Pythische Spiele 92, 132a, 207, 208a, 211
Python 207, 207a

Q
Quinctius Flamininus, Titus 64

R
Reggio di Calabria 50a, 253
Reggio di Calabria, Nationalmuseum 136a
Reso 88
Rhamnus 163a, 144, 160
Rhodos 28, 62, 63, 64, 64a, 79, 105, 156, 157a, 226a, 227
Rhodos, Archäologisches Museum 154a, 227
Rhoikos 228, 228a
Rhombos 125a
Riace (Kalabrien) 136a
Roccagloriosa 79
Rom 35, 37, 51, 63, 64, 64a, 105, 140, 142, 156, 196, 216, 216a, 222a, 275
Römisches Forum, Paestum 261
Rovigo 38
Roxane 61
Ruvo di Puglia 79, 94, 94a, 248a

S
Sagunt 156
Salamis 35, 47, 47a
Salento 253
Samos 35, 43, 44, 80, 125, 228-229
Samothrake 108, 166, 214
Santorin s. Thera
Sappho 166
Sarden 250
Sardes 231
Sardinien 43
Saronischer Golf 182, 183a
Satyr 126a
Satyros 57a
Satyrspiele 78a
Schatz von Panagjurischte, Thrakien 79a
Schatzhaus der Athener, Delphi 162a, 207a,
Schatzhaus der Siphnier, Delphi 19a, 124a, 207a, 210a, 213
Schatzhaus der Sikyonier, Delphi 213
Schatzhausterrasse, Olympia 197a
Schatzhaus von Marseille, Delphi 211
Schlangengöttin 111
Schliemann, Heinrich 36, 36a, 116a, 160a, 184, 188
Schwarzes Meer 38, 42, 56
Seevölker 26, 39, 40, 102
Segesta s. Egesta
Seleukeia 156
Seleukiden 35, 63
Seleukidenreich 64
Seleukos I. 62
Selinus (Selinunt) 56, 124, 197, 250, 253, 253a, 275, 277-285
Selinus, Akropolis 277a
Sesklo, Thessalien 20, 20a, 26, 104, 165
Sicione 134
Sidon, Libanon 61a
Siphnos 21, 125, 208, 210, 213
Sikyon 26, 83a, 160, 197, 208
Sila 250
Silanion 57a, 153
Sindos 44a, 79, 152
Sirene 222a
Sizilien 8a, 35, 38, 42, 47, 53, 132, 250, 252a, 253, 256a, 258, 266, 266a, 269a, 271a, 275, 277
Skardanahaus, Delos 222a
Skopas 149, 149a, 163
Smyrna 26, 44, 119, 166, 231
Sokrates 143
Solon 35, 43
Sophisten 143, 146
Sophokles 88
Sparta 26, 35, 40, 43, 46, 50, 51, 52, 53, 56, 58, 63, 119, 163, 176, 192, 198a
Sphinx 14a, 126a, 213, 213a, 255a
Spina 250
Stele der nachdenklichen Athene 169a
Sterbender Krieger, Ägina 134a
Stoa der Athener, Delphi 162a
Stoiker 156a
Straße von Gibraltar 43
Stratos 163
Strongyli 214
Styx 166
Sybaris 197, 253, 258
Syrakus 35, 42, 42a, 47, 53, 56, 62, 79, 105, 194, 197, 208 250, 252a, 253, 275a
Syrakus, Theater 253a
Syrien 35, 38, 60, 63, 64, 120
Syros 21, 21a, 107, 107a, 166

T
Taras 70a, 73a, 75a, 79, 89a, 92a, 105, 134, 250, 254a, 257a
Tarent s. Taras
Tarquinia 47
Taurocatapsia 111a
Taygetos 163, 192
Tegea 80, 149, 149a, 163
Tempel C, Selinunt 277, 277a, 278a
Tempel D, Selinunt 277, 284
Tempel E, Selinunt 253a, 277a, 278a, 284, 284a, 285a
Tempel G, Selinunt 277a, 284
Tempetal 165, 266, 269, 269a
Tenos 21
Teos 231
Terravecchia di Grammichele 42a
Thassos 166, 214
Theaitetos 169
Theaterviertel, Delos 8a, 222a, 224a
Theben 35, 38, 56, 58, 165, 208
Thedotos 190
Themistempel 163a
Themistokles 35, 47, 47a
Theodoros 206a, 211, 228, 228a
Theodosius I. 194
Thera 21, 23, 25a, 26, 109a, 111, 111a, 214
Thermopylai 47, 165
Thermos 81, 82, 126a, 165
Thersileion 163
Theseus 210, 214
Thessalien 20, 26, 36, 38, 58, 71a, 87, 104, 114, 165
Thessaloniki 78a, 152, 200
Tholos, Delphi 149, 206a, 211
Tholos, Epidauros 27, 34a, 149, 190
Thorvaldsen, B. 142, 182
Thrakien 42, 58, 62, 70, 78a, 79a, 150
Thronsaal, Knossos 244a
Thukydides 143
Thurioi (Puglien) 134
Timaios 169
Timotheos 149, 190a
Tiryns 36, 38, 56, 78, 114, 160, 160a
Trajantempel, Pergamon 230a, 233
Tralles 63a
Trikhonis-See 163, 165
Troja 38, 39
Trojaner 44a, 80a, 171, 176, 182
Trojanischer Krieg 26
Tunesien 43
Türkei 122
Tylissos 23
Typhon 120a
Tyros 47
Tyrrhenisches Meer 38, 47, 56, 250

U
Urartu 120, 122, 122a

V
Vaphio 72, 111, 112a
Vathy, Museum 228a
Ventris, Michael 38
Venus von Arles 147a
Venus von Milo (Louvre) 154a
Vergina 58a, 59a, 79, 152, 198, 201
Vergina-Aigai 165
Villa San Giovanni 50a
Vitruvius 87, 98a
Vivara 38
Völkerwanderung 18, 39, 40, 70, 85, 90, 102, 104, 120, 184, 228
Volos 75a
Volos, Museum 71a
Vulci 47

W
Winckelmann, J. J. 142

X
Xanthos (Lykien) 96a
Xerxes I. 35, 47

Z
Zakros 22a, 23
Zakynthos 166
Zanes 197
Zenon 142, 250, 253
Zeus 75, 80, 80a, 92, 132, 132a, 134, 171, 182, 194, 194a, 196, 198, 228, 251a
Zeus Horchios 196a
Zeusaltar, Pergamon 63a, 156, 233, 233a
Zeusheiligtum, Delos 222
Zeusheiligtum, Dodona 204a, 205, 205a
Zeusheiligtum, Nemea 160
Zeusheiligtum, Olympia 132, 194
Zeusheiligtum, Priene 237
Zeustempel, Akarnanien-Aitolien 163
Zeustempel, Olympia 130a, 136, 196, 196a, 197, 197a, 198a
Zeuxis 145, 153
Zypern 38, 63, 81, 132a